Victor Bayer

Die Historia Friderici III. imperatoris des Enea Silvio de Piccolomini

eine kritische Studie zur Geschichte Kaiser Friedrichs III

Victor Bayer

Die Historia Friderici III. imperatoris des Enea Silvio de Piccolomini
eine kritische Studie zur Geschichte Kaiser Friedrichs III

ISBN/EAN: 9783743656628

Hergestellt in Europa, USA, Kanada, Australien, Japan

Cover: Foto ©ninafisch / pixelio.de

Weitere Bücher finden Sie auf **www.hansebooks.com**

DIE HISTORIA
FRIDERICI III. IMPERATORIS

DES

ENEA SILVIO de' PICCOLOMINI.

EINE KRITISCHE STUDIE

ZUR

GESCHICHTE KAISER FRIEDRICHS III.

VON

Dr. VICTOR BAYER.

PRAG, 1872.
VERLAG VON F. TEMPSKY.

Meinen Eltern.

INHALT.

	Seite
Einleitung	1

Erster Teil.

I. Capitel. Lebensschicksale und Charakteristik des Enea Silvio de' Piccolomini 7
II. Capitel. Die Entstehungsgeschichte der historia Friderici 15
III. Capitel. Inhalt, Form und Quellen des Werkes 43

Zweiter Teil.

I. Capitel. Das Verhältniss zwischen Deutschland und Rom in den Jahren 1446—1448 52
II. Capitel. Die Mailändische Angelegenheit 1447-1450 73
III. Capitel. Die Ereignisse der Jahre 1449-1453 89
Beilage 206

Einleitung.

Wenn es auf den folgenden Blättern versucht werden soll, die historia Friderici III Imperatoris des Enea Silvio de' Piccolomini einer näheren Betrachtung zu unterziehen, so gaben, abgesehen von dem hohen Interesse, welches alle historischen Werke des berühmten Italieners und späteren Papstes und unter ihnen wieder als eines der hervorragendsten und reichhaltigsten die historia Friderici für sich in Anspruch nehmen, zwei Momente den Ausschlag.

Einmal und vor Allem ist es noch gar nicht in hinreichender und befriedigender Weise versucht worden, das Werk als Ganzes zum Gegenstand einer Untersuchung zu machen, sei es um eine allgemeine Charakteristik von demselben zu entwerfen, sei es um den Wert desselben als historische Quelle kritisch festzustellen. Boeclers adnotationes in historiam Aeneae Sylvii Austriacam [1]), deren Wert gewiss niemand unterschätzen wird, entsprechen den Anforderungen der modernen Wissenschaft nicht mehr. Voigt, der in seiner Monographie über Pius II [2]) ein Capitel den geschichtlichen Werken des Enea Silvio widmet, bespricht in demselben auch die historia Friderici [3]) nach ihrer Entstehung, Form und Zusammen-

---

[1]) Bei Kulpisius: Aeneae Silvii Episcopi Senensis postea Pii Papae II historia rerum Friderici III imperatoris etc. Argentorati 1685 p. 121 ff. und bei Kollar: Analecta Monumentorum omnis aevi Vindobonensia Tom. II p. 477 ff.
[2]) G. Voigt: Enea Silvio de' Piccolomini als Papst Pius der Zweite und sein Zeitalter. Bd. II cap. II p. 320 ff.
[3]) a. a. O. p. 325 ff.

setzung, nach ihren Quellen und ihrem historischen Wert, allein damit wollte er nur eine kurz orientirende Skizze und keine irgendwie erschöpfende Untersuchung liefern.

Einzelne Teile der historia Friderici haben allerdings eine etwas eingehendere kritische Würdigung erfahren. So gibt Chmel in seinen habsburgischen Excursen IV, VI Abtheilung 1 und 2 und VII [1]) kritische Bemerkungen über einzelne Partien unseres Werkes. Gengler: Ueber Aeneas Sylvius in seiner Bedeutung für die deutsche Rechtsgeschichte, Erlangen 1860, betrachtet Enea und seine Werke vom cultur- und rechtshistorischen Standpuncte aus und unterzieht dabei auch die dahin gehörigen Stellen der historia Friderici einer kritischen Betrachtung. Otto Franklin: Albrecht Achilles und die Nürnberger 1449—1453, Berlin 1866, prüft p. 31 ff. die Nachrichten, welche Enea in seiner historia Friderici über die Hoftage zu Wien und Wiener-Neustadt bringt. Riedel in seiner Abhandlung: Aeneas Sylvius als Quelle für Albrecht Achill [2]) untersucht des Enea Angaben über den brandenburgischen Fürsten und berührt dabei auch die Berichte, die sich hierüber in unserem Werke finden. Palacky endlich in seiner Schrift: Zeugenverhör über den Tod König Ladislaws von Ungarn und Böhmen im Jahre 1457, Prag 1856 (aus den Abhandlungen der kgl. böhm. Gesellschaft der Wiss. V. Folge 9. Bd.) gibt p. 47—53 eine kritische Prüfung des in der historia Friderici enthaltenen Berichtes über den Tod des jungen Königs in Prag. Aber immer sind es nur einzelne Abschnitte des Werkes, welche in diesen Abhandlungen kritisch beleuchtet werden. Für eine Untersuchung derselben in ihrer Gesammtheit bleibt noch genug zu tun übrig.

Das zweite massgebende Moment war, dass das Urteil über den historischen Wert der historia Friderici noch immer ein zwischen zwei Extremen hin- und herschwankendes, keineswegs klar und bestimmt fixirtes ist. Während Kurz: Oesterreich unter Friedrich IV,

---

[1] In den Sitzungsberichten der Wiener Akademie philos.-histor. Classe Bd. 9 p. 254 ff. Bd. 18 p. 63 ff. Bd. 25 p. 163 ff. und Bd. 28 p. 473 ff
[2] In den Monatsberichten der Berliner Akademie 1867.

Lichnowsky: Geschichte des Hauses Habsburg und Chmel: Geschichte Kaiser Friedrichs IV¹) bei ihren Darstellungen dem Enea fast unbedingten Glauben schenken, lässt ihn Pückert: die kurfürstliche Neutralität während des Basler Concils, Leipzig 1858 neben den ihm zu Gebote stehenden handschriftlichen Actenstücken vollständig unberücksichtigt²) und hebt an einer Stelle³) als Motiv ausdrücklich „die Ungenauigkeit, Schiefheit und Lügen seiner Erzählung" hervor. Am vorsichtigsten geht jedenfalls Voigt mit seinem Urteil über die historia Friderici zu Werke, jedoch wie schon oben erwähnt, lässt er sich nicht näher darauf ein und wo er sie in seiner Monographie über Pius II zur Darstellung verwendet, scheint er doch wieder in seinem Vertrauen vielfach zu weit zu gehen. Also von dieser Seite bleibt ein sicheres Urteil noch zu gewinnen.

Mag daher der Versuch einer eingehenderen Untersuchung unseres Werkes gerechtfertigt erscheinen, so bleibt mir an diesem Orte noch übrig, über den bei derselben einzuhaltenden Plan zu sagen, dass in einem ersten Teil nach einer Uebersicht über das Leben und die Persönlichkeit des Enea eine Charakteristik des Werkes gegeben und in einem zweiten Teil der historische Wert der Nachrichten über jene Ereignisse kritisch geprüft werden soll, welche unmittelbar zur Geschichte Kaiser Friedrichs III gehören. Ausgeschieden wird daher hiebei vor Allem der einleitende Teil der historia Friderici⁴), welcher die Topographie und älteste Geschichte Oesterreichs sowie einen ausführlichen Excurs über die Staufer enthält und ebenso der Schluss derselben⁵), wo Kaiser Friedrich III vollständig in den Hintergrund tritt und Enea uns nur die Geschichte des Königs Ladislaus Posthumus und seiner Erblande Oesterreich, Ungarn und Böhmen gibt bis zu dessen früh-

---

[1] Chmel lässt zwar hin und wieder Zweifel gegen die Glaubwürdigkeit Eneas aufkommen, verfährt aber im grossen Ganzen in diesem seinem Werke unkritisch mit der historia Friderici. Erst in seinen später nachfolgenden habsburgischen Excursen legt er einen viel vorsichtigeren Massstab an.
[2] Pückert: a. a. O. Vorwort p. VI.
[3] a. a O. p. 276 Anmerkung 2.
[4] Kollar: a. a. O. p. 6 — p. 112.
[5] Kollar p. 446 ff.

zeitigem Tode in Prag und dann noch die Erhebung des Georg von Poděbrad und des Mathias Corvinus zu Königen von Böhmen und Ungarn beifügt. Was abgesehen von diesen Partien des Werkes bei der kritischen Betrachtung keine Berücksichtigung findet, wird bei der Einzeluntersuchung an den betreffenden Stellen bemerkt werden.

Ich folge bei meiner ganzen Untersuchung nicht der editio princeps von Böcler-Kulpisius: Aeneae Silvii Episcopi Senensis postea Pii Papae II historia rerum Friderici III imperatoris etc. Argentorati 1685. Dieselbe hat zwar den Vorzug, dass sie eine bestimmte Redaction unseres Werkes rein und wenn auch nicht ganz, so doch annähernd vollständig enthält, jedoch fehlen ihr ausser dem Schluss der von ihr veröffentlichten Redaction der historia Friderici, noch einige in einer anderen Redaction derselben erscheinende Teile des Werkes, welche ich von der kritischen Prüfung ihres Wertes als historische Quelle nicht ausschliessen wollte. Dieselben sind in der Ausgabe Kollars[1]: Analecta Monumentorum omnis aevi Vindobonensia Tom. II p. 1. ff. Vindobonae 1762 erhalten und daher entschloss ich mich, diese zu Grunde zu legen, wenngleich Kollar die grössere Vollständigkeit seines Textes zum Teil auf dem Wege einer wenig kritischen Methode erreicht hat. Ueberhaupt sind mir die grossen Mängel der Ausgabe Kollars nicht verborgen geblieben und soll darüber weiter unten eingehender gesprochen werden.

Hier sei nur noch erwähnt, dass uns Kollar über den Stand der Handschriften der historia Friderici in höchst ungenügender Weise unterrichtet. Durch Einsicht einer grösseren Anzahl von Handschriften hoffe ich jedoch mehr Klarheit über dieselben und über die damit zusammenhängenden Fragen verschaffen zu können, wovon an anderer Stelle gehandelt werden wird. Vorläufig beschränke ich mich darauf, eine kurze Angabe der von mir durch-

---

[1] Die dazwischenliegende Ausgabe: Aeneae Sylvii Episcopi Senensis postea Pii Papae II historia rerum Friderici III Imperatoris. Helmstadii impens. Joh Sustermanni 1700, kommt gar nicht in Betracht, sie ist bloss ein Abdruck der editio princeps.

geschehenen und mir sonst noch bekannten Handschriften unseres Werkes beizufügen.

Vor Allem war es mir möglich, die Handschriften der k. k. Hofbibliothek zu Wien zu benützen [1]). Dieselbe besitzt vier Autographa der historia Friderici: die Codices M. S. Nr. 3364 (hist. prof. 317), Nr. 3365 (hist. prof. 318), Nr. 3366 (hist. prof. 319) und Nr. 3367 (hist. prof. 320) [2]), ferner vier Abschriften, darunter drei aus dem XVI. Jahrhundert: die Codices M. S. Nr. 3362 (Rec. 2257), Nr. 3399 (Rec. 1548) und Nr. 8003 (hist. prof. 321) eines gewissen Bernhardus a Frideshaim von 1592 und eine im Auftrage des Lambecius verfertigte aus dem XVII. Jahrhundert: Cod. M. S. Nr. 9020. Ferner habe ich die im k. k. Staatsarchive zu Wien befindlichen Abschriften die Codices M. S. Nr. 109, Nr. 785 und Nr. 73, von denen die beiden ersten aus dem XV. die letztere aus dem XVIII. Jahrhundert stammen und endlich die Abschriften Codex M. S. Nr. 1064 der Klosterneuburger Bibliothek aus dem XV. Jahrhundert und Codex M. S. 3 E 1 des kgl. böhm. Museums zu Prag aus dem XVI. Jahrhundert einer Durchsicht unterworfen.

Ausserdem kennen wir noch aus Böclers adnotationes [3]) und der editio princeps einen Breisacher Codex des XV. Jahrhunderts. Es ist jenes Exemplar der historia Friderici, welches Johann Hinderbach, Bischof von Trient [4]), noch bei Lebzeiten des Kaisers Friedrich III dem jungen Maximilian mit einer poetischen Widmung

---

[1]) Man vergleiche hierüber Chmel: die Handschriften der k. k. Hofbibliothek in Wien Bd. 1 p. 541 ff. und Bd 2 p. 21 ff. Wien 1840 und 1841 und Tabulae codicum manu scriptorum Vol. II p. 268 u. p 277 Vindobon. 1863 und Vol. V p. 199 Vindobon. 1871.

[2]) Dass diese vier Codices Autographa sind, zeigt deutlich ein Vergleich mit dem von Peter Kandler in dessen Schrift: Pel 'fausto ingresso di Monsignore Ill. e Rev. D. Bartolomeo Legat Vescovo di Trieste e Capodistria — nella sua Chiesa di Trieste, Trieste 1847 herausgegebenen Facsimile eines von der Hand des Enea geschriebenen Briefes.

[3]) Kulpisius a. a. O. p. 122 und 123 und Kollar p. 481 u. 482.

[4]) Johann Hinderbach war Bischof von Trient vom 31. Aug. 1465 bis 21 Sept. 1486; während dieser Zeit muss also der sogenannte Breisacher Codex geschrieben sein.

dediciit und übergeben hat. In seinem Briefe an Lambecius [1] erwähnt ferner Böcler noch 2 Codices, die er in der Bibliothek der Königin Christine von Schweden gesehen, alterum negligenter, alterum non sine lacunis scriptum, wie er sie bezeichnet. Ob und wo diese drei Handschriften noch vorhanden sind, ist mir nicht bekannt.[2]) Was andere Handschriften betrifft, so verweise ich auf Pertz: Archiv Bd. 1 p. 470, Bd. 4 p. 533, Bd. 5 p. 471, Bd. 7 p. 65, p. 67 und p. 121, Bd. 8 p. 640 und Bd. 12 p. 240, wo noch eine ganze Anzahl verzeichnet ist. Da ich nicht Gelegenheit gehabt habe, auch diese Handschriften einzusehen, so begnüge ich mich damit, hier auf die Existenz derselben hinzuweisen.

Unter allen Umständen sind diejenigen Handschriften, deren Durchsicht mir möglich geworden ist, von der allergrössten Wichtigkeit, und werden wir unten sehen, über wie viele Puncte sie uns erwünschte Aufklärung zu bringen im Stande sind.

Endlich sei es mir an dieser Stelle noch gestattet, den Vorständen der k. k. Hofbibliothek und des k. k. Staatsarchives zu Wien, sowie der Bibliothek zu Klosterneuburg, ferner allen denjenigen Herren, welche mir durch Mitteilung von Material behilflich gewesen sind, meinen aufrichtigsten Dank auszusprechen, vor Allem aber Herrn Professor Waitz, meinem hochverehrten Lehrer, der auch dieser Arbeit seine Fürsorge in reichem Masse zu Teil werden liess.

---

[1]) Bei Kollar in der epistola ad lectorem abgedruckt.
[2]) Bemerkt sei, dass das Verzeichniss der Bibliothek der Königin Christine von Schweden in Rom bei Pertz: Archiv Bd. 12 p. 266 ff. die beiden letzteren Handschriften nicht enthält.

Erster Teil.

I. Capitel.

Lebensschicksale und Charakteristik des Enea Silvio de' Piccolomini.

Die Lebensschicksale des Enea Silvio de' Piccolomini, seine Stellung am Hofe Kaiser Friedrichs III und die zu seinem Herrn, endlich seine Persönlichkeit überhaupt hier einer näheren Betrachtung zu unterziehen, darf bei der vortrefflichen Biographie, welche uns Voigt von ihm gegeben hat, überflüssig erscheinen. Nur folgende, für das Verständniss unseres Werkes notwendige Momente seien in Kürze hervorgehoben.[1]

Italiener von Geburt — er kam am 18. October 1405 in Corsignano[2] im Gebiete von Siena zur Welt — und aus einem alten aber verarmten sanesischen Adelsgeschlechte stammend, verlebte Enea seine früheste Jugend in Dürftigkeit und Not. Später wurde ihm jedoch zuerst an der Hochschule zu Siena unter weniger günstigen Verhältnissen, dann in viel höherem Masse in Florenz unter Francesco Filelfo und auf Reisen in Oberitalien eine überaus reiche und vielseitige Bildung zu Teil, welche vollständig der humanistischen Richtung der Zeit entsprach. Nachdem er

---

[1] Ich folge bei dieser Skizze Voigt Pius II Bd. I und Bd. II Cap. 1, 2 und 3.
[2] Der Ort erhielt später durch den Papst Pius II den Namen Pienza.

sich schliesslich in Siena noch juristischen Studien hingegeben hatte, kam er mit Domenico da Capranica, Bischof von Fermo, zu dessen Secretär er erhoben wurde, im Frühjahre 1432 nach Basel.

Das Concil, welches am 14. December 1431 seine erste feierliche Sitzung gehalten hatte, war gerade damals im höchsten Aufschwung begriffen, seine Tätigkeit berechtigte zu den stolzesten Hoffnungen. Unterstützt von den weltlichen Mächten, vor Allem von Kaiser Sigismund, hatte es bald darauf seinen Höhepunct erreicht, als Papst Eugen IV der Macht der Kirchenversammlung nachgebend durch die Bulle vom 15. December 1433 mit Widerrufung seiner vorangegangenen Bullen das Concil bestätigte. Auch die Frequenz der Versammlung war damals auf's Höchste gestiegen.

Enea hatte sich durch das Verhältniss zu seinem Herrn, der in Folge der Verweigerung des Cardinalates durch Eugen IV nach Basel geeilt war, um dort den roten Hut zu erlangen, allerdings sofort mit den Ideen der kirchlichen Opposition auf vertrauten Fuss gestellt. Indessen hat er sich denselben in der ersten Zeit seines Basler Aufenthaltes nie vollständig hingegeben, sondern immer Fühlung mit der eugenianischen Partei behalten. Nachdem er Capranica hatte verlassen müssen, trat er in die Dienste verschiedener Prälaten, und machte 1435 grössere Reisen nach Italien und Savoyen, nach Frankreich zum Congress zu Arras und nach Schottland. Erst nach seiner Rückkehr, wo er in den Dienst des Concils trat und einige Gesandtschaften für dasselbe unternahm, wo zugleich der Gegensatz zwischen Basel und Rom ein immer schrofferer wurde, hiess es auch für Enea sich für eine Partei entscheiden, und mit allem Feuer eines Italieners und mit leidenschaftlicher Hingebung wurde er nun Anhänger des Concils und seiner Bestrebungen. — 1438 kam er dann zum ersten Male nach Oesterreich und Wien. 1439 wurde er clericus ceremoniarum [1])

---

[1]) Enea erlangte dadurch eine Aufsicht über die äussere Ordnung des Conclave und hatte die Verpflichtung, nach geschehener Wahl das Instrument darüber auszustellen. Man hatte sogar daran gedacht, ihn mit unter die Reihe der Papstwähler zu bringen. Er selbst lehnte diess aber ab. cf. Voigt: Pius II Bd. 1 p. 173.

bei dem Conclave, aus welchem Amadeo von Savoyen als Gegenpapst hervorgieng, war Mitglied der Gesandtschaft an denselben nach Ripaille und wurde von Amadeo, nachdem dieser als Felix V die Papstwahl angenommen hatte, zu dessen Secretär ernannt. Von dieser Zeit an wurde Eneas politische Ueberzeugung wieder eine schwankende. Obwol äusserlich seinem Herrn und dessen Politik vollständig zugetan, war er es innerlich niemals. Er war klug genug einzusehen, wie wenig Rückhalt der neue Papst haben könne, und wie sehr vor Allem das Concil durch die Schöpfung eines neuen Papsttumes seinem Ansehen geschadet hatte.

Mit Freuden ergriff Enea daher eine Gelegenheit, um aus seiner ihn wenig befriedigenden Lage herauszukommen. Diese bot sich ihm, als er 1442 mit den Gesandten des Concils am Reichstage in Frankfurt weilte. Hier wurde er mit dem Bischof Sylvester von Chiemsee und dem Erzbischof von Trier, Jakob von Sirk, bekannt, wurde von ihnen dem König Friedrich IV empfohlen, von diesem am 27. Juli zum Dichter gekrönt und ihm eine Stelle in der Reichskanzlei angeboten. Nachdem er sein Verhältniss zu Felix V gelöst, nahm er das Anerbieten des Königs an, und als dieser bei seiner Krönungsreise durch Deutschland am 11. November 1442 Basel passirte, folgte er ihm nach Oesterreich. Hier am Hofe König Friedrichs IV und in dessen Reichskanzlei, wo sich Enea von nun an zu bewegen hatte, herrschten zwei Parteien: eine Adelspartei, an deren Spitze Johann Ungnad und neben ihm Johann Neiperg und Walter Zebinger standen, und eine Partei geistlicher und gelehrter Männer, wie der Bischöfe Nicodemus von Freising, Sylvester von Chiemsee, Leonhard von Passau, Peter von Augsburg und der Juristen Ulrich Riderer, Ulrich Sonnenberg und Hartung von Cappel, deren Haupt wiederum der altbewährte Kanzler Caspar Schlick war, jener gewandte Diplomat, der jetzt schon unter dem dritten Herrscher diente. Ihm schloss sich Enea vollständig an, und durch ihn kam er immer mehr in die Gunst König Friedrichs.

Waren so in seinem äusseren Leben grosse Veränderungen eingetreten, so nicht weniger in seinem inneren. Obwol schon in den letzten Zeiten seines Basler Aufenthaltes für die Richtung und die Bestrebungen des Concils wenig mehr eingenommen, wurde doch jetzt erst seine innere Wandlung vollzogen. Jetzt erst am Hofe König Friedrichs IV wurde Enea immer weiter auf die Bahnen jener Reaction getrieben, welche die beiden Häupter der Erde, König und Papst, gegen die reformatorischen Ideen ihrer Zeit in's Werk setzten. Aus dem Revolutionär der Basler Periode wurde Enea jetzt Reactionär mit derselben, ja mit noch grösserer Energie und Leidenschaft. Vom Kanzler Schlick und vom König immer reicher mit Vertrauen beschenkt, handelte er im Dienste ihrer reactionären Politik schon bei dem Freisinger Bistumsstreit, dann während der Reichstage von 1443 und 1444 in der damals eingesetzten Reichsdeputation, deren Mitglied er war, bei der Gesandtschaft nach Rom im Jahre 1445, wo er seine Versöhnung mit Papst Eugen IV schloss, ferner bei den Verhandlungen des Cardinals Carvajal mit König Friedrich, welche den Verkauf der Gehorsamserklärung des Königs an den Papst zur Folge hatten, und bei der zweiten Gesandtschaft nach Rom 1446, wo er das Band zwischen König und Papst noch enger knüpfen half. Während jener Ereignisse — in den ersten Monaten des Jahres 1446 — war Enea auch in den geistlichen Stand getreten. Indessen trotzdem hatte er seine Rolle bisher immer versteckt gespielt. Erst als er im Herbst 1446 von Rom nach Frankfurt zum Reichstag kam, trat er offen als Apostat und erklärter Eugenianer auf. Ende 1446 und Anfang 1447 ist er dann wieder mit einer Gesandtschaft in Rom, verhandelte hier über ein provisorisches Concordat, vermittelte am Sterbebette Eugens IV die Declaration der Obedienz von Seiten des Königs und eines grossen Teiles der deutschen Nation, war damals auch bei der Wahl Nicolaus V zugegen, und liess sich von diesem das Versprechen geben, alle von seinem Vorgänger mit der deutschen Nation abgeschlossenen Vergleiche bestätigen zu wollen. Endlich 1448 hatte er Anteil am Abschluss des Wiener Concordates, das ja den Höhepunkt der kirchlichen Reactionspolitik König Friedrichs bezeichnet.

Aber auch zu anderen Gesandtschaften wurde Enea von seinem Herrn vielfach benutzt. So musste er 1447 und 1449 das Recht des Königs und des Reiches in Mailand zu wahren suchen, Ende 1450 in Neapel die Eheverhandlungen zwischen König Friedrich und Donna Leonor von Portugal leiten, in demselben Jahre und Anfang 1451 in Rom und den übrigen Städten und Staaten Italiens die Romfahrt und Kaiserkrönung Friedrichs vorbereiten, im Sommer 1451 nach Böhmen eilen, wo er am Landtage zu Beneschau in Sachen des Königs Ladislaus Posthumus verhandelte und über die kirchliche Stellung Böhmens sich mit Georg von Poděbrad auseinandersetzte. Im Herbst 1451 musste er dann abermals nach Italien gehen, die Romfahrt nochmals vorbereiten, die königliche Braut vom Gestade des Meeres bis Siena geleiten, dann den König nach Rom und von da auf seiner Rückreise durch Italien, vielfach in diplomatischen Missionen von ihm verwendet, begleiten und endlich nach der Rückkehr während des österreichischen Aufstandes ihm mit seinem Rat zur Seite stehen und vor allem bei den diplomatischen Verhandlungen an den Hoftagen von Wien und Wiener-Neustadt tätig sein.

Während dieser Zeit wurde Enea im April 1447 Bischof von Triest, Ende 1450 oder Anfang 1451 Bischof von Siena, im April 1452 Nuntius des päpstlichen Stuhles für Böhmen, Mähren, Schlesien und die Nachbarländer der Diöcesen Aquileja und Salzburg, endlich im October 1452 im Verein mit Cardinal Nicolaus von Cusa päpstlicher Legat bei Kaiser Friedrich III. Im Vertrauen seines Herrn war er, nachdem — im Sommer 1449 — zur Zeit des Sturzes des Canzlers Schlick eine Periode der Ungnade, welche er in seinem Bistum Triest verlebte, rasch vorübergegangen war, immer mehr und mehr gestiegen, sein Verhältniss zu ihm wurde ein immer engeres und persönlicheres, sein Einfluss auf die Geschäfte und die Person des Kaisers selbst immer bedeutender.

Das war das ereignissreiche und vielbewegte Leben, welches Enea hinter sich hatte, als er nach Beendigung des österreichischen Aufstandes am Hofe des Kaisers daran gieng, die Geschichte vor Allem der letzten Regierungsjahre seines Herrn zu schreiben. Und in der That war er zu einem solchen Unternehmen begünstigt wie nur irgend Einer. Es fehlte ihm weder an Geist noch an Bildung, weder an politischem Sinn noch an weitreichender Erfahrung, weder an Welt- noch an Menschenkenntniss, um die Geschichte seiner Zeit schreiben zu können. Er war stets im Mittelpuncte der Geschäfte, hatte an den meisten Ereignissen eigenen Anteil, war mehr als ein Mal in die Geheimnisse des Kaisers wie des Papstes eingeweiht und was er am Ende nicht selbst erlebte, konnte er und hat es auch von seinen fast in ganz Europa, vornemlich aber in Deutschland und in Italien, zerstreut lebenden Freunden, mit denen er die lebhafteste Correspondenz unterhielt [1], erfahren oder er benutzte Actenstücke aller Art, die ihm als Secretär und Vertrauten des Kaisers stets zu Gebote standen. Enea hat es auch an dieser Sorgfalt nicht fehlen lassen, denn gerade für Zeiten, wie z. B. die des Anfangs der österreichischen Bewegung in der zweiten Hälfte des Jahres 1451, wo er selbst in Italien weilte, können wir nachweisen, dass er Actenstücke in hinreichendem Masse ausgenutzt hat. Enea hatte aber auch noch andere für einen Historiographen sehr schätzenswerte Eigenschaften. So fehlte es ihm nicht an kritischem Sinn; er zeigt denselben in unserem Werke an mehreren Stellen, z. B. wo er in seiner Einleitung bei Behandlung der ältesten österreichischen Geschichte die Nachrichten einer ihm dabei zur Seite stehenden Chronik in der schärfsten Weise kritisirt [2], wo er in derselben Einleitung [3] die beiden von Heinrich IV bestätigten Urkunden, welche Julius Cäsar und Claudius Nero dem Ostlande verliehen haben sollen, als unecht nachweist. [4] An anderen Stellen wiederum wagt er es nicht, seine Nachrichten als ganz zuverlässig hinzustellen oder er beruft sich wenigstens auf seine Quellen, um die etwaige Verantwortlichkeit von sich abzuwenden und diesen zuzuschieben. So Kollar p. 119 bei Erzählung des Todes des Cardinals Julian in der Schlacht bei Varna, p. 167 der Kämpfe Albrecht Achills, p. 295 der nächtlichen Zusammenkünfte des Kaisers und Papstes in Rom, p. 462 bei den Angaben über die Anzahl der in der Schlacht bei Belgrad Gefallenen, p. 464 bei dem Berichte über die Ermordung des Grafen Ulrich von Cilly und p. 471—474 über den Tod des Königs Ladislaus Posthumus. Ferner war er nicht blind gegen die Schwächen seines Herrn. Auf diese spielt er schon in seiner

---

[1] Vgl. die Briefe des Enea vor seiner Erhebung auf den päpstlichen Stuhl, chronologisch geordnet von Voigt: im Archiv für Kunde österr. Geschichtsquellen. Bd. XVI p. 321 ff.
[2] Kollar: p. 15 ff.
[3] Kollar: p. 34 und 35.
[4] Enea kannte nicht den schon vor ihm von Petrarca geführten Beweis. cf. Voigt: Pius II Bd. II p. 314.

Anrede an den Kaiser selbst an ¹). Obwol in den meisten Fällen streng auf der Seite des Kaisers, billigt er in der historia Friderici doch keineswegs alle Handlungen desselben; ja manchmal muss Friedrich III heftigen Tadel aus dem Munde seines Secretärs hören. So vor Allem über seine zögernde Politik in der Mailänder Angelegenheit ²), ebenso beim österreichischen Aufstand ³), dann wieder ganz besonders über seine Unentschlossenheit, die österreichischen Gegner mit Waffengewalt anzugreifen ⁴), endlich über seinen alles ertragenden Gleichmut ⁵) und andererseits über seinen nicht zur rechten Zeit aufbrausenden Zorn ⁶). Ebenso ist er nicht einverstanden mit den von Friedrich allzu häufig verliehenen Rittertiteln in Italien ⁷) und nicht mit der Geneigtheit des Kaisers in der Nürnberger Angelegenheit nach der Majorität der Fürsten zu entscheiden ⁸). Hier sei auch bemerkt, dass Enea p. 120 die Absetzung der Erzbischöfe von Cöln und Trier durch Eugen IV nicht billigt, wenigstens erscheint ihm diese Massregel als politisch unklug. Ferner lässt Enea öfter ironische und für Friedrich III eben nicht schmeichelhafte Bemerkungen fallen: so bei Gelegenheit seiner Verlobung ⁹), bei der Krönungsfeierlichkeit in Rom ¹⁰) und über seinen Aberglauben ¹¹).

Eneas italienische Abkunft hat auf die Beurteilung deutscher Zustände keinen hemmenden Einfluss geübt. Durch den langjährigen Aufenthalt in Deutschland und Oesterreich war er mit den Menschen wie mit den Verhältnissen diesseits der Alpen auf das Beste vertraut ¹²). Ebensowenig vermochte aber auch seine Stellung

---

¹) Kollar: p. 4 ff.
²) Kollar: p. 160 und 161.
³) Kollar: p. 344.
⁴) Kollar: p. 354—356, p. 370 und 395.
⁵) Kollar: p. 363.
⁶) Kollar: p. 378 und 379.
⁷) Kollar: p. 294.
⁸) Kollar: p. 435.
⁹) Kollar: p. 169.
¹⁰) Kollar: p. 292.
¹¹) Kollar: p. 304 und 305.
¹²) Vgl. hierüber Gengler: Ueber Aeneas Sylvius in seiner Bedeutung für die deutsche Rechtsgeschichte. Erlangen 1860 p. 3 ff.

als Bischof die Auffassung in einseitiger Weise zu bestimmen. Wie er als Bischof nur wenig in seinen Sprengeln lebte, sondern meist am Hofe und im Getriebe der weltlichen Geschäfte verblieb, seine geistlichen Functionen ihm überhaupt Nebensache waren, so betrachtet er die in seinem Werke erzählten Begebenheiten auch nicht etwa vom theologischen Standpuncte aus. Enea blieb auch als Kirchenfürst was er vorher gewesen, freidenkender Humanist und klug berechnender Politiker; als solcher allerdings hatte er sich entschieden hierarchischer und speciell eugenianischer Parteiansicht hingegeben. Diese beiden zuletzt erwähnten Eigenschaften unseres Autors spiegelt die historia Friderici in allen ihren Teilen wieder.

Die Erwähnung der kirchlichen Parteiansicht des Enea führt uns schliesslich noch auf die für einen Historiographen nicht nur wünschenswerte, sondern zugleich notwendige Eigenschaft, die Unparteilichkeit. Hier müssen wir gestehen, dass diese unserem Autor in vielen Fällen abgieng. Er wusste sie wol zu schätzen; darauf deuten jene Worte in der Anrede an Kaiser Friedrich III hin, mit denen er die Geschichte preist[1]), das zeigt uns vor Allem sein Urteil über Otto von Freising[2]), welcher ihm gerade wegen dieser Eigenschaft so schätzenswert und lieb geworden ist. Enea verstand es aber nicht im Geringsten, sich auch nur zu einer ähnlichen Objectivität aufzuschwingen, die er bei Otto von Freising so sehr betont und hervorhebt. Im Gegenteil er steht zum Beispiel in der mailändischen Angelegenheit wie während der Zeit des österreichischen Aufstandes so entschieden auf dem Standpuncte seines Herrn, dass wir seine Nachrichten hierüber immer mit Vorsicht zu behandeln haben werden. In noch höherem Masse wird diese geboten sein, wo Enea über die kirchlichen Fragen handelt, die er zur Zeit der Abfassung seines Werkes mit streng eugenianischer Parteiansicht betrachtet und bei denen er noch eine andere für sein Ansehen als Historiograph wenig günstige Eigenschaft entfaltet, nämlich dass er Vieles verschweigt, was er

---

[1]) Kollar p. 3.
[2]) Kollar p. 29 und p. 30. Diese Charakteristik Ottos von Freising als Historiker ist ganz vortrefflich: sie macht Enea alle Ehre.

ohne Zweifel gewusst hat, entweder aus Parteirücksicht oder aus Rücksicht auf sich selbst und die Rolle, welche er bei den Dingen gespielt hat.

Von solchen Hoffnungen einerseits und Befürchtungen andererseits werden wir erfüllt, wenn wir Enea als Geschichtschreiber seiner Zeit in's Auge fassen. Die Untersuchung der einzelnen Teile seines Werkes wird zeigen, ob wir ein Recht dazu haben oder nicht.

II. Capitel.
Die Entstehungsgeschichte der historia Friderici.

Wenden wir uns nun zu dem Werke selbst, so wollen wir in erster Linie die beiden Redactionen, welche demselben im Verlaufe der Zeit von der Hand unseres Autors zu Teil geworden sind, in den Kreis unserer Betrachtung ziehen, und hier sind wir durch die Benützung des handschriftlichen Materials in den Stand gesetzt, wesentlich neue Gesichtspuncte zu gewinnen.

Die erste Gestalt, welche Enea seinem Werke gegeben hat, wird klar ersichtlich aus dem Autographon Codex M. S. Nr. 3364 (hist. prof. 317) der k. k. Hofbibliothek zu Wien. Hiernach bestand dieselbe Fol. 1a — Fol. 1b aus einer Praefatio, die verschieden ist von der bei Kollar p. 1—6 gedruckten [1]). Diese Verschiedenheit bezieht sich im ersten Teil bloss auf die Fassung, der zweite Teil gibt aber ganz neue und interessante Aufschlüsse über die Veranlassung, den Charakter und Plan dieser ersten Redaction der historia Friderici. Von einem Auftrage Kaiser Friedrichs ist hier nicht die Rede; das historische Interesse, welches sich an den österreichischen Aufstand knüpft, und die politische Bedeutung dieses Ereignisses bewegen den Enea zu seiner Aufzeichnung, mit der er nur noch den gemeinnützigen Zweck

---

[1]) Da diese Praefatio bisher noch ungedruckt und doch sehr wichtig ist, lasse ich sie als Beilage folgen.

verbindet, damit der Nachwelt zu nützen, indem sie aus den dargestellten Ereignissen ihre Lehre ziehen soll. Der Plan geht dahin, das sogenannte bellum Australicum nach seinem Ursprung und seinem Ende zu beschreiben. An diese Praefatio schliesst sich fol. 1b — fol. 21a jener Teil der historia Friderici an, welcher die Vorgeschichte Friedrichs bis zu den Verhandlungen über dessen Vermälung und Kaiserkrönung enthält und bei Kollar p. 112—168 gedruckt ist. Dann fährt der Codex fol. 21a fort: Dum haec agerentur, existimans Caesar, haud se amplius sine conjuge manere decere, de tribus mulieribus tractatum habuit. Prima sibi etc. Der nun folgende Teil enthält die Darstellung der Romfahrt, Kaiserkrönung und Vermälung König Friedrichs, sowie den damit eng verbundenen österreichischen Aufstand, bei dessen Schilderung aber in dem Briefe des Johann Ungnad an Ulrich Eizinger unser Codex fol. 55b plötzlich mit folgenden Worten abbricht: At tibi nihil imputandum est, si voluptatibus in hac vita das operam, qui futuram esse non credis. Hic te coeno volvis, hic te Venere et Bacho satias. Sic enim te tua phitonissa commonitum reddit, cujus nutu omnia geris diabolo enim duce. Man vergleiche damit Kollar p. 367. Das Wichtigste und Interessanteste bei diesem Teile unserer Redaction ist der Umstand, dass derselbe nur dem Inhalte nach mit dem ihm in der Ausgabe Kollars p. 168—367 entsprechenden übereinstimmt, sonst aber grosse Verschiedenheiten stattfinden.[1]) Einmal und vor Allem ist die Auffassung des Enea hier eine viel freiere und weniger von höheren Rücksichten beschränkte. Wir heben nur einige eclatante Beispiele hervor. So sagt Enea hier bei Gelegenheit des vom Papst dem König Friedrich über dessen Romfahrt erteilten Rates fol. 22a: sive id animi sibi (sc. papae) fuit, sive ut mos inolevit principibus aliud in pectore clausum gessit aliud propositum in ore habuit. Davon finden wir an der entsprechenden Stelle bei Kollar p. 171 nichts.

---

[1]) Auf eine Verschiedenheit hat schon Lambecius: Commentarii de august. Bibl. Caesarea Vindobon. 1669 liber II p. 972 und 973 und liber IV p. 304 ff., wo er als Beispiele zwei Stellen nach den beiden Fassungen abdruckt, hingewiesen, indess dieselbe nicht näher charakterisirt.

Bei Gelegenheit der Erwähnung des Todes der Kaiserin Barbara, der Witwe Kaiser Sigismunds, schildert er hier fol. 23 b ihr lasterhaftes Leben noch ausführlicher und mit kräftigeren Ausdrücken, als er es später zu tun für angemessen hält und nennt unter den amatores derselben ausdrücklich den Herzog Ernst von Oesterreich, den Vater Kaiser Friedrichs III, was er in der späteren Redaction aus gutem Grunde vermeidet. Man vergleiche Kollar p. 181 und 182. Sehr bezeichnend ist ferner das starke Hervorheben seiner Persönlichkeit bei der italienischen Gesandtschaft, wenn er fol. 23 b sagt: Nos in ea legatione primum locum habuimus, qui non solum recipere imperatricem Senasque ducere sed ad papam quoque proficisci jussi sumus hortarique ut coronationi necessaria apparentur. Er vermeidet diess in der späteren Fassung, wie Kollar p. 182 zeigt. Ueber Herzog Albrecht VI, den Bruder seines Kaisers und Herrn, fällt er hier ein viel härteres Urteil, wobei auch der Kaiser sich einen Seitenhieb gefallen lassen muss. Es heisst fol. 24 a: Albertus germanus Caesaris, cui parsimonia ignotum nomen est, profusus homo, largus et beneficus, in omnes tam largus quam Caesar parcus etc. Man vergleiche damit die entsprechende Charakteristik des Herzogs bei Kollar p. 183. Bei Gelegenheit des von den päpstlichen Gesandten dem König Friedrich abverlangten Schwures heisst es in unserem Codex fol. 35 a: hic cardinales juramentum Caesaris exegerunt, quod in clementinis positum aiunt. Idque nullum unquam Caesarum jurasse accepi nisi fortasse Carolum et Sigismundum. Nam Henricus id recusavit etc. Diese Reflexion, welche Enea hier selbst über den Eidschwur anstellt, legt er in der späteren Redaction dem Kaiser in den Mund. Man vergl. Kollar p. 257. Während des Aufenthaltes Friedrichs in Rom bemerkt Enea in unserem Codex fol. 37 b ganz kurz am Rande: In hoc etiam tempore exposuit imperator querelas contra Australes obtinuitque censuras contra eos. An Stelle dieser kurzen Notiz tritt nun später, wie Kollar p. 282 ff. zeigt, eine grosse Rede des Kaisers, die wir schon aus anderen Gründen als Machwerk des Enea erkannt haben. Die beiden letzten Stellen sind zugleich äusserst charakteristisch für die Art und Weise, wie Enea Geschichte schreibt. Bei der Schilderung der Tätigkeit der aufständischen Oesterreicher wird in unserem Codex fol. 51 a diese in scharfen Gegensatz zu dem schwächlichen Verfahren Kaiser Friedrichs gestellt, indem es heisst: Sic persuasis omnibus operam praebent, ut quam mature exercitum habeant, pecunias undique colligunt, terrigenas in arma compellunt. Caesar suo more primum scriptis agere incipit, wovon die Schilderung bei Kollar p. 349 nichts enthält. Die Zahl der für den Charakter dieser ersten Fassung unseres Werkes so bezeichnenden Stellen liesse sich leicht noch vermehren. Bemerkenswert erscheint uns ferner, dass Enea von sich in dieser Redaction meist in der ersten Person spricht, während er es in der späteren Redaction nur in der dritten tut, was ebenfalls zeigt, wie diese erste Redaction nichts Weiteres war, als eine private Aufzeichnung.

Ausserdem aber unterscheidet sich diese erste Fassung der historia Friderici von der folgenden noch dadurch, dass die Anordnung in der Reihenfolge der Erzählung vielfach eine andere ist, ferner die Darstellung manchmal ausführlicher [1]), manchmal kürzer als in der folgenden Redaction gehalten ist, Einiges endlich ganz fehlt, wie der Excurs über die Apenninen bei Kollar p. 248—250, die Gesandtschaft der Oesterreicher, welche bei Kollar p. 258—265 enthalten ist,[2]) ferner die Rede des Kaisers über die Oesterreicher bei Kollar p. 282—287, die von Enea in Rom vor Kaiser und Papst gehaltene Rede gegen die Türken bei Kollar p. 307—318 und einige kleinere Stücke.

Wie wir schon oben bemerkt, ist diese Redaction unvollendet geblieben, sie bricht in dem Briefe des Johann Ungnad an Ulrich Eizinger (bei Kollar p. 367) auf fol. 55 b in Codex M. S. Nr. 3364 plötzlich ab.

Kollar hat diese erste Form der historia Friderici gekannt — denn unser Codex M. S. Nr. 3364 ist ohne Zweifel mit dem von ihm p. 1 Anmerkung 1 und p. 112 Anmerkung 1 erwähnten Codex

---

[1]) Hier sei bemerkt, dass Enea in der ersten Redaction auch zuweilen sachlich mehr bietet. Man vgl. fol. 21 a, wo er eine dreifache Werbung Kg. Friedrichs erwähnt, während bei Kollar p. 168 nur die letzte besprochen wird.

[2]) Enea bemerkt in unserem Codex fol. 35 a bloss am Rande: Tum quidam legatus Australium per Senam transiens a caesarianis militibus non longe a sancto Quirito deprehensus est, qui litteras contra Caesarem Romam gerebat spoliatusque litteris dimissus est.

primus zu identificiren — hat aber nur die Vorgeschichte Friedrichs p. 112—168 aus ihr entnommen und ihr sonst gar keine Beachtung geschenkt. Er tut es mit Absicht, wie er am Schluss seiner epistola ad lectorem auseinandersetzt, befindet sich aber dabei in dem Irrtum, dass er der ersten Redaction viel zu wenig Gewicht beigelegt, wie wir es nach dem von uns oben angedeuteten Charakter derselben nicht im Stande sind.

Die zweite Redaction unseres Werkes erscheint verteilt auf die Autographa Cod. M. S. Nr. 3365 (hist. prof. 318), Nr. 3366 (hist. prof. 319) und Nr. 3367 (hist. prof. 320) der k. k. Hofbibliothek zu Wien.[1]) Ausserdem müssen wir noch die beiden im XV. Jahrhundert verfertigten Abschriften Cod. M. S. Nr. 109 und Nr. 785 des k. k. Staatsarchives zu Wien zu Hilfe nehmen, da sie einige Stücke dieser Redaction erhalten haben, welche im Autographon verloren gegangen sind.[2])

---

[1]) Diess ist dadurch entstanden, dass die zusammengehörigen Blätter fälschlich in verschiedene Codices gebunden sind. Der Einband derselben stammt aus dem Jahre 1668, das auf dem Einbanddeckel verzeichnet ist.

[2]) Ueber die Beschaffenheit dieser beiden Handschriften sei hier Folgendes bemerkt. Vor Allem unterliegt es keinem Zweifel, dass sie Abschriften der die zweite Redaction enthaltenden Autographa sind. Das hat sich aus der Collation deutlich ergeben und wird für uns dadurch von grosser Wichtigkeit, dass wir klar ersehen, welche Teile in den jetzt nicht mehr vollständig erhaltenen Autographis vorhanden gewesen und in Folge dessen dieser Redaction zugewiesen sind. Codex M. S. Nr. 109 enthält von der Hand eines Schreibers des XV. Jahrhunderts fol. 37 a — fol. 38 a — auf den vorangehenden Blättern befindet sich von der Hand eines anderen Schreibers der Tractat des Enea de educatione liberorum — die Praefatio der historia Friderici (Divo Caesari Friderico — bonique consulet. Vale. Kollar p. 1–6), welche im Autographon nicht mehr vorhanden ist. Fol. 38 a — fol. 45 a ist eine Abschrift des Autographons Cod. M. S. Nr. 3365 fol. 1 a — fol. 7 b (Friderici tertii Romanorum Imperatoris qui fuit — moestam et lectulo cubantem reperit Kollar p. 6–25), fol. 45a — fol. 46 b stehen leer. Fol. 47 a — fol. 49 b und das folgende Blatt, welches nicht paginirt ist, sind von der Hand Hinderbachs geschrieben. Diess wird daraus ersichtlich, dass wir hier dieselbe Hand finden wie bei den auf den vorangegangenen Blättern befindlichen Randglossen, deren einige von Hinderbach unterzeichnet sind, so fol. 39 a, fol. 41 a und fol. 43 a. Die genannten Blätter zeigen eine Abschrift des Autographons Cod. M. S. Nr. 3367 fol. 9a — fol. 12 b (quod

Wir ersehen diess sogleich aus dem Anfange dieser Redaction. Die Praefatio derselben (Divo Caesari Friderico — bonique concum Leopoldus — annis plenus ad vitam aliam migravit Kollar p. 25—36), wobei aber im Autographon der erste Teil (quod cum Leopoldus — a Guelfone Henrici fratre Kollar p. 25—27) fehlt, der gerade auf einem Blatte gestanden haben kann. Fol. 50a — fol 109a ist von der Hand desselben Schreibers wie die obigen Blätter und erweist sich als Abschrift des Autographons Cod. M. S. Nr. 3365 fol. 8a — fol. 65b (Friderici dum haec aguntur — et suo judicio. Kollar p. 168—334), nur ist im Autographon die hier fol 100a — fol. 101a erscheinende Türkenrede des Enea bloss durch eine später wieder durchgestrichene Randbemerkung angedeutet, nicht selbst erhalten. Sie hat wol früher auf einem besonderen Blatte beigelegen, das jetzt verloren ist. Fol. 109a — fol. 127b ist eine Abschrift des Autographons Cod. M. S. Nr. 3366 fol. 12a — fol. 31b (in filium crudelis — dignaque patre Kollar p. 334—366). Hier schliesst in unserem Codex die historia Friderici ab. Zu bemerken ist, das fol. 37a — fol. 45a desselben sehr reich mit Randglossen von der Hand Hinderbachs versehen sind, welche zum Teil sachliche Bemerkungen zur ältesten Geschichte Oesterreichs enthalten, zum Teil aber auch für die Entstehungsgeschichte der historia Friderici von Bedeutung sind, wie wir unten sehen werden. Die folgenden Blätter unseres Codex füllt von der Hand eines anderen Schreibers der tractatus domini Eneae tunc cardinalis et Episcopi Senensis post papae Pii responsivus, apologeticus ac defensivus papae Calixti ac sedis apostolicae contra certam invectivam epistolam doctoris Martini Mayr tunc cancellarii Maguntini de certis gravaminibus nationis germanicae 1457 aus. Codex M. S. Nr. 785 trägt auf dem Pergamentumschlag die Ueberschrift: Opera Domini Pii Papae II. Universalis descriptio partium Europae et gestorum in ea suo tempore und Additamenta hystoriae Australis a principio et in fine ejusdem tempore cardinalatus ipsius. Er enthält von der Hand eines Schreibers des XV. Jahrhunderts auf den ersten Blättern die Europa des Enea, sodann folgt von der Hand desselben Schreibers fol. 101a — fol. 105b eine Abschrift von Cod. M. S. Nr. 109 fol. 47a — fol. 49b und dem folgenden unpaginirten Blatte (quod cum Leopoldus — annis plenus ad vitam aliam migravit). Fol. 105b. — fol. 123b. ist eine Abschrift des Autographons Cod. M. S Nr. 3367 fol. 12b — fol. 30b (At cum Fridericiorum — fortior ad pugnam Kollar p. 36—77) fol. 123b — fol. 138b eine Abschrift des verloren gegangenen Teiles jenes Autographons (reversus — nunc ad ipsos Australes redeundum Kollar p. 77—112). Fol. 139a — 140b stehen leer. Fol. 140a — fol. 148a sind eine Abschrift des Autographons Cod. M. S. Nr. 3366 fol 31b — fol. 38b (Sed aderat forte Carolus Marchio Badensis — locum ejus occupaturus Kollar p. 386—405), nur fehlt die im Autographon fol. 35b — fol. 36a enthaltene Beschreibung der Erziehung des sulet. Vale. Kollar p. 1—6) steht in Cod. M. S. Nr. 109 fol. 37 a — fol. 38 a und ist, da derselbe sich im Uebrigen als eine Abschrift des Autographons erweist, jedenfalls auch in diesem vorhanden gewesen, aber verloren gegangen. Sie kann gerade auf einem Blatte gestanden haben. Hieran schliesst sich Cod. M. S. Nr. 3365 fol. 1 a: Federici tertii Romanorum imperatoris, qui fuit Hernesti ducis Austriae filius, scripturo mihi res gestas, haud ab re visum est etc., worauf dasselbe folgt, was wir bei Kollar p. 6 ff. gedruckt finden. Abweichungen beruhen auf dem fehlerhaften Abdruck. Unser Codex bricht aber fol. 7 b mitten in der Erzählung mit diesen Worten ab: uxorem adiens, moestam ac lectulo cubantem reperit. Man vergl. damit Kollar p. 25. Von der Fortsetzung sind die Worte: quod cum Leopoldus — a Guelfone Henrici fratre Kollar p. 25—27, welche gerade ein Blatt ausfüllen, im Autographon verloren gegangen, aber in der im Cod. M. S. Nr. 109 befindlichen Abschrift Hinderbachs fol. 47 a — fol. 47 b erhalten.

Königs Ladislaus (Cujus vita in hunc modum instituta est — tutum se praestat Kollar p. 396—398). —

Zum Schlusse will ich noch bemerken, dass Cod. M. S. Nr. 109 eine ziemlich fehlerhafte und Cod. M. S. Nr. 785 eine bessere Abschrift ist und dass beide wol dem Codex Brisacensis, den Joh. Hinderbach für den jungen Maximilian hat anfertigen lassen, zu Grunde liegen. Denn wie wir aus der nach ihm veranstalteten editio princeps ersehen, enthielt er die historia Friderici eben in jener Gestalt, wie sie uns durch diese beiden Abschriften erhalten ist, auch alle Fehler derselben finden sich in ihm wieder. Beide Codices waren ja auch im Besitze Hinderbachs. Das zeigen vor Allem die in Cod. Nr. 109 sehr häufigen und im Cod. Nr. 785 namentlich bei der Europa vorkommenden Randglossen Hinderbachs. Ferner wird diese Ansicht noch gestützt, dass wir in dem bei Bonnelli: Monumenta ecclesiae Tridentinae Tom. III Pars II befindlichen Verzeichnisse der Handschriften der bischöflichen Bibliothek von Trient (Hinderbach war Bischof von Trient) p. 378 und 381 unsere beiden Codices erwähnt finden. Aus Trient sind sie dann im Anfange unseres Jahrhunderts mit dem übrigen handschriftlichen Material nach Wien gekommen. Der Codex Nr. 785 ist vielleicht erst auf Befehl Hinderbachs für die von ihm beabsichtigte und für Maximilian bestimmte Abschrift der historia Friderici geschrieben worden, wofür mir das Weglassen jener Stelle über die Erziehung des Königs Ladislaus zu sprechen scheint, welche dem Hinderbach für ein dem jungen Maximilian zu übergebendes Exemplar unpassend erschien.

Das Folgende finden wir wieder in einem Autographon und zwar Cod. M. S. Nr. 3367 fol. 9 a, wo es heisst: ex improviso invasus compluribus suorum desideratis vix fugae beneficio salvari potuit. Ex Ratispona quoque etc. Es enthalten nun die folgenden Blätter dasselbe, was bei Kollar p. 27—77 gedruckt ist, nur im Wortlaute verschieden, da der Abdruck kein correcter ist. Unser Codex bricht dann fol. 30 b mit folgenden Worten ab: In Italia quoque ob eam cladem nulla civitas ab eo defecerat; poterat instaurare praelium et fortior ad pugnam. Dass die Fortsetzung im Autographon vorhanden gewesen ist, deutet schon das unten am Rande desselben Blattes von des Enea Hand geschriebene reversus an, welches das erste Wort der folgenden Seite bezeichnet und mit welchem auch die Erzählung fortfährt, und wird klar ersichtlich aus Cod. M. S. Nr. 785, wo sie abschriftlich erhalten ist fol. 123 b — fol. 138 b reversus — nunc ad ipsos Australes redeundum. Kollar p. 77—112. Hier bricht der Codex Nr. 785 ab und hat wol auch das Autographon geendet. Die Fortsetzung müssen wir in Cod. M. S. Nr. 3365 suchen, der nach der von uns eben ausgefüllten Lücke fol. 8 a fortfährt: Federici dum haec aguntur duplex etc. Kollar p. 168. Diese Anknüpfung von Ereignissen mitten aus der Zeit Kaiser Friedrichs III an die Erzählung von dem Tode des letzten Staufers ist im höchsten Grade auffallend, doch können wir nach der handschriftlichen Grundlage eine andere Gestalt dieser Redaction nicht annehmen. Die Erklärung hiefür müssen wir wol darin suchen, dass es in der Absicht des Enea gelegen haben wird, nach dem Excurs über die Staufer in dieser Redaction die in der ersten enthaltene Vorgeschichte König Friedrichs einzuschieben und daran mit den Worten Friderici, dum haec aguntur etc.[1]) anzuknüpfen, dass er aber dazu nicht gekommen ist. Auf den folgenden Blättern erscheint im Cod. M. S. Nr. 3365 dasselbe, was wir bei Kollar p. 168 ff. finden. Der Unterschied im Wortlaut beruht wieder auf dem schlechten Abdruck Kollars, ferner fehlt im Autographon die bei Kollar p. 307—318

---

[1]) Ganz in derselben Weise knüpft ja auch die erste Redaction an die Vorgeschichte Friedrichs fol. 21 a mit den Worten an: Dum haec agerentur existimans Caesar etc.

gedruckte Rede des Enea, welche dieser in Rom gegen die Türken
gehalten hat. Es heisst in unserem Codex fol. 60 b wie bei Kollar
p. 307: Quibus de rebus adeo efficaciter Eneas verba fecit, ut
pluribus circumstantibus lacrimas extorseret und fährt sogleich
fort: Nicolaus ubi responsum dedit, primum quae facta essent
in honorem Caesaris etc. wie Kollar p. 318. Zu extorseret hat
Enea am Rande links bemerkt: cujus orationis quoniam futuri
praescia fuisse videtur, inserere hoc loco tenorem non alienum
putavi, cujus verba hujusmodi sunt. Diese Randbemerkung ist aber
wieder durchgestrichen worden und die Rede finden wir nicht in
unserem Autographon. Sie erscheint in der Abschrift Cod. M. S.
Nr. 109 fol. 100 a — fol. 104 a und hat wol, als dieselbe gemacht
wurde, auf einem besonderen Blatt dem Autographon beigelegen.
Auf fol. 65 b bricht dann unser Codex M. S. Nr. 3365 wieder plötzlich mit folgenden Worten ab: Sic infelices amantes periere, patri
posthac rarum gaudium fuit, qui et aliorum et suo judicio. Man
vergl. Kollar p. 334. Dass die Fortsetzung im Autographon existirt hat, zeigen schon die unten am Rande desselben Blattes
von der Hand des Enea geschriebenen Worte in filium, welche
den Anfang des folgenden Blattes bezeichnen und mit denen, wie
Kollar p. 334 zeigt, die Erzählung weitergeführt wird. Die Fortsetzung findet sich denn auch in der Tat und zwar im Codex M. S.
Nr. 3366 fol. 12 a, wohin sie durch fehlerhaften Einband geraten
ist. Mit den Worten in filium crudelis, in conjugem vel injurius
judicatus est, ex qua beginnend, enthält dieser Codex fol. 12 a —
fol. 50 b dasselbe, was bei Kollar p. 334 — 439 aber fehlerhaft
gedruckt steht. Auf fol. 50 b bricht der Codex mit den Worten
ab: quam auditioni publicae locum facerent. Die Fortsetzung
finden wir in demselben Codex M. S. Nr. 3366 auf fol. 11 a, wo
es heisst: ne partes irritatae convitiis pacem difficilius admitterent.
Jusserunt igitur etc. und bis fol. 11 b dasselbe folgt, was Kollar
p. 439—442 gedruckt ist. Schuld an dieser Verstellung ist abermals der fehlerhafte Einband. Auf fol. 11 b bricht unser Codex
mitten in einer im kaiserlichen Rat zu Wiener-Neustadt gehaltenen Rede des Markgrafen Albrecht Achilles ab mit den Worten:
neque nostro consilio egeat. Kollar p. 442. Wie die unten am
Rande desselben Blattes von des Enea Hand geschriebenen Worte

quia tamen zeigen, enthielt das folgende Blatt, welches aber ganz
verloren gegangen ist, jedenfalls das Ende der Rede Albrecht
Achills, ferner den übrigen Teil der Beratung mit dem Anfang
der Rede des Enea¹), deren Schluss uns wiederum erhalten ist,
und zwar im Codex M. S. Nr. 3367, wohin er durch fehlerhaften
Einband gekommen ist. Codex M. S. Nr. 3367 schliesst fol. 1 a
folgendermassen an: In Hungaria meliores arces quas bello quae-
sivisti tibi tuisque dimittuntur poenae etc., worauf bis fol. 8 b ganz
dasselbe folgt, was bei Kollar p. 442 — p. 456 erscheint. Nur
einige Lücken befinden sich in diesem Teile unseres Textes; sie
sind dadurch veranlasst, dass aus den Blättern 2 a und b und
4 a und b ein Stück ausgerissen und verloren gegangen ist. Der
Inhalt lässt sich aus der sachlich hier mit der historia Friderici
übereinstimmenden historia Bohemiae unseres Autors ergänzen.
Mitten in einer vom Grafen von Cilly an König Ladislaus Posthumus gerichteten Rede bricht aber auch dieser Codex fol. 8 b
wieder ab mit folgenden Worten: pro te vulneratus sanguinem
fudi pro te pugnans captus squalorem carceris. Die Fortsetzung
fehlt und ist sachlich aus der historia Bohemiae Cap. 61 und 62
zu ergänzen. Sie enthält jedenfalls den Schluss über die Ver-
drängung des Grafen von Cilly und zwar ohne Zweifel ausführlicher als die historia Bohemiae.²) Dann folgte wol ziemlich gleich
wie in der historia Bohemiae die Reise des Königs Ladislaus Posthumus nach Prag, dessen Krönung und Aufenthalt daselbst und
ferner die Reise desselben nach Breslau. Bei der episodenartigen
Erzählung einer hier von einem gewissen Chilianus an Georg von
Poděbrad gehaltenen Rede setzt die historia Friderici in Codex M. S.

---

¹) Dass diese Rede des Enea entschieden in diesen Zusammenhang gehört
und zwischen ihr und den Worten Albrecht Achills der übrige Teil der
Beratung ausgefallen ist, kann nach dem Inhalte derselben keinem Zweifel
unterliegen.

²) Dieses kann man daraus schliessen, dass in den vorangegangenen Partien der historia Friderici und der historia Bohemiae, in welchen ein engerer
Zusammenhang zwischen den beiden Werken des Enea zu verfolgen ist —
es ist diess in der historia Friderici ap. Kollar p. 446 ff. und in der historia
Bohemiae Cap. 60 ff. der Fall — erstere eine bei weitem grössere Ausführlichkeit in der Darstellung der gleichartigen Ereignisse zeigt.

Nr. 3366 fol. 51 a wieder ein mit den Worten: ne bone vir quam multi magnique principes et ipse rex noster etc., worauf bis fol. 59 b der Schluss dieser Redaction folgt, welcher bei Kollar p. 456 — p. 476 steht und mit den Worten schliesst: nobis persuasum est armis regna acquiri non legibus. Zu bemerken ist, dass dieser letzte Teil des Werkes in Codex M. S. Nr. 3366 fol. 51 a — 59 b nicht mehr von des Enea eigener Hand geschrieben ist, sondern von der eines gleichzeitigen Schreibers.[1]

In dieser oben bezeichneten Weise müssen wir aus den drei Autographis Cod. M. S. Nr. 3365, Nr. 3366 und Nr. 3367, sowie aus den beiden Abschriften Cod. M. S. Nr. 109 und 785 die zweite Redaction der historia Friderici reconstruiren, wozu schon Lambecius mit seinen in den Handschriften der Wiener Hofbibliothek gemachten Notizen den Weg gewiesen hat.

Was wir sonst noch von der Hand des Enea in Codex M. S. Nr. 3366 finden, sind Fragmente, in denen wir nichts weiter als zu dieser zweiten Redaction vorbereitende Notizen erkennen werden, wofür unter Anderem auch die flüchtige, von der in den übrigen Teilen unserer Redaction, welche in den Codices 3365, 3366 und 3367 erscheinen, sehr verschiedene Schrift des Enea hinweist. Diese Fragmente enthalten Abschnitte aus dem einleitenden Teil der historia Friderici, welcher die Topographie und älteste Geschichte Oesterreichs behandelt. So beginnt in Cod. M. S. Nr. 3366 fol. 1 a: Austria non ut plerique arbitrantur idcirco dicta est, quod etc., worauf noch einige Zeilen folgen, ähnlich wie bei Kollar p. 6, von denen aber die letzten bereits wieder von Enea durchgestrichen sind. Hierauf beginnt auf demselben fol. 1 a ein anderes Fragment mit den Worten: Henricus inter reges IV inter imperatores III ejus nominis a suis destitutus ab Gregorio VII excommunicatus est, res nova et inaudita prius. Henricus curiam etc. Es folgt nun teilweise ausführlicher, teilweise kürzer dasselbe, was bei Kollar p. 37—42 enthalten ist, und

---

[1] Chmel: Die Handschriften der k. k. Hofbibliothek zu Wien 2. Bd. p. 22 vermutete bereits, dass in diesem Teil nicht mehr die Handschrift des Enea zu erkennen sei, war aber der Sache noch nicht ganz sicher. Eine genauere Betrachtung wird aber keinen Zweifel darüber aufkommen lassen.

schliesst fol. 1 b mit den Worten: Lotario succedit Conradus, Conrado frater Fridericus. Fol. 2 a ferner beginnt mit den Worten: Cum Romae sub Constantino primum ea libertas data sit. Obierunt autem Johannes, ut historia haec tradit, Theodoriscusque sine liberis. Albertus vero etc. Man vergl. hiemit Kollar p. 22. Wie schon Lambecius erkannt hat und am Rande bemerkt, ist dieses Blatt verbunden und schliesst sich an Folio 10 unseres Codex M. S. Nr. 3366 an. Fol. 3 a beginnt: Austria non ut plerique arbitrantur etc., worauf bis fol. 11 b inhaltlich dasselbe und nur in der Darstellung verschieden folgt, was wir bei Kollar p. 6—21 finden. Fol. 10 b schliesst ab mit den Worten: in honorem sanctorum Christi licuisse basilicas aedificare. Daran schliesst sich, wie schon oben bemerkt, fol. 2 a und b an; man vergl. Kollar p. 22. Fol. 2 b schliesst mit folgenden gegen einen österreichischen Chronisten polemisirenden Worten: Is (sc. Henricus II) ducatum Austriae sub titulo marchionatus Alberto dedit, de cujus vel sanguine vel gente nihil traditur. Illud autem vero haudquaquam consonat, quod Ottonis posteri ducentis annis ad Henricum usque imperatorem Austriam possiderint, cum Conradus Ottonis ipsius filius mox post Henricum, de quo sermo est habitus, imperaverit, sub Henrico vero ad imperium Austria redierit. Falsa igitur ementitaque sunt majori ex parte quaecumque hic autor usque in hunc locum tradit. Deinceps notiora ingressus tempora cautior efficitur. Nam cum plures quae secuta sunt gesta litteris mandaverint, videri vanus timuit multorum scriptorum testimonio impugnatus; nec tamen sic fidem nobis facit, nec cum sequimur, nisi cum dicta ejus aliis illorum temporum scriptoribus quadrant. Enea hat diesen Passus in keine seiner Redactionen aufgenommen. Man vergl. Kollar p. 23.

Betrachten wir nun die nach den oben gemachten Zusammenstellungen reconstruirte zweite Redaction der historia Friderici, so ergeben sich für dieselbe folgende Resultate. Sie umfasst nach der Widmung an den Kaiser den einleitenden Teil über die Topographie und älteste Geschichte Oesterreichs, woran sich ein umfangreicher Excurs über die Staufer anschliesst. Nach Beendigung desselben wird sogleich mit Weglassung der in der ersten Redaction enthaltenen Vorgeschichte König Friedrichs übergegangen auf die Romfahrt, Vermälung und Kaiserkrönung Friedrichs und den österreichischen Aufstand, dem eine Geschichte der österreichischen Erblande des Königs Ladislaus Posthumus bis zum Tode desselben folgt. Diese Redaction ist somit die bei Weitem umfangreichere und bringt das Werk auch zum Abschluss. Lücken sind durch den Verlust ganzer Blätter und Beschädigung einiger derselben entstanden, aber zum Teil wenn auch nicht wörtlich, so doch inhaltlich aus der historia Bohemiae unseres Autors zu ergänzen. Was ferner den Charakter dieser zweiten Redaction betrifft, so unterscheidet sie sich wesentlich von der ersten. Schon die Widmung an den Kaiser zeigt uns, dass Enea hier die Feder im Auftrage seines Herrn ergriffen hat und auch sonst trägt sie den Stempel einer mehr officiellen Darstellung. Denn alle jene Stellen, welche uns in der ersten Redaction den deutlichen Beweis für eine freiere Auffassung gaben und uns ein Werk von privater Natur verrieten, verschwinden hier. Immerhin bewahrt Enea wie schon oben bemerkt auch hier noch einen gewissen Grad von Offenheit gegenüber seinem Herrn und spricht noch manches für denselben eben nicht günstige Wort aus. Haben wir es aber hier trotzdem mit einer von dem kaiserlichen Auftrag beeinflussten Redaction zu tun, so ist es doch zu einer Ueberreichung des Werkes an den Kaiser wol nie gekommen, dazu wäre eine andere Ausstattung nötig gewesen, als in der uns die historia Friderici handschriftlich erhalten ist, und dazu hätte Enea wol noch eine endgiltige Durcharbeitung und Feile des Werkes vorgenommen. Denn nur aus dem Umstande, dass diese nie stattgefunden hat, ist jener auffällige Uebergang von dem Excurs über die Staufer mitten in die Regierung König Friedrichs zu erklären. Ganz unmöglich ist es auch nicht, dass einer solchen letzten Bearbeitung die in der zweiten Redaction noch zuweilen durchblickende Offenherzigkeit des Autors gegenüber seinem Herrn zum Opfer gefallen wäre. —

An dieser Stelle seien noch einige Bemerkungen über diejenigen Handschriften, deren Durchsicht mir ausser den bisher besprochenen möglich gewesen ist, sowie über die Ausgabe der historia Friderici von Kollar gestattet. Als die älteste dieser Handschriften stellen wir den Klosterneuburger Codex M. S. Nr. 1063 in 4° an die Spitze. Wie die von dem Schreiber am Schlusse der historia

Friderici gemachte Notiz: finitum in die Kathedrae Petri 1480 zeigt, stammt derselbe aus der zweiten Hälfte des XV. Jahrhunderts. Es enthält auf den ersten Blättern (der Codex ist unpaginirt) die historia Bohemiae des Enea und einen Brief desselben an den Herzog Sigismund von Oesterreich.[1]) Hierauf folgt die historia Friderici. Sie erweist sich als Abschrift des Autographons und zwar ganz in derselben Weise wie wir es bei den von der Hand eines Schreibers verfertigten Teilen des Codex M. S. Nr. 109 des k. k. Staatsarchives zu Wien angedeutet haben. Auf die Widmung an den Kaiser (Divo Caesari Friderico — bonique consulet. Vale) folgt ein Stück des einleitenden Teiles (Friderici tertii Romanorum imperatoris, qui fuit Arnesti Austriae ducis filius, scripturo mihi res gestas, haud ab re visum est — uxorem adiens moestam ac lectulo cubantem reperit) und daran schliesst sich ein grosser Teil der Geschichte Friedrichs an (Friderici dum haec aguntur — adolescens dignaque paci [2]). In dieser Gestalt hat die historia Friderici, wie wir unten sehen werden, einige Zeit im Autographon existirt. Bemerkt sei noch, dass diese Abschrift zum Teil fehlerfreier ist wie Codex M. S. Nr. 109. Der Sammelcodex Nr. 3399 (Rec. 1548) der k. k. Hofbibliothek zu Wien enthält fol. 263a — fol. 300a die historia Friderici. Diese Handschrift ist vielleicht noch in die letzten Jahre des XV. Jahrhunderts oder doch wenigstens in die allerersten Jahre des XVI. Jahrhunderts zu setzen. Sie ist ganz wie die Klosterneuburger Handschrift eine Copie der oben genannten Teile des Autographons und ebenfalls fehlerfreier wie Codex M. S. Nr. 109. Sie war, wie die Notiz fol. 300 b: Iste liber est domini Ladislai Sunthaym canonici sancti Stefani Viennae zeigt, im Besitze jenes unter Kaiser Maximilian I so tätigen deutschen Geschichtsforschers. Eine Abschrift dieser Handschrift ist die in dem Sammelcodex M. S. Nr. 3362 (Rec. 2257) der k. k. Hofbibliothek zu Wien fol. 161a — fol. 275a befindliche historia Friderici. Der Codex M. S. 3 E 1 des kgl. böhm. Museums zu Prag von 1575, welches Jahr auf der Innenseite des Einbanddeckels verzeichnet ist, ist eine Copie der in dem Codex M. S. Nr. 109 des k. k. Staatsarchives zu Wien von der Hand

---

[1]) Gedruckt in der editio Basil. 105.
[2]) Statt patre.

eines Schreibers vorhandenen Teile der historia Friderici. Nur bricht unser Codex fol. 141a mit den Worten: Ea igitur mente utrinque discessum est, ut mox arma sumerentur ab, während seine Vorlage noch den unvollendeten Satz: Sed aderat forte Carolus Marchio Badensis, sororius Imperatoris, praestabilis virtutis adolescens, dignaque patre mehr enthält. Man vgl. Kollar p. 386. — Codex M. S. Nr. 8003 (hist. prof. 321) der k. k. Hofbibliothek zu Wien ist ein 1592 von einem gewissen Bernhardus a Frideshaim gemachter Auszug aus dem Autographon der historia Friderici, die Romfahrt Kaiser Friedrichs III enthaltend. — Codex M. S. Nr. 9020 der k. k. Hofbibliothek zu Wien enthält Abschriften einzelner Teile der historia Friderici, welche im Auftrage des Lambecius im XVII. Jahrhundert gemacht sind. Fol. 1 a — fol. 2a zeigt eine Abschrift der Praefatio der ersten Redaction (Historiarum scriptores — peccatum cedere discat) aus dem Autographon Codex M. S. Nr. 3364, fol. 1a — fol. 1b. Fol. 2b steht leer. Fol. 3a — fol. 28a ist eine Abschrift der Vorgeschichte König Friedrichs (Federicus imperator Hernesti ducis Austriae filius — ex termino in terminum more gentis prorogatum est. Kollar p. 112—168) aus dem Autographon Cod. M. S. Nr. 3364 fol. 1b — fol. 21a. fol. 28b steht leer. Fol. 29a — fol. 29b ist eine Abschrift der Stelle über die Erziehung des Königs Ladislaus aus dem Autographon Cod. M. S. Nr. 3366 fol. 35b — fol. 36a. fol. 30a und b steht leer. Fol. 31a — fol. 49b (Contra Johannes veritus quod — nostro consilio egeat Kollar p. 405 — 442) und fol. 51a — fol. 67b (In Hungaria meliores arces — nobis persuasum est armis regna acquiri non legibus Kollar p. 442—476) erweisen sich als Abschriften des Schlusses der historia Friderici, wie er nach unserer oben gemachten Zusammenstellung zum Teil von der Hand des Enea zum Teil von der eines Schreibers vorhanden ist. Die Auswahl dieser Stellen zeigt, dass Lambecius damit eine Ergänzung zu der editio princeps hat geben wollen. — Ganz denselben Zweck verfolgt der Codex M. S. Nr. 73 des k. k. Staatsarchives zu Wien aus dem XVIII. Jahrhundert, welcher fol. 1 — fol. 2 Verbesserungen zur editio princeps gibt, fol. 2 — fol. 101 eine Abschrift der in derselben fehlenden Vorgeschichte König Friedrichs enthält, fol. 101 — fol. 103 abermals Verbesserungen zur editio princeps bietet, fol. 103 — fol. 106

die dort fehlende Stelle über die Erziehung des Königs Ladislaus und fol. 106 — fol. 200 den Schluss der historia Friderici (Contra Johannes — armis regna acquiri non legibus) abschreibt. Fol. 200 — fol. 283 folgt sodann nach einem Trienter Codex eine Abschrift der continuatio historiae Friderici von Hinderbach, welche bei Kollar Anal. II. p. 555—666 gedruckt ist. Wir werden in diesem Codex unzweifelhaft die von Kollar in der epistola ad lectorem erwähnte Abschrift, welche Gentilotti hat anfertigen lassen, erkennen.

Was die Ausgabe der historia Friderici von Kollar betrifft, so wird aus einigen bereits oben gelegentlich gemachten Bemerkungen wol schon hervorgegangen sein, für wie mangelhaft und unkritisch dieselbe gehalten werden muss, keineswegs für musterhaft, wie sie Voigt[1] bezeichnet. Hier sei in aller Kürze Kollars Methode kritisirt. Den ersten Teil der historia Friderici (p. 1—112) druckt er nach der ersten Redaction ab, zeigt aber dabei schon seinen unkritischen Sinn darin, dass er p. 21 und 22 eine Notiz über das Alter des Stephansdomes einfügt, welche nie in diesem Zusammenhang gestanden hat, sondern nur jenen im Codex M. S. Nr. 3366 enthaltenen fragmentarischen Notizen angehört, in welchen wir Vorarbeiten zur zweiten Redaction erkannt haben. Vollends verfehlt und unzulässig ist aber p. 112—168 die Aufnahme der Vorgeschichte König Friedrichs aus Codex M. S. Nr. 3364, also aus der ersten Redaction, der sie einzig und allein angehört. Allerdings ist, wie wir oben bemerkt haben, anzunehmen, dass es in der Absicht unseres Autors gelegen hat, die in seiner zweiten Redaction gebliebene grosse Lücke mit dieser Vorgeschichte auszufüllen, aber hätte Enea diese Absicht wirklich ausgeführt, so würde er diese Vorgeschichte Friedrichs sicherlich in einer anderen Gestalt in die zweite Redaction hineingearbeitet haben. Denn wir können ihm unmöglich eine solche auffällige Wiederholung zutrauen, wie wir sie jetzt bei Kollar p. 164—168 und p. 418—425 betreffs der Nürnberger Angelegenheit finden[2]. Kollars Verfahren ist also keineswegs zu

---

[1] Pius II Bd. 2, p. 265, Anmerkung 1.

[2] Voigt: Pius II Bd. 2 p. 326 und 327 erwähnt bereits diese Wiederholung, erklärt sie aber auf andere Weise, da er den Fehler Kollars nicht erkannt hat. Die von ihm ausserdem erwähnte Wiederholung der Traumerzählungen

rechtfertigen, er überliefert uns dadurch die historia Friderici in einer
Gestalt, in welcher sie niemals aus der Feder des Enea geflossen
ist. Nach dieser ungerechtfertigter Weise aus der ersten Redaction
herübergenommenen Vorgeschichte Friedrichs gibt Kollar den übrigen Teil des Werkes wieder nach der zweiten Redaction (p. 168—476).
In diesem Teile halten wir es für gerechtfertigt, dass er p. 307—318
die im Autographon jetzt nicht mehr erhaltene Rede des Enea abdruckt; sie hat in demselben, wie wir oben gesehen haben, aller
Wahrscheinlichkeit nach existirt und gehört daher in diesen Zusammenhang. Ebenso richtig ist es, dass er die in der editio princeps
fehlende Stelle über die Erziehung des Königs Ladislaus, welche im
Autographon vorhanden ist, p. 396—398 der zweiten Redaction wieder
einfügt und endlich p. 405—476 den Schluss der Redaction, den die
editio princeps nicht enthält, abdruckt. Auch die Aneinanderfügung
dieses in den Cod. M. S. Nr. 3366 und 3367 zerstreuten Schlusses
der historia Friderici ist richtig, wozu ihm jedenfalls die Notizen
des Lambecius den Weg gewiesen haben. Dagegen kann es nicht
genug gerügt werden, dass Kollar dem Codex M. S. Nr. 3664 und
der in ihm erscheinenden ersten Redaction abgesehen von der aus
ihm mit Unrecht entnommenen Vorgeschichte Friedrichs keine Auf-
merksamkeit schenkt. Was endlich den Text selbst betrifft, so ist
derselbe, soweit wir ihn mit den Handschriften verglichen haben,
ziemlich fehlerhaft und zwar beruhen die Fehler desselben meist
darauf, dass Kollar sich niemals consequent an die ihm vorliegenden Autographa hält, sondern sich oft auf den Text der editio
princeps und der von Gentilotti verfertigten Abschrift verlässt [1]),
welche beide ziemlich reich an Fehlern sind. Die editio princeps
ist ja nach einer schlechten Abschrift, dem Codex Brisacensis,
gedruckt. Auf diese Weise erhalten wir einen vollständig ungleich-

---

findet in der ersten Redaction allerdings statt, sie ist aber nicht so auf-
fällig wie die eben erwähnte und lässt sich leicht aus einer stückweisen
Abfassung des Werkes erklären.

[1]) Kollar sagt zwar in der epistola ad lectorem, dass sowol die editio princeps Böclers wie die Abschrift des Gentilotti unzuverlässig seien und er
daher immer die Handschriften habe zu Hilfe ziehen müssen. Er tut diess
aber niemals consequent, das hat uns ein Vergleich seines Textes mit den
Handschriften nur zu oft gezeigt.

mässigen Text, der bald die richtigen Lesarten der Autographa, bald die falschen der editio princeps und der Abschrift des Gentilotti enthält. Hier nur einige wenige Beispiele. Statt Kollar p. 6. Austriam vocavere. Sed primae sententiae etc. soll es nach Codex M. S. Nr. 3365 fol. 1a heissen: Austriam vocavere. Hanc prius aliqui partem Norici fuisse affirmant orientalem, alii Pannoniae portionem occidentalem. Sed primae sententiae etc. Statt Kollar p. 6: qui Pannonibus conformior est, soll es nach Cod. M. S. Nr. 3365 fol. 1 a heissen: qui Pannonibus conformior est quam Noricis. Statt Kollar p. 10: Romano Principi nach Cod. M. S 3365 fol. 2a: Romano Pontifici. Statt Kollar p. 24: cum Leopoldum eidem nach Cod. M. S. 3365 fol. 7b: cum Leopoldum ei demonstrasset. Statt Kollar p. 33 feuda sinito nach Cod. M. S. 3367 fol. 11a: feuda sunto. Statt Kollar p. 33: alius ex Vasallis suis electus judex esto nach Cod. M. S. 3367 fol. 11b: ab eo ex vasallis suis electus judex esto. Statt Kollar p. 34: corona punica nach Cod. M. S. 3367 fol. 11b: corona pinnita. Statt Kollar p. 112: Fridericus Imperator Hernesti ducis Austriae filius mortuo patre tutelam ejus et Alberti fratris impuberum Fridericus patruus suscepit, nach Cod. M. S. 3364 fol. 1b: Federicus imperator Hernesti ducis Austriae filius ex Polonia domoque Maxoviae matrem habuit. Mortuo patre tutelam ejus et Alberti fratris impuberum Federicus patruus suscepit [1]). Ebenso verhält es sich mit dem Texte in den späteren Partien der historia Friderici. Alle diese Fehler, welche ebenso in der editio princeps vorhanden sind, hätten vermieden werden können, wenn sich Kollar immer an die Autographa gehalten hätte. Auf eine Verbesserung des Textes können wir uns natürlich nicht einlassen, das ist Sache des künftigen Herausgebers der historia Friderici. Diesem wird vor Allem auch noch die Aufgabe zufallen, die beiden Redactionen, welche, wie wir gesehen haben, grosse und beachtenswerte Verschiedenheiten zeigen, neben einander abdrucken zu lassen [2]). Denn nur auf diese

---

[1]) Hier hat Kollar vielleicht die Stelle im Autographon nicht lesen können, da dieselbe vielfach durchgestrichen und corrigirt ist.

[2]) Wir kommen hier auf eine bereits von Lambecius in dem Catalogus librorum, quos Petrus Lambecius — composuit et in lucem edidit etc. Vindobonae 1673 p. 58 ausgesprochene Ansicht zurück.

Weise allein wird man den richtigen Einblick in die historia Friderici des Enea Silvio erhalten. Dass eine neue Ausgabe sehr erwünscht wäre, wird wol nach den eben gemachten Bemerkungen ausser Zweifel stehen.

Auf das Engste mit der Frage nach den beiden Redactionen ist diejenige nach der Abfassungszeit unseres Werkes verbunden und sie sei daher am passendsten gleich hier angeschlossen. Wie aus dem Schluss der Praefatio der ersten Redaction hervorgeht [1]. macht sich Enea bald nach der Beendigung des österreichischen Aufstandes, welche wir wohl in der am 4. September 1452 erfolgten und der Bewegung in der Tat einen vorläufigen Abschluss gebenden Auslieferung des Königs Ladislaus Posthumus und nicht erst Anfang 1453 in den Hoftagen zu Wien und Wiener-Neustadt zu suchen haben werden, daran, dieses Ereigniss der Nachwelt zu überliefern. In die letzten Monate des Jahres 1452 und vielleicht noch in den Beginn des Jahres 1453 fällt also die Abfassung der ersten Redaction. Im Verlaufe dieses Jahres wird Enea vielleicht auf seine eigene Veranlassung hin der in der Praefatio zur zweiten Redaction überlieferte Auftrag von Seiten Kaiser Friedrichs zu Teil, die Geschichte des österreichischen Aufstandes zu schreiben. Enea bricht nun in Folge dessen seine private Aufzeichnung ab und macht sich an eine mehr officielle Darstellung dieser Verhältnisse. Diese zweite Redaction der historia Friderici ist aber nicht vollständig in Oesterreich von ihm abgefasst worden. Was er davon am kaiserlichen Hofe ausgearbeitet hat, wird genau ersichtlich aus der in Codex M. S. Nr. 109 des k. k. Staatsarchives zu Wien erhaltenen Abschrift der historia Friderici und den in derselben gemachten Randglossen Hinderbachs. Darnach hat Enea zunächst die Widmung an den Kaiser und den einleitenden Teil: Friderici tertii Romanorum imperatoris qui fuit — moestam ac lectuto cubantem reperit (Kollar p. 6—25) in Oesterreich geschrieben. Mit diesen Worten bricht nämlich fol. 45a der Codex M. S. Nr. 109 ab und finden sich am Rande rechts von der Hand Hinderbachs die Bemerkungen: in curia Imperatoris und darunter: hic dimisit dominus

---

[1] Ich verweise auf die Beilage, welche diese bisher ungedruckte Praefatio enthält.

Eneas Senensis, sed postea hystoriam protulit tempore cardinalatus Romae, quae hic addantur. Darunter steht die Zahl 1456, ymo (= immo) septimo, welche, wie das neben ihr befindliche Zeichen andeutet, neben Romae zu setzen ist. Enea unterbrach also hier seine Einleitung und behielt sich die Vollendung derselben für später vor, wahrscheinlich, um noch, so lange er in Oesterreich weilte, so viel als möglich von der Geschichte seines Herrn fertig zu bringen. Denn ebenfalls am Hofe des Kaisers ist der in Codex M. S. Nr. 109 von der Hand desselben Schreibers abgeschriebene Teil der historia Friderici: Friderici dum haec aguntur — dignaque patre Kollar p. 168—386 abgefasst¹). An der Fortsetzung dieses Teiles wurde Enea unzweifelhaft durch seine im Mai 1455 erfolgte Abreise vom Hofe Kaiser Friedrichs gehindert. In Italien machte er sich dann zur Zeit seines Cardinalates in Rom im Jahre 1457, wie die obige Notiz Hinderbachs uns mitteilt, daran, die übrigen Teile seinem Werke hinzuzufügen. Zunächst mag er dann zu seinem einleitenden Teil den Schluss: quod cum Leopoldus — nunc ad ipsos Australes redeundum Kollar p. 25—112 geschrieben haben. Diess zeigt die Notiz, welche Hinderbach am Schluss dieses von ihm in Codex M. S. Nr. 109 auf fol. 47a — fol. 49b und dem folgenden unpaginirten Blatte zum Teil abgeschriebenen Abschnittes der historia Friderici macht: Continuatio et suppletio hystoriae Australium per dominum Pium tunc cardinalem Senensem facta 1457 und darunter: de genere marchionum et origine ducum et privilegiorum eorundem, was den Inhalt des von Hinderbach hier abgeschriebenen Teiles angibt²). Ganz dasselbe sagt die Ueberschrift des Codex M. S. Nr. 785 des k. k. Staatsarchives zu Wien: Additamenta hystoriae Australis a principio et in fine ejusdem tempore cardinalatus ipsius, welcher fol. 101a — fol. 138b diesen Abschnitt der historia Friderici enthält und wo fol. 101a. Hinderbach nochmals die Notiz macht: haec est continuatio per felicis recordationis dominum Pium papam

---

¹) In dieser Gestalt enthalten die historia Friderici einige oben besprochene Abschriften.
²) Auf diesem Blatte sind noch zwei Notizen Hinderbachs, welche auf unser Werk Bezug nehmen, die Entzifferung derselben ist mir aber nicht vollständig möglich gewesen.

tempore cardinalatus facta. Die Ueberschrift des Codex M. S. Nr. 785 zeigt ferner, dass auch der Teil: sed aderat forte Carolus Marchio Badensis — occupaturus Kollar p. 385—405, welcher fol. 140 a — 148 a folgt, zur Zeit des Cardinalates geschrieben ist. Auch hier erscheint wieder fol. 140 a eine Notiz Hinderbachs: continuatio praedictae hystoriae australis in fine ejus . . . Die letzten Worte derselben sind ganz verwischt und unleserlich, wir können aber vermuten, dass sie uns wie oben sagen wollten: die continuatio sei zur Zeit des Cardinalates gemacht. Hat nun Enea schon diesen letzten Zusatz in Italien als Cardinal geschrieben, so ist gar kein Zweifel, dass er auch den Schluss des Werkes: Contra Johannes — armis regna aquiri non legibus Kollar p. 405—476 erst damals hinzugefügt hat. Ob diejenigen Teile desselben, welche mit der historia Bohemiae übereinstimmen, vor derselben oder erst nach Beendigung derselben geschrieben sind, mag dahingestellt bleiben; es ist beides möglich. Da die historia Bohemiae im Juni 1458 im Bade zu Viterbo¹) abgefasst ist, so müssten wir als den Endtermin für die Beendigung der historia Friderici den Sommer 1458 ansetzen.

Also zwischen die Jahre 1452 und 1458 haben wir die Abfassung der beiden Redactionen der historia Friderici zu setzen. Die erste Redaction ist ganz, von der zweiten der grössere Teil am österreichischen Kaiserhofe zwischen Ende 1452 und Mai 1455 abgefasst²). Die übrigen Teile der zweiten Redaction sind in Italien in der Zeit des Cardinalates des Enea, das vom 18. December 1456 — 19. August 1458 dauert, hinzugefügt.

Ueber den Titel unseres Werkes sei Folgendes bemerkt. Gehen wir auf die Handschriften und zwar vor Allem auf die in Wien befindlichen Autographa zurück, so ist aus denselben für die Titulirung, die etwa Enea selbst seinem Werke gegeben, gar nichts zu entnehmen. Keines derselben trägt eine Ueberschrift von des

---

¹) cf. Palacky: Würdigung der alten böhmischen Geschichtschreiber. Neue Ausgabe. Prag 1869, p. 233 und 234, und Voigt: Pius II. Bd. 2, p. 331.
²) Gerade in diesen Jahren hatte Enea zu literarischer Tätigkeit Musse genug; denn wie aus seinen Briefen jener Zeit im Archiv für Kunde österr. Geschichtsquellen Bd. XVI, Nr. 191 ff. hervorgeht, verweilte er damals fast unausgesetzt am kaiserlichen Hofe in Wiener-Neustadt und Graz.

Enea Hand. Auch anderswo spricht sich unser Autor nirgends darüber aus, welchen Titel er seinem Werke beigelegt hat. Lambecius behauptet zwar in seinem Briefe an Boecler [1]), Enea spreche es in der Praefatio des ersten Autographons — er meint Cod. M. S. Nr. 3364 und somit die Praefatio der ersten Redaction — deutlich aus, dass er sein Werk historia rebellionis Austriacorum contra imperatorem Fridericum tertium habe überschreiben wollen. Indess geht aus dieser Praefatio hervor, dass Enea, wenn er sagt, er wolle eine historia de hac re (i. e. de rebellione Austriacorum) schreiben, damit nur den Inhalt seines Werkes charakterisirt, damit aber gar keine Andeutung über die Titulirung desselben geben will. Ganz ebenso verhält es sich mit der zweiten Behauptung des Lambecius in demselben Briefe, Enea habe sein verändertes Werk historia rerum gestarum imperatoris Friderici tertii überschrieben. Er beruft sich dabei auf das zweite Autographon — er meint Codex M. S. Nr. 3365 — welches mit folgenden Worten beginnt: Friderici tertii Romanorum imperatoris qui fuit Hernesti ducis Austriae filius scripturo mihi res gestas haud ab re visum est etc. Auch hier ist einzig und allein vom Inhalt und nicht vom Titel des Werkes die Rede. Aus den Autographis ist also gar nichts für diese Frage zu entnehmen. — Eine Notiz über unser Werk finden wir in dem 1458, also nach der historia Friderici verfassten Werke des Enea: de statu Europae sub Friderico III oder einfach Europa Cap. XVI [2]): Austriam describere hoc loco haud necessarium existimamus, de qua propriam historiam [3]) edi-

---

[1]) Kollar, p. 484.
[2]) Bei Freher: Scr. rer. Germ. ed. Struve Tom. II, p. 108. Uebrigens muss es hier: haud necessarium und nicht bloss necessarium heissen.
[3]) Hier verweist der Herausgeber auf eine epistola unseres Autors (Enea) 365. Es ist mir bisher nicht möglich gewesen zu eruiren, nach welcher der zahlreichen Ausgaben der Briefe des Enea dieses Citat sich richtet. Sollte etwa dieser Brief eingehender über unser Werk handeln? Es wäre leicht möglich, da wir sonst in Briefen des Enea Nachrichten über andere seiner Werke haben: so über seine zweiten Commentarien des Basler Concils in dem Briefe an Carvajal bei Fea: Pius II Pont. Max. a calumniis vindicatus Romae 1823, p. 146, 147, über sein Werk: de viris illustribus in dem Briefe vom 28. Nov. 1444 bei Voigt: Briefe des Enea, im Archiv für Kunde österr.

dimus. Ohne allen Zweifel verweist Enea damit auf unser Werk; indess ist daraus für den Titel ebenfalls nichts zu entnehmen. Der Nächste, welcher von unserem Werke spricht, ist der Fortsetzer desselben Johann Hinderbach, Bischof von Trient. Er sagt in der Einleitung zu seiner Fortsetzung [1]) der historia Friderici: Mandasti clementissime Caesar, ut historiam Orientalium regni Teutonorum, quos Orientales appellant, quam olim Aeneas etc. Daraus geht hervor, dass Joh. Hinderbach, der Zeitgenosse des Enea, dem Werke die Benennung „Geschichte der Oesterreicher" gegeben hat und so finden wir ja auch in den oben citirten Randglossen Hinderbachs das Werk immer historia Australium und einmal historia australis genannt. Und darauf müssen wir uns nun bei Behandlung der Titelfrage überhaupt beschränken, zu constatiren, welche Benennungen im Verlaufe der Zeit dem Werke gegeben wurden und welche derselben schliesslich die allgemein herrschende geworden ist.

Zunächst haben wir hier die Ueberschriften zu verzeichnen, welche die Autographa der k. k. Hofbibliothek zu Wien von anderen Händen erhalten haben. So trägt Cod. M. S. Nr. 3364 die Ueberschrift: Historiae initium. Cod. M. S. Nr. 3365 von der Hand eines gewissen Joan. Sambuci: Initium commentariorum A. S. de Friderico III rebusque Austriacis. Cod. M. S. Nr. 3366: de Friderici III Romam profectione et bello etc. Cod. M. S. Nr. 3367: Ista est manus propria Aeneae Silvii in Pont. max. Pii secundi continet historiam regis Ladislai et Friderici tertii. In Cod. M. S. Nr. 3362 einer Abschrift des XVI. Jahrhunderts finden wir zuerst den Titel historia Friderici.

Trithemius ferner verzeichnet in seinem Werke: de scriptoribus ecclesiasticis Coloniae 1546 p. 327 unter den Werken des Enea ein: historiarum opus imperfectum, worunter entschieden unser Werk zu verstehen ist. Cuspinianus nennt das Werk in seiner Austria, Basileae 1553, p. 592: Austria. An anderen Stellen nennt er es: historia Austriae de Friderici gestis, historia de rebus Friderici Caesaris.[2]) Boecler in seinem Briefe an Lambe-

---

Geschichtsquellen, Bd. XVI. p. 360, Nr. 133; über seine Europa in dem Briefe vom 29. Nov. 1458 bei Freher: a. a. O. p. 83.

[1]) Kollar, p. 555.

[2]) cf. Boeclers adnotationes bei Kulpisius p. 124 und bei Kollar p. 485.

cius[1]) spricht von der historia des Enea. Lambecius endlich gebraucht in seinen Ueberschriften und Notizen in den Codices der k. k. Hofbibliothek zu Wien, ferner in der von ihm veranlassten Abschrift Cod. M. S. Nr. 9020, im Briefe an Boecler[2]) und so oft er von unserem Werke spricht, immer den Titel: historia Austriaca.

Wir sehen aus dieser Zusammenstellung, dass die Titulirung unseres Werkes lange Zeit eine schwankende, unsichere und vollkommen willkürliche gewesen ist. Erst die editio princeps von 1685 hat dem ein Ende gemacht, indem sie den Titel: historia rerum Friderici Tertii Imperatoris oder historia Friderici Tertii Imperatoris einbürgerte. Ihr sind die späteren Ausgaben gefolgt, so dass dieser Titel jetzt der allgemein gebräuchliche ist. Aus diesem Grunde haben auch wir ihn bei unserer Untersuchung beibehalten, wenn wir auch nicht behaupten können, dass Enea selbst oder seine Zeitgenossen ihn je gebraucht haben, vielmehr die Angabe des Joh. Hinderbach eher auf eine andere Titulirung hinweist.

Die Veranlassung zu dem Werke war eine doppelte; verschieden nach den beiden Redactionen, die wir gesondert haben. Zu der ersten Redaction gab, wie Enea in der Praefatio zu derselben ausspricht, den Anstoss das historisch-politische Interesse, welches ihm die Wichtigkeit des österreichischen Aufstandes einflösste. Die Entstehung der ersten Redaction liegt also in dem freien Entschlusse unseres Autors. Später kam dann ein Auftrag König Friedrichs hinzu, die Geschichte des Aufstandes der Nachwelt zu überliefern; und in Folge dieses Befehles machte sich Enea nach Beiseitelegung seiner ersten Aufzeichnung an die folgende Redaction. Er spricht sich über diesen ihm gewordenen Auftrag in der Praefatio zu der zweiten Redaction in folgender Weise aus:[3]) der Kaiser habe ihm vor einiger Zeit, als er mit seiner Umgebung des Aufstandes und Krieges der Oesterreicher gedachte, den Auftrag gegeben, diesen Krieg nach seinem Ursprung und Abschluss zu beschreiben, mit der ausdrücklichen Versicherung, er lege Wert darauf, jene Ereignisse der Nachwelt zu über-

---

[1]) Bei Kollar in der epistola ad lectorem.
[2]) Kollar, p. 483 ff.
[3]) Kollar, p. 3 ff.

liefern, obgleich er an Ruhm dabei nichts zu ernten habe. Wir haben keinen Grund daran zu zweifeln, dass diese Aufforderung von Seite des Kaisers wirklich an Enea ergangen ist, er damit nicht bloss eine leere Phrase hinwerfen wollte. Fraglich könnte es sein, ob es der Kaiser aus freiem Antriebe getan, oder ob er von Enea, der sich gerade mit dem Gegenstande beschäftigte, dazu veranlasst worden ist. Jedenfalls ist die Aufforderung von Seite des Kaisers erfolgt, der deutlichste Beweis dafür ist der officielle Charakter der letzten Redaction. Sie ist eben durch und durch von diesem kaiserlichen Auftrage beeinflusst. Enea legt sich sodann — in eben dieser Praefatio — den ihm zu Teil gewordenen Auftrag dahin zu recht, dass der Kaiser wol die Absicht habe, durch die Erzählung dieser für ihn wenig erfreulichen Verhältnisse seinen Enkeln ein nützliches Beispiel aufzustellen. Dazu habe er aber einer wahrheitsgetreuen Darstellung bedurft und um diese zu erlangen, habe sich der Kaiser an ihn gewandt. In dieser Interpretation der kaiserlichen Absichten zeigt sich Eneas Eitelkeit in ziemlich grellem Lichte. Enea will dem Wunsche Friedrichs nachkommen und obgleich er mit der Meinung des Kaisers darin übereinstimme, dass ein unbeständiger Ruhm eher zu verabscheuen als zu suchen sei, so glaube er doch andererseits auch bei seiner Erzählung Vieles über des Kaisers Klugheit und Mässigung schreiben zu können. Allerdings als kühnen Kämpfer könne er ihn nicht schildern, wol aber als Bezähmer der Leidenschaften. Mit welcher Ironie Enea hier von der Haltung Friedrichs während des österreichischen Aufstandes spricht, ist schon oben angedeutet worden. Ob Friedrich wirklich solche Gedanken bei seiner an Enea gerichteten Aufforderung gehabt hat, wie ihm dieser unterschiebt, mag dahingestellt bleiben. Vielleicht sind es auch ganz andere Motive gewesen, die ihn dazu bewogen haben, die Abfassung eines solchen Werkes gerade einem Manne, wie sein Secretär war, zu übertragen. Vielleicht hoffte der Kaiser durch ihn am günstigsten bei einer Darstellung jener traurigen Ereignisse beurteilt, durch ihn am meisten vor der Welt gerechtfertigt zu werden. Nach einigen Wendungen, in denen sich Enea als eigentlich unfähig zur Ausführung des Werkes hinstellt, gehorcht er doch schliesslich dem Befehle seines Herrn.

Der Plan Eneas gieng bei der ersten Redaction, wie diess die dazu gehörige Praefatio zeigt, zunächst dahin, das sogenannte bellum Australicum nach seinem Ursprung und Ende zu beschreiben. Um aber die österreichische Bewegung in den Zusammenhang der Ereignisse zu bringen, sendet Enea nach der Praefatio eine Vorgeschichte König Friedrichs voraus und kann auch nicht umhin, sobald er an den Hauptteil seines Werkes gelangt, die mit dem österreichischen Aufstand eng verknüpfte Romfahrt Friedrichs mit in sein Werk hineinzuziehen. Bei der Darstellung aller dieser Ereignisse ist eine bestimmte Tendenz unseres Autors nicht zu verkennen. Er erzählt nicht alle wichtigen Ereignisse seiner Zeit, sondern wählt wie mir scheint gerade diejenigen aus, an denen er selbst Anteil genommen und bei denen er Einfluss geübt hat. Ich brauche hier nur in der Vorgeschichte Friedrichs an die kirchlichen Verhältnisse, an die Mailänder Angelegenheit, an den deutschen Fürsten- und Städtekrieg, bei dessen Abschluss wenigstens Enea beteiligt ist, zu erinnern, während er Ereignisse wie die burgundische Angelegenheit, welche in den vierziger Jahren spielt, die Schweizer Händel derselben Jahre, das Verhältniss Kaiser Friedrichs zu Herzog Sigismund von Tirol, worüber er als kaiserlicher Secretär ohne Zweifel gute Nachrichten hatte und die an und für sich sehr bedeutende Ereignisse waren, keines Wortes würdigt. Sie liegen ihm eben fern, weil er dabei keine einflussreiche Rolle spielte. Dasselbe ist bei dem übrigen Teil unseres Werkes zu bemerken. So dankbar wir nun Enea einerseits für diese Auswahl sein müssen, indem er uns so über Ereignisse unterrichtet, über welche er in Folge eigenen Anteils die besten Kenntnisse besitzen musste, so lässt sich andererseits nicht verkennen, dass ihm Veranlassung dazu jedenfalls auch das Streben nach Selbstapologie gegeben hat. Sein Einfluss war gewiss gross, ob aber Eneas Person bei all' diesen Dingen so sehr in den Vordergrund trat, wie er es darzustellen liebt, kann zweifelhaft sein. Durch diese Tendenz erhält das Werk mehr den Charakter von Memoiren über des Enea eigenen Anteil an der Politik seiner Zeit und seines Herrn. Wie bekannt, bricht die erste Redaction mitten in der Darstellung des österreichischen Aufstandes ab.

Eine ganz gleiche Aufgabe, wie sie sich Enea bei seiner ersten Redaction selbst gestellt hat, wird ihm auch durch den Auftrag des Kaisers zu Teil, der von ihm verlangt: bellum (sc. Australicum) unde ortum et quo pacto finitum esset, ut scriberet (sc. Aeneas). Doch fasst er bei Ausführung des in Folge dieses Auftrages neu verfassten Werkes einen viel weitgehenderen Plan wie früher. Er fixirt ihn in der Praefatio zur zweiten Redaction folgendermassen:[1] quoniam transgredi libet nimiumque praesumere non solum hoc bellum Australicum, sed alia quoque de tua vita quamplurima simulque tuae domus originem et quae nostris gesta temporibus in Europa didicimus memoratu digna in unam historiam congregemus. Zur stricten Ausführung ist dieser Plan indess nicht gekommen. Von der origo des kaiserlichen Hauses finden wir in dem Werke keine Spur. Denn jener Excurs über die österreichischen Markgrafen und über die Staufer kann doch dem nicht entsprechen. Enea hätte, um seinen Plan durchzuführen, über die Dynastie des Kaisers, also über die Habsburger schreiben müssen und nicht wie er getan sich mit einer Abhandlung über eine Anzahl Vorgänger Friedrichs in der Regierung Deutschlands begnügen dürfen. Vielleicht wollte er nach den Staufern noch auf die Habsburger übergehen, hat es aber unterlassen, weil ihm der Excurs über jene schon zu lang geworden war und bricht ab, um endlich auf die Geschichte Kaiser Friedrichs zu kommen. Der zweite Vorsatz, neben dem österreichischen Aufstand auch noch andere Ereignisse aus dem Leben Friedrichs und aus der europäischen Geschichte jener Zeit zu behandeln, ist dehnbar genug, und Enea hat ihn auch in hinreichendem Masse ausgenützt. Neben der Geschichte des österreichischen Aufstandes finden wir ja die ausführlichsten Berichte über die Romfahrt Friedrichs sowie über die Schicksale des Königs Ladislaus Posthumus nach seiner Freilassung und über seine Erbländer. Ausserdem hat ja Enea auch die Vorgeschichte Friedrichs unzweifelhaft in diese Redaction hineinarbeiten wollen. Bei der Auswahl dieser Ereignisse waltet die oben bezeichnete Tendenz abermals vor.

---

[1] Kollar, p. 5 und 6.

Wie wir sehen, ist der in der Praefatio gefasste Plan nicht vollständig zur Durchführung gekommen. Das Werk hat keineswegs jene vollkommen abgerundete und vollendete Gestalt erhalten, in welcher es dem Autor vorgeschwebt hat. Wir dürfen daher wol annehmen, dass er eine endgiltige Durchsicht und Feile sich noch vorbehalten hat. Vielleicht hinderte ihn daran sein grossartiger Plan eines geographisch-historischen Kosmos, den der unermüdliche Schriftsteller gerade im Jahre 1458 auszuführen begann,[1] als der Schluss der zweiten Redaction der historia Friderici erfolgte.

An dieser Stelle endlich können wir es uns nicht versagen, noch eine Vermutung auszusprechen, die sich uns immer wieder aufgedrängt hat. Beachten wir nämlich die bei Kollar p. 29 und 30 von Enea gefällte Charakteristik Ottos von Freising als Historiker, ferner den Umstand, dass Enea dessen Werke bei Erwähnung seiner Persönlichkeit genau aufzählt (bei Kollar p. 29), also gekannt hat, dieselben bei seinem Excurs über die Apenninen (bei Kollar p. 248) noch einmal anführt, endlich sie in dem einleitenden Teil der historia Friderici in der umfassendsten Weise benützt und ausgeschrieben hat, so verrät diess alles eine so genaue Kenntniss und zugleich Vorliebe für Otto, dass wir es als nicht zu fernliegend betrachten, wenn wir annehmen, dieser habe dem Enea bei der Abfassung seiner historia Friderici zum Vorbild gedient. Dazu kommt noch, dass eine gewisse Aehnlichkeit zwischen den beiden Autoren und ihren Werken nicht zu verkennen ist. Beide schreiben die Geschichte ihrer kaiserlichen Herren, beide haben streng kaiserlichen Standpunkt, ohne je in ihren Werken Panegyriker zu werden, beide haben eine reiche Bildung genossen, sind in der Welt vielfach herumgekommen, in den Geschäften des Reiches sind beide wol bewandert, beide geniessen das Vertrauen ihrer Herrscher, stehen denselben der eine verwandtschaftlich, der andere persönlich nahe, beide sind endlich Bischöfe des Reiches. Auch in der Form ihrer Werke — wir vergleichen natürlich die gesta Friderici mit unserem Werke — ist eine gewisse Aehnlich-

---

[1] Enea hat dieses Riesenwerk nie vollendet; als Bruchstück desselben erscheinen seine Europa und Asia; cf. Voigt: Pius II, Bd. 2, p. 333 ff.

keit nicht zu leugnen. Beide suchen nämlich ihren Werken ein festes Fundament dadurch zu geben, dass sie die von ihnen zu behandelnden Verhältnisse in den Zusammenhang der Ereignisse bringen, beide berichten chronologisch ziemlich genau, beide lieben es, Actenstücke in ihre Werke aufzunehmen und ihre Personen redend einzuführen. Unter allen Umständen ist unverkennbar, dass Otto von Freising dem Enea als Muster eines Historiographen vorgeschwebt hat; erreicht hat er dasselbe allerdings lange nicht, mag er ihm in der Form auch noch so überlegen sein.

III. Capitel.
Inhalt, Form und Quellen des Werkes.

Haben wir in dem letzten Capitel die Entstehungsgeschichte der historia Friderici an unseren Augen vorübergehen lassen, so bleibt uns jetzt nur noch übrig, Inhalt und Form derselben zu charakterisiren und über die Quellen Einiges hinzuzufügen.

Was den Inhalt betrifft, so haben wir hier abermals zwischen den beiden Redactionen zu unterscheiden. In der ersten schliesst sich an die Praefatio sofort die Vorgeschichte König Friedrichs an. Den Ausgangspunkt für diese Darstellung zeitgeschichtlicher Begebenheiten bildet, wenn wir von den kurzen Notizen über die Zeit der Vormundschaft Friedrichs, über den Beginn seiner Regierung, seine Pilgerfahrt nach Jerusalem und seine Vormundschaft über Herzog Sigismund von Tirol absehen, der Tod König Albrechts II[1]) am 27. October 1439. Es folgen nun ganz kurze Berichte über Ereignisse, welche die Jahre 1440—1445 ausfüllen. Sie sind der mannigfachsten Art. Zum Teil beschränken sie sich auf die österreichischen Lande wie die Verhandlungen, welche sich an die Geburt des Königs Ladislaus Posthumus anschliessen, wie die Streitigkeiten zwischen König Friedrich IV und seinem Bruder Herzog Albrecht VI, ferner die ungarischen Zustände jener

---
[1]) Kollar, p. 113.

Periode, König Friedrichs vormundschaftliche Regierung in Oesterreich und ungarisch-österreichische Grenzstreitigkeiten, oder sie greifen über in die Reichsgeschichte, wie die Wahl Friedrichs zum römischen König, die kirchlichen Verhältnisse, die Krönungsreise König Friedrichs durch Deutschland, der Nürnberger Reichstag von 1444 und die auf demselben ventilirte Frage über die Armagnacs, oder sie gehören in die allgemein europäische Geschichte, wie der Türkenkrieg und die unglückliche Schlacht bei Varna. Immer bleibt aber die Darstellung dieser Ereignisse eine sehr gedrängte, teilweise geht sie über notizenhafte Angaben nicht hinaus. Etwas ausführlicher beginnt sie zu werden, wie Enea auf die kirchlichen Verhältnisse der Jahre 1446—1448 zu sprechen kommt, die er im Zusammenhange erzählt [1]) und auf die mailändische Angelegenheit der Jahre 1447—1450 [2]), an welche sich Berichte über Grenzräubereien der Ungarn unter Pancraz von Galicz und über den deutschen Fürsten- und Städtekrieg, vornämlich aber Albrecht Achills und Nürnbergs anschliessen [3]), welche Ereignisse in den Jahren 1449 und 1450 spielen. In ein ganz neues Stadium tritt dann die Darstellung nach Beendigung dieser Vorgeschichte, wo die Schilderung jener Begebenheiten anhebt, welche durchaus den Mittel- und Kernpunkt des ganzen Werkes bilden, nämlich die Romfahrt, Kaiserkrönung und Vermälung Friedrichs und die damit so eng verbundene österreichische Bewegung, bei deren Schilderung die erste Redaction jedoch in dem Briefe Ungnads an Eizinger abbricht. Die Darstellung lässt hier an Ausführlichkeit nichts zu wünschen übrig.

Die zweite Redaction enthält nach der Widmung an den Kaiser die Topographie Oesterreichs mit ausführlichen geographisch-culturhistorischen Schilderungen des Landes und seiner Hauptstadt Wien [4]), ferner einen Abriss der österreichischen Geschichte in den ältesten Zeiten und unter den Markgrafen, woran ein Excurs über die Staufer angeschlossen wird [5]). Enea motivirt diesen mit der

---

[1]) Kollar, p. 120—139. Nur p. 130 werden sie durch den kurzen Bericht über den Kriegszug des Gubernators von Ungarn gegen Oesterreich unterbrochen.
[2]) Kollar, p. 139—163.
[3]) Kollar, p. 163—168.
[4]) Kollar, p. 7—14.
[5]) Kollar, p. 14—112.

Verwandtschaft der Staufer und der österreichischen Markgrafen unter einander [1]) und nachdem er ihn mit ziemlicher Ausführlichkeit bis auf den Tod Conradins geführt hat, springt er plötzlich mit der Wendung nunc ad ipsos Australes redeundum über auf die Geschichte Kaiser Friedrichs III, ob aus Mangel an Quellen und aus Unkenntniss über die dazwischenliegende Zeit oder weil ihm der ganze Excurs schon zu stark unter den Händen angewachsen war, können wir nicht sagen. Wie bereits zu wiederholten Malen erwähnt, geht Enea in dieser Redaction sogleich über zur Darstellung der Romfahrt, Kaiserkrönung und Vermälung Friedrichs und der damit parallel laufenden österreichischen Bewegung, welche in den Hoftagen zu Wien und Wiener-Neustadt zugleich mit dem deutschen Fürsten- und Städtekrieg wenigstens ihren vorläufigen Abschluss gewinnt. Es umfasst dieser Zeitraum die Jahre 1449—1453. Den Schluss des Werkes bildet dann die Geschichte des Königs Ladislaus Posthumus und seiner Erblande von 1453—1457, dem Todesjahr des jungen Königs, worauf Enea nur noch in aller Kürze die verschiedenen Prätendenten um den Besitz der österreichischen Erblande nennt und die Erhebungen des Georg von Poděbrad und des Mathias Corvinus zu Königen von Böhmen und Ungarn hervorhebt. Diese erfolgen am 2. Januar 1458 und am 2. März desselben Jahres. — Es umfasst daher das ganze Werk in seinen beiden Redactionen die Jahre 1439—1458. An Reichhaltigkeit lässt es, wie wir aus diesem Ueberblick ersehen, nichts zu wünschen übrig: Reichsgeschichte wie österreichische Specialgeschichte sind in ihm vertreten, letztere entschieden überwiegend.

Gehen wir nun über zu der Form des Werkes. Enea folgt bei seiner Darstellung im grossen Ganzen dem chronologischen Gange der Ereignisse, selten jedoch führt er bestimmte Zeitangaben an. Auch innerhalb der einzelnen Jahre gruppirt er die Ereignisse nach Monaten. Diess gilt indess nur von den kleineren Berichten. Erzählt er — wie es ja meist der Fall ist — grössere Ereignisse in fortlaufender Darstellung, wie die kirchlichen Verhältnisse der vierziger Jahre, die Mailänder Angelegenheit und endlich die Romfahrt, Kaiserkrönung und Vermälung Friedrichs, die öster-

---

[1]) Kollar, p. 36 und 112.

reichische Bewegung und die an sie sich anschliessenden Begebenheiten in den österreichischen Erblanden, so muss dem inneren Zusammenhange die nach Jahren und Monaten eingehaltene chronologische Reihenfolge weichen. Er greift daher, um eng zusammengehörige Ereignisse nicht zu zerreissen, über die Zeit, wo andere Begebenheiten ihren Anfang nehmen, hinaus und muss dann bei der Schilderung dieser wieder zurückgreifen. An einer Stelle p. 146 bemerkt er diese seine Darstellungsweise selbst, wenn er sagt: hic quoniam res Mediolanensis coepta est, cum Caesar duabus vicibus postea illuc legatos miserit, usque ad finem prosequenda res videtur [1]. Nur an einigen Stellen verstösst Enea gegen die chronologische Anordnung und darüber wird bei der Einzeluntersuchung berichtet werden.

Dass das Werk kein einheitlich durchgearbeitetes Ganze vorstellt und noch einer Schlussredaction bedurfte, ist schon hervorgehoben worden. An diesem Platze wollen wir nur noch die charakteristischen Seiten der Darstellung unseres Autors beachten [2]. Wir haben es in der historia Friderici, wie in allen Werken des Enea, durchwegs mit einer äusserst lebendigen und interessanten Behandlung des Stoffes zu tun. Enea hat wie bei der Abfassung seiner übrigen Werke auch in der historia Friderici das Streben, seinen Lesern die Darstellung so anziehend als möglich zu machen und er sucht dieses Ziel auf verschiedenen Wegen zu erreichen. So ist es eine bei ihm sehr beliebte Art und Weise, die auftretenden Personen redend einzuführen. Er nimmt dabei zum Teil ganze wirklich gehaltene Reden in sein Werk auf wie seine eigene in Rom gehaltene [3], teils fabricirt er dieselben eigenmächtig aus den ihm vorliegenden Actenstücken, worüber wir bei der Einzeluntersuchung eingehender zu reden haben werden. Dann ist es eine bei Enea durchgehende Tendenz, jede in die Handlung neu eingreifende Persönlichkeit, wenn sie irgendwie eine Bedeutung hat, zu charak-

---

[1] Es beweist diese Stelle zugleich, dass Enea das Bestreben hatte, chronologisch bei seiner Darstellung vorzugehen, dasselbe aber dem pragmatischen Zusammenhange der Ereignisse zum Opfer bringt.
[2] Man vergl. hierüber Voigt: Pius II, Bd. II, p. 315 ff.
[3] Kollar p. 307 ff.

terisiren und diese Charakteristiken sind uns darum von so grossem Wert, weil sie uns einmal gegeben sind von Personen, die unser Autor mehr oder weniger kannte, und dann von einem Manne wie Enea, der eine so feine Beobachtungsgabe und Menschenkenntniss besass. Sie tragen in Folge dessen auch gar nichts Formelhaftes an sich, wie wir diess bei den Schriftstellern des früheren Mittelalters nur zu häufig finden. Aus der ungemein reichen Fülle von solchen Charakteristiken, mit denen Enea seine historia Friderici beschenkt hat, sei nur folgende Auswahl getroffen. Wir finden ausführlichere Charakterschilderungen über die Päpste Eugen IV p. 134, 135 und Nicolaus V p. 138, über fürstliche Personen wie die Kaiserin Barbara p. 181, 182, die Kaiserin Leonore, Gemalin Friedrichs III p. 265, 266, König Alphons von Neapel-Sicilien p. 297. 298, Herzog Franz Sforza p. 152, Herzog Wilhelm von Sachsen p. 413, über berühmte Persönlichkeiten aus Deutschland, Oesterreich und Italien wie Bischof Sylvester von Chiemsee p. 424, Gregor von Heimburg p. 123, die Grafen Ulrich und Friedrich von Cilly p. 213—215, Johann Hunyadi p. 374, 375, Ulrich Eizinger p. 183, 184, Capistrano p. 179, 180. Daneben sind kürzer gehalten die von Friedrich III p. 298, Herzog Albrecht VI p. 183, Markgraf Carl von Baden p. 386, Markgraf Ludwig von Mantua p. 235, Georg von Poděbrad p. 181, Fortebraccio p. 154. Kleinere charakterisirende Notizen finden wir fast bei allen Persönlichkeiten, die in unserem Werke erscheinen. Endlich seien noch Charakteristiken erwähnt wie die der Wiener p. 12 ff., des österreichischen Adels p. 194 und der Oesterreicher überhaupt p. 398, 399.

Ein anderes Mittel der Ausschmückung seiner Darstellung ist die von ihm sehr geliebte Einschiebung von Episoden. Wir wollen hier als solche hervorheben die den Charakteristiken beigegebenen Biographien der Päpste Eugen IV p. 133, 134 und Nicolaus V p. 137, 138, des Königs Alphons von Neapel-Sicilien p. 298, der Markgrafen von Este 334 ff, der beiden Sforza und des Fortebraccio p. 152—160, der Grafen Ulrich und Friedrich von Cilly p. 213—216, des heil. Bernhard von Siena p. 173—176, des Cardinals Bessarion p. 241, 242, oder Episoden rein historischen Inhaltes wie die Geschichte Mailands von den ältesten Zeiten bis zum Tode des Herzogs Philipp Maria p. 140—146, oder geographisch-historischen und geographisch-antiquarischen Inhalts wie die Schilderungen von Wien p. 7 ff., Nürnberg 164. 165, Leibnitz an der Mur p. 269, Canale in Oberitalien p. 229 ff, ferner Bologna p. 236 ff., Florenz p. 240, 241, 250, Siena p. 243 ff. Rom p. 275. Ferner erwähnen wir noch besonders seinen Excurs über die Apenninen p. 248 ff. in welchem seine ausgezeichnete geographische Anschauung hervortritt. Endlich hat er für culturhistorische und für juristische Dinge einen fein ausgebildeten Sinn [1]).

Ferner um seiner Darstellung Abwechslung zu verleihen, vielleicht aber auch aus eigenem Hang dazu, ergeht sich Enea oft in breiter Erzählung kleinerer Vorfälle und anekdotenhafter Ereignisse. So berichtet er ungemein ausführlich den am Reichstag zu Frankfurt 1447 bei der Eröffnungsmesse entstandenen Streit p. 126 ff., Unglücksfälle, die sich zur Zeit des Jubiläums in Rom und im Gebiete von Verona zugetragen haben p. 173, 174. Streitigkeiten beim Einzuge König Friedrichs in Rom p. 278, 279, über einen Zwischenfall, der durch einen gewissen Caspar, den Erzieher des Königs Ladislaus, herbeigeführt ward p. 324 ff, über einen Vorfall mit dem Grafen von Schaumburg p. 342 ff, eine Anekdote über Herzog Wilhelm von Sachsen p. 413, 414. — Aber auch seine Lascivität tritt an mehreren Stellen hervor; durch sie sucht er seine Erzählung pikant zu machen.

Wenn wir hier noch die Quellen, welche Enea bei der Abfassung der historia Friderici zu Gebote gestanden haben, im Allgemeinen erwähnen, so müssen wir zwischen jenen Teilen des Werkes unterscheiden, in welchen vergangene Zeiten behandelt werden und denjenigen, wo uns unser Autor Zeitgeschichte liefert. Unter den ersteren verstehen wir die Berichte über die älteste Geschichte Oesterreichs und den Excurs über die Staufer. Jene schöpft er aus einer alten Chronik, deren Verfasser er nicht kennt, die wir aber in der des Heinrich von Gundelfingen wiederfinden, der wiederum seine Nachrichten aus dem Lateinischen eines gewissen Mathäus entnommen hat [2]). Beim Excurs über die Staufer folgt

---

[1]) Wir verweisen hier auf das oben erwähnte Buch von Gengler.
[2]) Bei Pez: Scr. rer. Aust. Tom. I p. 1048 und Kollar: Anal. I, p. 743.

er Otto von Freising und dessen Fortsetzern; sobald diese ihn im Stiche lassen, werden seine Nachrichten über die letzten Staufer viel spärlicher, und es dürfte schwer sein, ihm hier seine Quellen nachzuweisen.[1]) Für die Darstellung der Zeitgeschichte waren dem Enea Hauptquelle stets die eigenen Erlebnisse und Erfahrungen, daneben verwendet er am Hofe cursirende Nachrichten und Gerüchte, wie er p. 119 selbst sagt, ferner wenn er fern von den Ereignissen lebt, Briefe seiner Freunde, wie er an zwei Stellen (Kollar p. 189 und 471) erwähnt. Endlich benutzt er noch in ausreichendem Masse Actenstücke.

Auf das Einzelne können wir bei dieser Frage hier nicht eingehen, darauf wird in dem zweiten Teil oft genug hingewiesen werden.

---

[1]) Wir haben auf eine nähere Vergleichung mit Otto v. Freising und dessen Fortsetzern, sowie eine Untersuchung der dem Enea für den Schluss des Excurses über die Staufer vorgelegenen Quellen absichtlich verzichtet, weil uns diess hier zu weit führen würde. Von literarischem Interesse wäre es allerdings.

Zweiter Teil.

Nachdem wir es in dem ersten Teil versucht haben, uns zuerst über die Lebensverhältnisse und die Persönlichkeit unseres Autors zu orientiren, hierauf sein Werk nach seiner Entstehung und Zusammensetzung, nach der Zeit seiner Abfassung, nach seiner Veranlassung, nach Plan und Tendenz, nach Inhalt und Form zu betrachten und endlich noch einige Bemerkungen über die Quellen desselben hinzugefügt haben, wollen wir in diesem zweiten Teil unserer Untersuchung das Werk nach seinem Wert als historische Quelle prüfen, um schliesslich unser Urteil über diese seine wichtigste Seite fixiren zu können.

Bei der Auswahl der von diesem Standpuncte aus zu betrachtenden Partien der historia Friderici waren folgende Gesichtspuncte massgebend. Vor Allem entschlossen wir uns, das Werk nur als Quelle für die Geschichte Kaiser Friedrichs III in's Auge zu fassen. Damit waren sowol der einleitende Teil,[1] wie der Schluss[2] unseres Werkes von einer kritischen Prüfung ausgeschieden. Aber noch enger glaubten wir die Grenzen dieser Untersuchung ziehen zu müssen, indem wir auch den allerdings zur Geschichte Kaiser Friedrichs III gehörigen Nachrichten aus den Jahren 1439—1446[3] keine Stelle in unserem zweiten Teil anweisen wollen. Dieselben enthalten zwar unzweifelhaft ganz Be-

---

[1] Kollar p. 6—112
[2] Kollar p. 446 ff.
[3] Kollar p. 113—120.

achtenswertes, allein im grossen Ganzen sind sie doch, besonders im Vergleich mit den übrigen Teilen unseres Werkes, in solcher Kürze behandelt, dass wir füglich leicht auf eine nähere kritische Prüfung derselben verzichten können. Wir glaubten diess ferner noch um so eher tun zu können, als unsere Aufgabe bei der grossen Reichhaltigkeit der historia Friderici an viel ausführlicheren Berichten noch ausgedehnt genug sein wird.[1]) Ausscheiden möchten wir ferner den p. 130 dargestellten Zug des Gubernators von Ungarn gegen Oesterreich und die p. 163, 164 besprochenen kleinen Grenzräubereien zwischen Ungarn und Oesterreich. Diese Ereignisse erscheinen uns verhältnissmässig zu unbedeutend und ein näheres Eingehen auf dieselben daher nicht notwendig. Endlich ist es selbstverständlich, dass wir den p. 164—168 dargestellten deutschen Fürsten- und Städtekrieg, welcher p. 416 ff. nochmals und zwar ausführlicher behandelt wird, erst in dem letzteren Zusammenhange besprechen werden.

Wir beschränken also unsere kritische Untersuchung auf die im Zusammenhange erzählten kirchlichen Verhältnisse, die Mailänder Angelegenheit, die Romfahrt, Kaiserkrönung und Vermälung Kaiser Friedrichs III, die österreichische Bewegung und den deutschen Fürsten- und Städtekrieg, von denen die beiden letzten Ereignisse ihren wenigstens vorläufigen Abschluss gemeinsam auf den Hoftagen zu Wien und Wiener-Neustadt erreichen.

[1]) Wir können übrigens behaupten, dass, soweit wir die Nachrichten der Jahre 1439—1446 näher in's Auge gefasst haben, dieselben sich im Wesentlichen als wahrheitsgetreu erweisen.

I. Capitel.

Das Verhältniss zwischen Deutschland und Rom in den Jahren 1446—1448.

(Kollar p. 120—139).

Kleinere Notizen über kirchenpolitische Zustände finden wir schon p. 114, wo Enea die Lage der Kirche zur Zeit der Wahl Friedrichs zum römischen König kurz charakterisirt. Dann erwähnt er p. 115 die während der Krönungsreise in Deutschland von König Friedrich beobachtete zurückhaltende Politik in kirchlichen Fragen und bespricht an demselben Orte die zwischen Friedrich und Felix V erfolgte Annäherung. Endlich p. 117 widmet er den erfolglosen Bestrebungen König Friedrichs auf dem Nürnberger Reichstage von 1444, die kirchlichen Fragen zu lösen, einige wenige Worte. Wie schon oben bemerkt, sind diese Nachrichten zu spärlich, als dass wir ihnen hier unser Augenmerk näher zuwenden sollten.[1] Ausserdem sei nur noch vorübergehend bemerkt, dass Enea in unserem Werke viele wichtige kirchenpolitische Ereignisse, die in dieselbe Periode wie die eben erwähnten fallen, vollständig mit Stillschweigen übergeht. So finden wir nichts in der historia Friderici über den auf den 30. Nov. 1440 nach Nürnberg ausgeschriebenen Reichstag, der freilich, als die Gesandten des Basler Concils bereits versammelt waren, wieder aufgeschoben wurde, ferner nichts über den Mainzer vom Febr. 1441, die beiden Reichs-

---

[1] Wir wollen nur auch hier wieder constatiren, dass wir dieselben einer Prüfung unterzogen und sie im Ganzen als richtig befunden haben.

tage zu Frankfurt von Martini 1441 und 1442, ebenso schweigt er vollständig über die zwischen den Nürnberger Reichstag 1444 und den Anfang des Jahres 1446 fallenden Ereignisse, also über einen Zeitraum, in welchem sich die Vereinigung zwischen König Friedrich IV und Papst Eugen IV vollzog. Enea begnügt sich mit den wenigen nichtssagenden Worten: Post haec Federicus ad res ecclesiae conversus de pace agere instituit, auf jene Periode hinzuweisen. Das ist alles, was er über die folgenschwere Vereinbarung zwischen König und Papst zu sagen weiss.

Enea beginnt seine ausführlichere Darstellung kirchlicher Verhältnisse in unserem Werke mit der Anfang des Jahres 1446 erfolgten Absetzung der Erzbischöfe von Cöln und Trier durch den Papst und führt sie bis zum Abschluss des Wiener Concordates vom 17. Februar 1448. Er behandelt hier jene für die deutsche Geschichte des XV. Jahrhunderts so hochbedeutsame Zeit, wo König und Papst, welche hinter dem Rücken des Reiches und der Kurfürsten ihren Bund geschlossen haben, gemeinsam gegen diese und die von ihnen eingehaltene Neutralität operiren, bis es ihnen nach verschiedenen Versuchen gelingt, dieselben für ihre Politik zu gewinnen und die Unterwerfung der deutschen Nation unter die Herrschaft Roms zu vollziehen.

Es wird uns einerseits durch Actenstücke und Briefe,[1] dann auch durch andere gleichzeitige Schriftsteller möglich gemacht, die Angaben des Enea zu controlliren. Ferner können wir hier die sogenannten zweiten Commentarien unseres Autors über das Basler Concil[2] und einen Gesandtschaftsbericht desselben von 1447[3] heranziehen, um ihn durch eigene früher verfasste Darstellungen zu kritisiren, von denen uns die eine wegen ihrer Widmung an Cardinal Carvajal, den Vertrauten des Enea in allen kirchlichen

---

[1] Neben den edirten Acten hat unsere Kenntniss noch sehr erweitert das Buch von Pückert: Die kurfürstliche Neutralität während des Basler Concils, Leipzig 1858, das auf umfangreichen archivalischen Studien beruht.

[2] ed. Carl. Fea in der Schrift: Pius II Pontif. Max. a calumniis vindicatus Romae 1823.

[3] in Baluze: Miscell. VII p. 525 ff. und bei Muratori: Scr. III P. II p 878 ff.

Dingen, die andere wegen ihres streng actenmässigen Charakters von Anfang an mehr Vertrauen einflössen als unser Werk.

Was Enea über die Absetzung der beiden Erzbischöfe von Cöln und Trier sagt, ist richtig. Diese wurden als Feinde des römischen Stuhles entsetzt und ihrer erzbischöflichen Würde beraubt.¹) Von Interesse ist das Urteil, welches Enea über diese Massregel fällt: quae res illi (Eugenio IV) magno impedimento fuit, wornach er dieselbe jedenfalls als politisch unklug ansieht. Eine noch strengere Verurteilung lässt er in seinen Commentarien vom Basler Concil²) durchblicken. Was Enea ferner über die geringe Wirksamkeit der Absetzung und über die Bemühungen der abgesetzten Kurfürsten um den Convent zu Frankfurt zu berichten weiss, findet seine Bestätigung.³) Dagegen sind nicht vollständig und nicht genau die Angaben über die zu Frankfurt 1446 gefassten Beschlüsse der Kurfürsten. Vor Allem erwähnt Enea gar nicht die dort erfolgte Erneuerung des Kurvereines von 1424.⁴) Was die Forderungen der Kurfürsten betrifft,⁵) so fehlt unter denselben die verlangte Bestätigung der Basler Reformdecrete, wie sie in Mainz von König Albrecht und den Kurfürsten angenommen worden sind, und dann ist der Ausdruck: germanicae

---

¹) Die Entsetzungsbulle ist uns nicht bekannt, wol aber ein Brief Eugens IV an den Bischof von Utrecht vom 9. Februar 1446 bei Raynald 1446 Nr. 1 und Müller: Reichstagstheatrum unter Friedrich III I p. 277, worin er von der „nuper" erfolgten Absetzung spricht. Ob die Absetzung schon Ende 1445 erfolgt ist, wie Pückert a. a. O. p. 243 meint, mag zweifelhaft bleiben; jedenfalls erfolgte sie aber vor dem 9. Februar 1446, an welchem Tag sie erst Voigt: Pius II Bd. I p. 357 erfolgen lässt, da er das oben erwähnte Actenstück fälschlich für die Entsetzungsbulle genommen hat.

²) bei Fea a. a. O. p. 90.

³) cf. gesta Trevirorum ed. Müller und Wyttenbach 2, 330, 331 und Pückert p. 245 ff. und p. 252 ff.

⁴) Müller: Rtth. I p. 305 ff.

⁵) Müller: Rtth. I p. 278 ff. und Gudenus: cod. dipl. IV p. 290. Dass die Nachricht des Enea von der Cassation der Absetzung der Erzbischöfe von Cöln und Trier, welche Voigt: Pius II Bd. 1 p. 360 anzweifelt, richtig ist, zeigt die bei Pückert a. a. O. p. 256 Anm. 1 erwähnte bulla cassationis novitatum et attemptatorum contra duos Coloniensem et Trevirensem.

nationi oportune secureque et stabiliter provideretur doch etwas zu vag für die ganz bestimmte Forderung um Berufung eines allgemeinen Concils auf den 1. Mai 1447 nach Constanz, Strassburg, Worms, Mainz oder Trier. Ebenfalls nicht genau ist es, wenn Enea die Kurfürsten drohen lässt, im Falle der Nichtannahme ihrer Vorschläge, werde die ganze Nation von Eugen IV abfallen und Felix V folgen. Wir wissen nur so viel, dass im Falle einer abschlägigen Antwort des Papstes die Kurfürsten die Basler Väter anerkennen wollten und diese die neue Kirchenversammlung berufen sollten, wobei ausdrücklich bestimmt wird, dass Felix V bis zur Entscheidung des Schismas weder den Vorsitz führen, noch obrigkeitliche Rechte geniessen sollte.[1]) Also von einer Androhung eines eventuell sofortigen Uebertrittes der ganzen Nation zu Felix V war nicht die Rede. Enea verfolgt hier entschieden die Tendenz, das Auftreten der Kurfürsten in Frankfurt so schroff als möglich zu schildern. Die Beschlüsse wurden, wie Enea gut berichtet, geheim gefasst;[2]) ebenso finden wir bestätigt, was er über die Gesandtschaft an den König und die derselben gewordenen Aufträge sagt.[3]) Wenn Enea ferner angibt: in eam rem sex Electores foederati et jurati erant, so ist das Factum wol richtig, nur erfolgte die Beschwörung des Kurvereines nicht, wie es hiernach erscheinen könnte, sogleich von Seiten aller 6 Kurfürsten in Frankfurt. Die 4 rheinischen Kurfürsten taten es allerdings; der Beitritt der Kurfürsten von Sachsen und Brandenburg erfolgte aber erst am 23. April zu Jüterbogk.[4])

Die Nachrichten des Enea über die Verhandlungen König Friedrichs mit den zu gleicher Zeit bei ihm anwesenden Gesandten des Papstes können wir durch andere Quellen nicht controlliren, doch leiden sie an keiner inneren Unwahrscheinlichkeit. Die päpstlichen Gesandten forderten von Friedrich offene Erklärung für Eugen IV zu derselben Zeit, wo die kurfürstlichen Gesandten die Beschlüsse des Kurvereines überbrachten, es ist also leicht er-

---

[1]) Müller: Rtth. I p. 279 und Pückert p. 257 Anm. 1.
[2]) Pückert p. 259.
[3]) Pückert p. 260.
[4]) Pückert p. 262.

klärlich, wenn ihnen der König ausweichend antwortet und sie auf die Entscheidung in Rom verweist.[1])

Viel besser daran sind wir in der Kritik der Angaben des Enea über die Verhandlungen zwischen Friedrich und den kurfürstlichen Gesandten, deren Acten uns jetzt bekannt sind.[2]) Darnach können wir behaupten, dass der Bericht unseres Autors einmal sehr unvollständig ist. Wichtige Puncte wie die Verhandlungen über König Friedrichs geheime Abmachungen mit dem päpstlichen Stuhl, ferner die Verhandlungen über die Forderungen des Kurvereines betreffend die Anerkennung der Constanzer Beschlüsse über die Gewalt allgemeiner Kirchenversammlungen, über die Bestätigung der Basler Reformdecrete, die Berufung eines allgemeinen Concils auf den 1. Mai berührt Enea nicht; ebensowenig die an den König gerichtete Forderung, dem Kurverein beizutreten, und die von Friedrich versprochene Berufung des Reichstages auf Aegidien (1. Sept.) Andererseits ist er in den wenigen Angaben, die er gibt, im höchsten Grade ungenau und berichtet geradezu Falsches. So hat sich König Friedrich nie unbedingt für die Wiedereinsetzung der Erzbischöfe von Cöln und Trier erklärt, vielmehr unter gewissen Umständen wollte er Eugen IV die Obedienz auch vor der Restitution der Erzbischöfe leisten.[3]) Die Worte endlich, die Enea am Schlusse dem König in den Mund legt: illud autem indignum esse etc. beziehen sich jedenfalls auf die Aeusserungen Friedrichs, die sich an das Versprechen der Berufung des Reichstages für den 1. Sept. anschliessen.[4]) Sie enthalten wol richtige Elemente in sich, aber lassen an Genauigkeit sehr viel zu wünschen übrig.

Die Wahrheit der Angaben des Enea über seine nach der Abreise der kurfürstlichen Gesandten erfolgte Audienz beim König, die ihm gewordenen Aufträge, sowie über seine Reise mit Thomas von Bologna nach Rom und die der kurfürstlichen Gesandten ebendahin, in Zweifel zu ziehen, liegt kein Grund vor. Geradezu die

---

[1]) In seinen Commentarien über das Basler Concil spricht sich Enea über diesen Punct gar nicht aus.
[2]) Pückert p. 263 ff.
[3]) Pückert p. 265.
[4]) Pückert p. 266, 267.

Wahrheit entstellend dagegen ist, wenn er von Thomas von Bologna sagt: Bononiensis, etsi non poterat omnia scire quae legati principum afferebant, tamen imaginabatur et opinabatur multa. Ist es schon an und für sich unwahrscheinlich, dass Enea seinem Reisegenossen nichts davon mitgeteilt haben sollte, so wissen wir aus anderen Angaben Eneas selbst, dass es geschehen ist.[1] Ueber die Audienz des Thomas von Bologna bei Papst Eugen IV sind wir nur noch durch die Commentarien[2] des Enea unterrichtet und ein Vergleich derselben mit den Angaben der historia Friderici zeigt, dass diese sehr mangelhaft sind. Ueber die Schwierigkeiten, die sich bei dem Briefe der kurfürstlichen Gesandten in Rom erhoben, wissen wir sonst nichts, doch ist die Angabe des Enea über die Vorsicht der Erzbischöfe von Cöln und Trier richtig, indem wir aus den Beschlüssen der Kurfürsten ersehen,[3] dass die „Credencien an den Bapst" nur mit: Sacri Romani Imperii principes Electores unterzeichnet waren.[4]

Ueber die feierliche Audienz bei Eugen IV berichtet Enea, dass er zuerst das Wort ergriffen und die Anträge der kurfürstlichen Gesandten der Geneigtheit des Papstes empfohlen habe. Durch die Acten dieser Audienz wird bestätigt,[5] dass Enea „als Vertreter des Königs der Gesandtschaft assistirte".[6] Ob er es in der von ihm überlieferten Weise getan, bleibt ungewiss. Nachdem er dann erwähnt, dass Heinrich Leubing Weniges gesagt[7] und

---

[1] In den Commentarien ed. Fea p. 91 sagt Enea ausdrücklich: Quid rerum illi (die kurfürstlichen Gesandten) quaererent ab Enea edoctus (sc. Thomas) jussu caesaris papam instruxit etc.

[2] a. a. O. p. 91.

[3] Müller: Rtth. I p 280.

[4] Dagegen tragen die Entwürfe der dem Papste vorzulegenden Bullen die Namen der Kanzler von Cöln, Trier und Pfalz cf. Pückert p. 256. Anm. 1.

[5] Pückert p. 272.

[6] Ebenso wird diess deutlich aus dem Decret bei Raynald 1446 Nr. 3.

[7] Wie wir aus den Comment p. 92 ersehen, beziehen sich seine Worte nur darauf, dass er anzeigt, die eigentliche Rede sei dem Gregor v. Heimburg übertragen worden.

eine sehr interessante und trotz seiner Parteilichkeit treffliche
Charakteristik des Gregor von Heimburg vorausgesandt hat, geht
er auf dessen Rede über. Dieselbe ist uns erhalten [1]) und wir
können aus ihr ersehen, einmal wie parteiisch er über sie urteilt,
wenn er sie als arrogantia plena bezeichnet und dann welch' spär-
lichen Auszug er uns aus derselben gibt. Factische Unrichtigkeiten
lässt er sich dabei nicht zu Schulden kommen. Dass Eugen darauf
geantwortet hat, was Enea uns hier überliefert, können wir nicht
annehmen. Ueber die Absetzung der beiden Erzbischöfe mag er
sich gleich jetzt nach der Audienz ausgesprochen haben,[2]) aber
weiter hat er auch nichts gesagt, als sich Bedenkzeit für seine
definitive Antwort erbeten. Diese am 25. Juli, also 19 Tage nach
der Audienz und nach reiflicher Ueberlegung erteilte Antwort des
Papstes ist uns erhalten.[3]) Sie ist ausweichend, verweist die Entscheidung auf den Reichstag in Frankfurt und gibt nur in Bezug
auf die Absetzung der Erzbischöfe positive Auskunft, indem
Eugen IV an der Rechtskräftigkeit dieser seiner Massregel festhält. Wie konnte nun der Papst schon in der ersten Audienz bestimmte Aeusserungen über die Autorität der Concilien und vor
Allem über seine Stellung zur deutschen Nation machen, die er
in seiner definitiven Antwort vollständig unterdrückt, in einer Antwort, die alle Entscheidung auf künftige Zeiten verschiebt? Dazu
kommt noch, dass Enea in seinen Commentarien [4]) ausdrücklich
sagt: Eugenius pauca respondit, dann den Passus über die Erzbischöfe erwähnt und schliesslich angibt: ceteros electores multa
petere, nihil offerre; responsurum se tamen deliberatius alia hora.
Wir haben es also bei dem zweiten Teil der päpstlichen Antwort
nach der Audienz in unserer historia Friderici entschieden mit
einer Entstellung zu tun.

Für die vor der definitiven Antwort des Papstes erfolgte
Audienz des Enea bei Eugen IV, bei welcher er ihm die An-

---

[1]) bei Chmel: Sitzungsberichte der Wiener Akademie, philos.-histor. Cl. 1850 p. 670 ff.
[2]) wie Enea auch in seinen Comment. p. 92 angibt.
[3]) Pückert p. 273.
[4]) p. 92.

schauungen König Friedrichs mitteilt, ist unser Autor einzige Quelle. Bei der Offenheit, mit welcher wir durch sie über die Politik Friedrichs unterrichtet werden, werden wir an der Wahrheit dieser Angabe nicht zu zweifeln haben.[1]) Natürlich konnten solche Eröffnungen dem Papste nur genehm sein. Der Lohn für Enea blieb auch nicht aus, er wurde zum Secretär erhoben und empfing ausserdem die Weihe des Presbyteriates.[2])

Die Unzufriedenheit der kurfürstlichen Gesandten mag gross gewesen sein; der lange Zeitraum zwischen ihrer Audienz am 6. und der Antwort Eugens am 25. Juli gab ihnen Grund genug zur Ungeduld. Was aber Enea über das Benehmen Gregors von Heimburg, seines persönlichen Feindes, sagt, leidet wol an Uebertreibung.[3]) In seinen Commentarien sagt Enea darüber gar nichts. Die am 25. Juli erfolgte Antwort des Papstes teilt Enea unvollständig mit; das Wenige, was er über sie sagt, ist indess richtig.[4])

Die kurfürstlichen Gesandten verlassen nun sogleich Rom, Enea bleibt noch zurück und reist erst mit Thomas von Bologna ab. Er erzählt über ihre Reise bis Parma und erwähnt die Gesandtschaft des Thomas über Savoyen zum Herzog von Burgund. Als Zweck dieser Mission gibt er den Auftrag Eugens an, vom Herzog den Consens zur etwaigen Restitution der beiden Erzbischöfe zu erhalten. Wir wissen sonst darüber nichts, brauchen es aber nicht zu bezweifeln. Wenngleich Eugen IV, wie wir eben gesehen, noch an der Absetzung festhielt, konnte er sich doch für eine etwa notwendig werdende Aenderung seiner Haltung vorbereiten, und die Einholung eines Consenses vom Herzog von Burgund erscheint dadurch gerechtfertigt, dass Eugen an Stelle der Abgesetzten Verwandte des Herzogs zu Erzbischöfen von Cöln und Trier ernannt hatte.[5])

---

[1]) Für ihre Richtigkeit spricht auch das Decret Eugens bei Raynald. 1446. Nr. 3.
[2]) cf. die Retractationsbulle bei Fea §. 8.
[3]) An Leidenschaft hat es Gregor allerdings nicht gefehlt. Man vergl. über ihn Karl Hagen: Zur polit. Gesch. Deutschlands, Stuttgart 1842 und Brockhaus: Gregor v. Heimburg, Leipzig 1861.
[4]) Pückert p. 273.
[5]) Raynald 1446 Nr. 1.

Nachdem Enea seine Weiterreise nach Deutschland beschrieben hat, geht er über zu einer Darstellung des Frankfurter Reichstags vom September 1446.

Zuerst nennt er richtig und vollständig die Gesandten des Königs.[1] Ueber den ihnen gewordenen officiellen Auftrag äussert er sich nicht. Dagegen gibt er uns die schätzenswertesten Nachrichten über die persönliche Politik König Friedrichs gegenüber diesem Reichstage, über das Vorhaben der Kurfürsten und vor Allem über die geheimen Aufträge des Königs an seine Gesandten, unter denen Enea selbst war. Enea spricht hier so offen über die Ideen seines Herrn und seine geheimen Entschlüsse, dass wir gar keinen Grund haben, dem zu misstrauen. Ebenso wertvoll können uns seine Angaben über das Verhalten der von Rom zurückgekehrten kurfürstlichen Gesandten, über die Siegesgewissheit der Basler, und die traurige Stimmung der königlichen Gesandten erscheinen. An der Spitze der Basler Gesandtschaft nennt er richtig den Cardinal Ludwig von Arles.[2] Als anwesend bezeichnet er noch Johann Carvajal und Nicolaus von Cusa, sie waren Legaten des Papstes Eugen.[3] Von ihnen sagt er, dass sie auf alle mögliche Weise die Abwesenheit des Thomas von Bologna, der ebenfalls Legat Eugens für den Reichstag war, zu entschuldigen suchten. Wie wir wissen, weilte er jetzt am burgundischen Hofe.

Den eigentlichen Bericht über den Reichstag beginnt Enea mit der ausführlichen Schilderung eines bei der Eröffnungsmesse durch den Cardinal von Arles veranlassten scandalosen Auftrittes. So wenig wir diesen unerfreulichen Vorfall bezweifeln wollen, so sehr müssen wir doch bedauern, dass ihn unser Autor auf Kosten des übrigen Reichstagsberichtes so breit und weitläufig ausführt. Richtig lässt er dann die Verhandlungen durch einen

---

[1] cf. Gudenus Cod. dipl. IV Nr. 136 und Chmel: Regesta chronologico-diplomatica Friderici III. Romanorum Imperatoris Nr. 2124.
[2] Müller: Rtth. p. 345, wo der Cardinal in einem von ihm selbst ausgestellten Diplom sich als Legat des Concils bezeichnet.
[3] Raynald 1446 Nr. 3. Ob der Bischof von Lüttich, der hier noch als Legat bezeichnet wird, nicht anwesend war oder von Enea übergangen wird, ist unsicher.

Bericht der kurfürstlichen Gesandten eröffnet werden, aber die Art und Weise, wie das geschehen, erscheint in der historia Friderici vollständig entstellt. Der Bericht im Dresdner Archiv, dem Pückert folgt,¹) lässt die in Rom gehaltene Rede Gregors von Heimburg und die schriftliche Antwort des Papstes verlesen, dann die Gesandten über ihr in Rom beobachtetes Verfahren sich rechtfertigen, weiss aber gar nichts von der mit heftigen Ausfällen gegen den Papst und die Cardinäle erfüllten Rede Gregors und ebensowenig von der Zurechtweisung desselben durch Enea und des Letzteren Darlegung der römischen Verhandlungen zu sagen. Also was in dem Berichte des Dresdner Archivs, der wol amtlich ist, als einfaches Referat erscheint, kleidet Enea in eine leidenschaftliche Rede Gregors ein. ²) Als Gegner des deutschen Juristen und als persönlicher Feind desselben, kommt es Enea nicht darauf an, ihm leidenschaftliche und unüberlegte Handlungen anzudichten, die dieser wol nie begangen hat,³) und sich selbst den Ruhm einer unparteiischen Darlegung der Verhältnisse zu vindiciren.

Die an diese ersten Verhandlungen sich anschliessende Vorlegung des von den Legaten Nicolaus von Cusa und Carvajal überbrachten päpstlichen Schriftstückes: ⁴) „Die bede unsers herren des romischen kunigs vnd der kurfursten vnd antwurt unsers heiligen vaters des babst", worin die Forderungen der Kurfürsten auf's Gröbste entstellt und darnach die päpstlichen Bewilligungen eingerichtet erscheinen, übergeht Enea vollständig. Seine Darstel-

---

¹) p. 278.
²) Voigt: Pius II Bd. I p 371 Anm. 1 hält diese Reden für möglichst getreu, weil sie Enea in gleicher Weise wie in der historia Friderici auch schon in den kurz nach dem Reichstage geschriebenen Commentarien p. 97 erzählt. Allein trotzdem wollen wir sie nicht als wahr annehmen, wo sie von amtlichen Berichten so sehr abweichen. Diese können wol durch andere Darstellungen in manchen Puncten ergänzt, aber nie berichtigt werden. Uebrigens gesteht Voigt selbt ein: die Tendenz liege zu sehr auf der Hand, um täuschen zu können.
³) Möglich ist es, dass ähnliche Aeusserungen privatim gefallen sind; in der öffentlichen Sitzung aber wol nicht.
⁴) bei Chmel: Sitzungsber. der Wiener Akademie philos.-histor. Cl. 1850 p. 672, 673 und Pückert p. 279 ff.

lung beschäftigt sich im Folgenden mit den geheimen Verhandlungen. Wir erinnern uns der oben erwähnten geheimen Aufträge, welche König Friedrich seinen Gesandten mitgegeben hatte. Wie diese sich derselben entledigen, erzählt unser Autor nun ziemlich ausführlich und mit grosser Offenheit.[1]) Pückert[2]) will den ganzen von Enea erzählten Vorgang als ein kindisches Märchen hinstellen und stützt sich dabei darauf, dass in dem Bundesbriefe [3]) mit Bestimmtheit auf vorausgegangene Vereinbarungen, auf langeher getroffene Vorbereitungen hingewiesen wird, dann dass man sich nicht denken könne, wie der Primas von Deutschland wie ein Unmündiger von seinem Generalvicar sich habe gängeln lassen, und erklärt endlich den Vorgang dadurch, dass Markgraf Albrecht von Brandenburg das Verdienst gebühre, seinen Bruder wie den Mainzer auf die Seite des Königs gebracht zu haben. Wir glauben dem gegenüber, dass alle jene Vereinbarungen, alle die Bemühungen Albrechts von Brandenburg vorangegangen sein können, neben ihnen bleibt immer noch Platz für die von Enea angeführte Thatsache, dass der Mainzer erst am Reichstage durch die Bestechung seiner Räte zum Austritt aus dem Kurverein bewogen worden sei. Und auf diesen Austritt kommt es bei der Darstellung unseres Autors wesentlich an.[4]) Dass derselbe schon mit jenen vorausgegangenen Vereinbarungen verbunden war, steht nicht im Bundesbrief und konnte gar nicht in ihm stehen, ebensowenig ist irgendwo überliefert, dass Albrecht von Brandenburg den Austritt entschieden hat; [5]) er selbst rühmt sich nur dieses Verdienstes. Wie können wir uns überhaupt denken, dass Enea dieses schmutzige Geldgeschäft, welches weder seinem Herrn, noch dem künftigen Papst Nicolaus V, noch den Gesandten Friedrichs, unter denen er selbst

---

[1]) noch weiter ausgeführt finden wir die Sache in den Coment. p. 93 ff.
[2]) p. 281 ff.
[3]) bei Chmel: Sitzungsber. a. a. O. p. 673, 674.
[4]) Pückert irrt, wenn er den Enea erzählen lässt, der Mainzer sei überhaupt erst am Reichstage für die Sache des Papstes und Königs gewonnen worden. Er sagt nur, dass Bestechung seiner Räte seinen Austritt aus dem Kurverein bewirkt hat. Zu Papst und König mag er immerhin, von Albrecht bewogen, schon vorher hingeneigt haben.
[5]) Das behauptet Droysen: Gesch. d preuss. Politik II 1. Abt. 2. Aufl. p. 68.

war, zu Ehren gereicht, rein aus der Luft gegriffen haben sollte.
Solche Thatsachen, welche unser Autor, sich selbst wie seinen
Herrn compromittirend, mit solcher Offenheit erzählt, lassen sich
nicht einfach durch Vermutungen aus der Welt schaffen und in
das Reich der Märchen verweisen. Zu den genauesten Actenstücken werden solche Angaben immer als wertvolle Ergänzungen
hinzutreten, sie berichten uns eben über der Oeffentlichkeit entzogene Ereignisse, von denen officielle Acten nichts verzeichnen.

Das Bündniss vom 22. Sept. selbst erwähnt Enea nicht. Er
berichtet dann weiter, dass der Mainzer noch nach einer causa
justa zu seinem Austritt aus dem Kurverein gesucht habe und
diese endlich darin gefunden worden sei, dass Enea die Kurvereinsacte umgestaltet und [auf diese Weise zu einem annehmbaren Entwurf gemacht habe, worüber dann noch mit den päpstlichen Gesandten verhandelt worden sei. Auch diese Angaben, für
die Enea einzige Quelle ist, werden wir nicht bezweifeln, lässt er
sich selbst doch nach denselben eine Rolle spielen, die für ihn
nicht allzu ehrenhaft ist.[1]) Den Inhalt dieses neuen Entwurfes
(notulae)[2]) gibt Enea kurz aber richtig an, indem er die 3 Hauptpuncte desselben hervorhebt.

Weiter berichtet Enea, dass dieser neue Entwurf auf Antrag
des Mainzers und unter Zustimmung der königlichen Gesandten
und nachdem er von verschiedenen Fürsten und Geistlichen unterschrieben war, vor den Reichstag gelangte. Dass der Mainzer
den Antrag gestellt, wissen wir sonst aus keiner Quelle mehr, es
ist aber sehr wahrscheinlich. Die erwähnten Unterschriften enthält der uns erhaltene Entwurf nicht, allein da wir wissen, dass
ausser den Mitgliedern des Bündnisses alle die hier genannten
geistlichen und weltlichen Fürsten auf der Seite des Papstes und
des Königs standen, so ist es leicht möglich, dass sie denselben
unterzeichnet haben. Vollständig sicher steht aber die Angabe des

---

[1]) Pückert p. 290 will in Zweifel ziehen, dass dieser Entwurf von Enea sei,
weil er deutsch eingereicht wurde. Indess ist diess leicht dadurch erklärlich,
dass der von Enea lateinisch abgefasste Entwurf zum allgemeinen Verständniss deutsch vor den Reichstag gebracht werden musste.

[2]) bei Chmel: Sitzungsber. a. a. O. p. 674 ff.

Enea, dass der Entwurf (notulae) vor den Reichstag gebracht
worden ist. Pückert¹) missversteht unseren Autor vollständig und
zeiht ihn ungerechter Weise hier einer „Hauptlüge". Er verwechselt nämlich diese notulae mit dem Bündniss vom 22. Sept.
Dass aber die notulae wirklich vor den Reichstag gebracht worden
sind, zeigt Pückerts eigene actenmässige Darstellung genau.²)

Die Verhandlungen über den Entwurf und die letzten Ereignisse am Reichstage ³) gibt Enea sehr unvollständig, teilweise
auch unrichtig an. Richtig ist, dass die Majorität dem Entwurfe
beigestimmt und der Cölner und Trierer dagegen gestimmt haben.
Falsch, dass Letzteres auch der Kurfürst von Sachsen getan. Dieser
hat vielmehr mit dem Pfalzgrafen, von dem Enea sagt: dubius
mansit, einen Vermittlungsversuch gemacht. Daraus wird zugleich
klar, wie unhaltbar die Behauptung unseres Autors ist: Sic territi
tres Electores nihil concludere ausi sunt. Nur zwei, der Cölner
und Trierer, halten sich von den Beschlüssen fern und beharren
vollständig in der Opposition. Richtig ist dann wieder der von
Enea erwähnte neue Bund,⁴) den die Gesandten des Königs mit
dem Mainzer, Brandenburger und Anderen am 5. Oct. abgeschlossen
haben; die Inhaltsangabe desselben ist kurz, aber enthält die wesentlichen Puncte. Dagegen erzählt unser Autor gar nichts mehr
über die Beratungen der Kurfürsten, die sich an den Reichstag
anschliessen, über den Abschied vom 11. Oct.⁵) und den Empfang
der Basler Gesandtschaft am 12. Oct.⁶) Bei allen diesen Ereignissen waren der Cölner und Trierer anwesend; Enea irrt daher,
wenn er nach Erwähnung des Bündnisses vom 5. Oct. sagt: hac
deliberatione recta Treverensis et Coloniensis confestim abierunt,
solutusque conventus est.⁷)

---

¹) p. 291.
²) Pückert p. 291 ff.
³) Pückert p. 291 ff.
⁴) bei Wuerdtwein: subsid dipl. Tom. IX p. 70.
⁵) Pückert p. 292 ff.
⁶) Pückert p. 295.
⁷) Am Schluss dieser Kritik der Nachrichten des Enea über den Frankfurter
Reichstag sei noch bemerkt, dass Pückert p. 276 Anmerkung 2 entschieden
im Unrecht ist, wenn er behauptet, der Bericht aus dem Dresdner Archiv

Der im Folgenden erwähnte räuberische Ueberfall, den die Basler Gesandtschaft erlitt, findet anderweitig seine Bestätigung.[1]

Die Gesandten kehren zum König zurück, mit ihnen Thomas von Bologna und Carvajal. Diese richten nun, nach Enea, einen Brief an den Papst, worin sie über den Stand der Dinge berichten und raten, die königlichen Propositionen anzunehmen. Darüber wissen wir sonst nichts, haben aber keinen Grund zu zweifeln, dass die Politik der Legaten eine solche gewesen sei.

Sehr bemerkenswert ist ferner auch die Nachricht von dem Zwiespalt im Cardinalcollegium über diese Fragen, den Eugen IV auf den Rat der Cardinäle Ludwig v. Aquileja und Johannes Morinensis (Jean le Jeune, Cardinalbischof von Amiens) durch Creation neuer Cardinäle beseitigt. Die historia Friderici bringt uns einzig und allein diese Nachricht und wir dürfen ihr nicht misstrauen. Die Angabe solcher Einzelheiten muss auf genauer Kenntniss beruhen und Enea konnte dieselbe bei seinen zahlreichen Verbindungen mit Rom recht gut besitzen.[2] Als neu ernannte Cardinäle nennt Enea: den Erzbischof von Mailand, den Abt von St. Paul, Thomas von Bologna und Joh. Carvajal. Die Ernennung des Letzteren ist uns erhalten.[3] Ueber die der beiden Letzteren berichten auch Antoninus,[4] Manetti[5] und Vespasiano.[6]

Enea berichtet nun über die Gesandtschaft des Königs und

---

lasse uns Enea ganz entbehren. Er bringt allerdings manches Unrichtige, allein ein Teil seiner Nachrichten ist schlechterdings unentbehrlich für eine wahrheitsgetreue Darstellung aller Vorgänge dieses höchst wichtigen Reichstages, der öffentlichen wie der geheimen.

[1] cf. Königshoven ed. Schilter p. 228, 229.

[2] Leider sind uns gerade aus jener Zeit keine Briefe von seinen römischen Freunden wie Joh. Campisius und Petrus Noxetanus erhalten, die ihm sehr oft über Neuigkeiten aus Rom berichten. Es ist aber kein Zweifel, dass die Correspondenz mit Enea in diesen Jahren gleich lebhaft geführt worden ist, wie vorher und nachher.

[3] Raynald 1446 Nr. 5.

[4] Chronicon. Lugdunum 1512, Pars III titul. XXII cap. XI §. 22.

[5] vita Nicolai V Muratori: Scr. III Pars II p. 916.

[6] vita Eugenii IV Muratori: Scr. XXV p. 264.

der deutschen Fürsten nach Rom und über die dort erfolgte Obedienzerklärung. Die Nachrichten hierüber in der historia Friderici sind ein kurzes Resumé aus dem 1447 an König Friedrich gerichteten Gesandtschaftsberichte[1]) des Enea. Er beschränkt sich dabei fast ganz auf eine Darstellung der äusseren Vorgänge. Ueber einige derselben werden seine Nachrichten durch gleichzeitige Quellen bestätigt: so über die nach der ersten Audienz erfolgte Erkrankung des Papstes,[2]) über die Obedienzerklärung am Krankenlager desselben,[3]) über die 2. Obedienzerklärung vor dem öffentlichen Consistorium der Cardinäle[4]) und die am folgenden Tage sich anschliessende Feier durch eine Messe im Lateran.[5]) Ueber andere Vorgänge ist unser Werk einzige Quelle: so über den Enea und Procop von Rabstein erteilten Auftrag König Friedrichs, die Obedienz abzuschliessen, über die Reise nach Rom, wo unser Autor in Siena mit den Gesandten der deutschen Fürsten zusammentrifft, über seine vor Eugen IV gehaltene Rede, die uns ausserdem selbst erhalten ist,[6]) über den zu den Verhandlungen erwählten Ausschuss von Cardinälen, über die Uebergabe der litterae apostolicae[7]) an ihn, über die privaten Aeusserungen Eugens ihm gegenüber; ferner desgleichen über die im öffentlichen Consistorium der Cardinäle erfolgte Verlesung der königlichen Bestätigungsbriefe, sowie den Zwischenfall zwischen ihm und dem magister generalis des deutschen Ordens, endlich über die freudige Stimmung in Rom nach der Obedienzerklärung und die Procession nach dem Lateran. Enea berichtet hier als

[1]) in Baluze: Miscell. VII p. 525 ff. und bei Muratori: Scr. III P. II p. 878 ff.
[2]) Epistola de morte Eugenii IV Muratori: Scr III P. II p. 902, 903.
[3]) Bericht des sächsischen Gesandten Heinrich Engelhardt bei Pückert p. 303
[4]) Antoninus: Chron. P. III tit. XXII cap. XI §. 22.
[5]) Antoninus: Chron. a. a. O.
[6]) Martene: Vet. Monum. VIII p. 980. Mansi: Concil. XXXI. p. 25 und idem: Orationes Pii II. 1 p. 108.
[7]) Dieser Ausdruck litterae ist ganz wichtig: Eugen IV bezeichnet selbst in der Bulle ad tranquillitatem et commoda Raynald 1447. Nr. 6 einen seiner früheren Erlässe — es ist der bei Raynald 1417 Nr. 5 — mit Absicht als litterae.

Augenzeuge über lauter Aeusserlichkeiten, die wir nicht zu bezweifeln haben.

Ueber die eigentlichen Verhandlungen sagt unser Autor nur wenige Worte: res per aliquot dies protracta est; tandem notulas Aeneae Eugenius ex consilio Cardinalium acceptavit. Dass die Verhandlungen durch einige Tage sich hinzogen, wird uns durch den officiellen Bericht des Enea von 1447 bestätigt.[1]) Unrichtig aber ist es, wenn er sagt, der Entwurf (notulae) — es ist diess der königliche Entwurf vom Frankfurter Reichstag, den Enea selbst verfasst hat — sei vom Papste auf Rat der Cardinäle angenommen worden. Dem widersprechen die päpstlichen Erlasse.[2]) Diese zeigen deutlich, welche Modificationen sich der Entwurf des Enea und die daraus hervorgegangene Verabredung vom 5. Oct. gefallen lassen mussten.[3])

Im Anschluss an die Obedienzerklärung berichtet Enea ferner über die anderen während seines Aufenthaltes in Rom erlebten Ereignisse nämlich über die letzten Lebenstage Eugens IV, seinen Tod und die Wahl Nicolaus V, wobei er noch in Episoden die Biographien und Charakteristiken der Päpste Eugen IV und Nicolaus V einschiebt. Auf diese römischen Ereignisse sei hier noch eingegangen, da sie mit der Darstellung der übrigen kirchlichen Verhältnisse auf's Engste zusammenhängen. Was Enea darüber berichtet, ist ebenfalls wenigstens zum grössten Teil eine sehr gekürzte Wiedergabe seiner Darstellung im Gesandtschaftsberichte

---

[1]) Muratori: a. a. O. p. 881.
[2]) Raynald 1447 Nr. 4, 5, 6 und 7. Chmel: Materialien zur österr. Geschichte I Nr. 97, 95, 94 und 96 und einzelne derselben auch bei Senkenberg: deutsche Reichsabschiede P. 1 Nr. 16 und Leibnitz: Cod. jur. gent. dipl. Tomus I p. 391. Bullarium Romanum ed. Cherubini: Eugen IV const. XXIX Hontheim: hist. Trevirensis II p. 408.
[3]) Man vgl. nur die oben erwähnten päpstlichen Erlasse mit dem Entwurf des Enea bei Chmel: Sitzungsber. a. a. O. p. 674 ff. und der Verabredung vom 5. Oct. bei Wuerdtwein: subs. dipl. IX p. 70 ff., ausserdem Voigt: Pius II Bd I p. 387 ff. und Pückert: p. 299 ff. Einige Modificationen gesteht übrigens Enea selbst in seinem erwähnten Gesandtschaftsbericht von 1447 (Muratori Scr. III P. II p. 881) ein. Er hat also jedenfalls den wahren Sachverhalt gekannt.

von 1447. Heben wir zuerst die Nachrichten hervor, welche wir durch andere Quellen gestützt finden, so sind hieher zu zählen: die kurzen Angaben über die Krankheit Eugens IV und seinen Tod,¹) über sein Begräbniss und die von ihm selbst vor seinem Tode dazu getroffenen Bestimmungen²) und über die neuntägige Leichenfeier. ³) Ebenso erfahren wir aus anderen Quellen über die Anwesenheit des Königs Alphons von Neapel-Sicilien in Tivoli,⁴) über den Aufstand des Stefano de' Porcari,⁵) über seine Verschwörung gegen Nicolaus V und seinen Untergang, wobei Enea aber den Weg der chronologischen Darstellung verlässt und bis in's Jahr 1453 vorgreift. ⁶) Auch die Traumgeschichte des Thomas von Bologna vor seiner Wahl zum Papste, von der Enea sagt, dass er sie von dem Papste später selbst habe erzählen hören, findet sich anderswo wieder.⁷) — Ueber einige Ereignisse sind wir wieder nur durch Enea unterrichtet, wie über seine vor dem Tode Eugens IV erfolgte Erhebung zum Subdiacon, über die Massregeln des Königs Alphons von Neapel-Sicilien betreffend die neue Papstwahl und die dankende Erwiderung der Cardinäle, über die Bewachung des Conclave durch Enea, Procop von Rabstein und die Gesandten der anderen Könige, über die Ratschläge des Cardinal S. Angeli bei der Verschwörung des Stefano de' Porcari

---

¹) epistola de morte Eugenii IV Muratori a. a. O. p. 903, 904. Vespasiano: vita Eugenii Muratori a. a. O. p. 265, vita Nicolai ibid. p. 277. Antoninus: Chron. a. a. O. Manetti vita Nicolai, Muratori a. a. O. p. 917.

²) Vespasiano: vita Eugenii IV p. 265. Antoninus: Chronicon. Platina: liber de vitis pontificum Cöln 1626 p. 290.

³) Vespasiano: vita Nicolai V p. 278. Manetti: vita Nicolai V p. 917. Antoninus: Chron. erwähnt allerdings eine nur 8tägige Feier; aber diess ist wol ein Irrtum.

⁴) Antoninus: Chron. Steph. Infessura: Diarium Romanae urbis Muratori Scr. III P. II p. 1130.

⁵) Antoninus: Chron. Platina: p. 292. Steph. Infessura p. 1131.

⁶) Antoninus: Chronicon §. 5 Manetti: vita Nicolai V p. 943. Platina p. 296. 297 und Steph. Infessura p. 1131, 1135 erzählen den Vorgang noch viel ausführlicher. Vespasiano: vita Nicolai V p. 286 lässt die Mitschuldigen durch den Papst begnadigt werden.

⁷) Vespasiano: vita Nicolai V p. 278. Manetti: vita Nicolai V p. 917.

und vor Allem über das Conclave, in welchem Thomas von Bologna zum Papst erwählt wurde. Die ersteren Angaben beziehen sich auf durchaus glaubwürdige Facta. Was Enea über die Ratschläge des Cardinal S. Angeli sagt, versieht er selbst mit einem ut ajunt. Der Bericht über das Conclave [1] endlich legt so objectiv und in's Detail eingehend die Verhältnisse dar, besonders wenn wir neben unserem Werk die noch viel ausführlichere Darstellung im Gesandtschaftsbericht von 1447 zu Hilfe nehmen, dass wir denselben wol als wahrheitsgetreu ansehen können.

Nachdem Enea noch erwähnt hat, dass der neue Papst sich Nicolaus V nannte, gibt er mit Vernachlässigung der chronologischen Anordnung eine kurze Skizze über die Hauptmomente seiner Regierung bis zur Krönung Kaiser Friedrichs III.

Hierauf nimmt unser Autor den Faden der chronologischen Erzählung wieder auf, um mit wenigen Worten die kirchlichen Verhältnisse zum Abschluss zu bringen. Er erwähnt seine und des Procop von Rabstein erfolgte Rückkehr zum König und dass diesem die Wahl Nicolaus V genehm gewesen sei. Wie richtig das ist, zeigen deutlich genug die folgenden Handlungen des Königs: die Berufung des Conventes von Aschaffenburg [2]) und das Patent vom 21. Aug. 1447.[3]) Hierauf berührt Enea kurz seine und des Hartung von Cappel Entsendung zum Convent nach Aschaffenburg, über dessen Verhandlungen und Beschlüsse er ganz schweigt. Unter den Gesandtschaften an die übrigen Kurfürsten meint Enea unzweifelhaft seine eigene nach Cöln [4]) und der Pfalz und die Har-

---

[1]) Steph. Infessura: p. 1131 gibt nur die Namen der Cardinäle an, die am Conclave teilnahmen und bestätigt damit die Angabe des Enea, dass es 18 gewesen sind; sonst begnügt er sich mit der einfachen Angabe des Wahlresultates. Ferner ist hier zu bemerken, dass der Anonymus coaevus: obitus Eugenii IV papae et electio Nicolai V in den AA. SS. Boll. Mai Tom. V p. 120 ff. soweit wir die Sache untersucht haben, mit geringen selbständigen Abweichungen den Bericht des Enea ausschreibt.

[2]) Müller: Rtth. p. 355.

[3]) Müller: Rtth. p. 356. Raynald 1447 Nr. 17. Cochlaeus: hist. Huss. lib. IX Chmel: Mater. I Nr. 108.

[4]) Von hier stammt die Retractationsschrift des Enea ed. Fea: dat. vom 13. Aug. 1447.

tungs nach Sachsen.¹) Schliesslich bemerkt Enea nur ganz kurz, dass der König Alle auf seine Seite gezogen und zur Obedienz für Nicolaus V bewogen habe. Diess wird bestätigt durch die Beschlüsse des Conventes von Aschaffenburg vom 13. Juli 1447,²) durch das Patent König Friedrichs vom 21. Aug. 1447³) und endlich durch die der Reihe nach erfolgten Obedienzerklärungen der deutschen Fürsten; so des Pfalzgrafen Ludwig mit den Herzogen Otto und Stephan von Bayern, dem Grafen von Wirtemberg, den Bischöfen von Worms und Speyer,⁴) des Erzbischofs von Trier,⁵) des Kurfürsten von Sachsen,⁶) des Erzbischofs von Cöln,⁷) der Stadt und des Bistums Basel.⁸)

Daran schliesst Enea endlich noch die Nachricht von der Ankunft des Cardinallegaten St. Angeli „qui magno receptus honore cum natione germanica nomine Sedis apostolicae concordavit, atque modum statuit qui servandus esset in futurum et circa collationes beneficiorum et circa causas." Das ist Alles, was unser Autor über das bedeutungsvolle Wiener Concordat vom 17. Febr. 1448 zu sagen weiss.⁹) Ueber die vorangegangenen Verhandlungen erfahren wir gar nichts. Und dass dieselben so unbedeutend nicht gewesen sein können, zeigt die lange Zeit, welche zwischen der Ankunft des Cardinals und dem Abschluss des Concordates liegt. Cardinal St. Angeli, dessen Kommen vom Papst Nicolaus V bereits am 21. Mai 1447 als bald bevorstehend bezeichnet wird,¹⁰) ver-

---

¹) Voigt: Pius II Bd. 1 p. 414 ff.
²) Müller: Rtth. p. 355, 356. d'Achery: Spicileg. III p. 773. Leibnitz: Cod jur. gent. dipl. T. 1 p. 357.
³) Müller: Rtth. p. 356, 357. Cochlaeus: hist. Hussit. lib. IX, deutsch bei Chmel: Mater. 1 Nr. 108.
⁴) Müller: Rtth. p. 357. Raynald 1447 Nr. 17.
⁵) Pückert p. 311.
⁶) Pückert p. 312 ff.
⁷) Chmel: Reg. Nr. 2408 und Pückert: p. 311.
⁸) Raynald 1448 Nr. 1.
⁹) In seinen Commentarien ed. Fea, die bis 1451 reichen, tut er des Concordates nicht einmal Erwähnung.
¹⁰) Chmel: Reg. Nr. 2281.

weilt am 21. Oct. 1447 noch in Italien¹) und am 19. Januar 1448 finden wir ihn zuerst urkundlich in Wien anwesend.²) Zwischen dem 21. Oct. und 19. Jan. (nach Voigt: Pius II Bd. I p. 416 schon Anfang November) langt er also in Wien an und am 17. Februar wird das Concordat erst abgeschlossen. Es vergingen also immerhin wenn auch vielleicht nicht einige Monate, so doch einige Wochen, in denen jedenfalls lebhaft verhandelt wurde. Enea, der dabei gewesen ist, war jedenfalls im Stande, genaue Nachrichten zu geben; politische Gründe mögen ihn wol davon abgehalten haben.

Die Angabe über die Bestimmungen des Concordates endlich ist spärlich und unvollkommen genug. Wenn Enea sagt: Cardinalis St. Angeli modum statuit, qui servandus esset in futurum et circa collationes beneficiorum et circa causas, so bezeichnet er mit den collationes beneficiorum nur eine der Hauptseiten des Concordates, übergeht aber ganz die anderen, worin dem Papste das Recht der Provision eingeräumt, die Annaten wieder bewilligt und alle mit Eugen IV getroffenen Vereinbarungen (die Bullen vom 5. und 7. Febr. 1447) bestätigt werden. Was Enea unter den causae versteht, ist ganz unklar, von ihnen ist im Concordate nicht die Rede.³) Ueberhaupt vergleiche man nur die wenigen Worte des Enea mit dem Concordate selbst und man wird sehen, wie unzureichend sie die weitgehenden Bestimmungen desselben, die grossen der Curie eingeräumten Rechte charakterisiren.⁴)

Kurz berührt sei endlich noch die von Enea im engsten An-

---

¹) Chmel: Mater. I Nr. 111 e.
²) Chmel: Reg. Nr. 2408.
³) Nach Schulte: Kathol. Kirchenrecht, I. Teil p. 388 gibt es sogen. causae Dei, welche alle kirchlichen Dinge umfassen, die in das Bereich der kirchlichen Jurisdiction fallen; ebenso II. Teil p. 414 ff. und 416 ff. Vgl. auch darüber Richter: Kirchenrecht ed. Dove 1867. p. 571, 574 ff. Nach ihm p. 54, 71, 327 und 336 gibt es noch sogen. causae majores d. h. Rechtssachen, wo Rom als letzte Instanz erscheint.
⁴) Aus den zahlreichen Drucken des Concordates sind hervorzuheben: Leibnitz cod. jur. gent dipl. T. I p. 396 ff. Hartzheim: Concil. Germ. Tom. V p. 395 ff. Müller: Rtth. p. 359 ff. Wuerdtwein: subsid. dipl. T. IX p. 78 ff. und die sorgfältige Ausgabe von Koch: Sanctio pragmatica p. 201 ff. cf. ausserdem Voigt: Pius II Bd. I. p. 417 ff. Pückert: p. 316 ff.

schlusse an die kirchlichen Verhältnisse geschilderte Tätigkeit des Cardinals St. Angeli in Ungarn, Böhmen und Deutschland. Dass der Cardinal überhaupt zu den definitiven Friedensverhandlungen zwischen König Friedrich und Ungarn ausersehen war, zeigen die päpstlichen Erlasse an König Friedrich vom 21. Mai 1447 [1]) und an den Cardinal St. Angeli selbst vom 4. August 1447.[2]) Wie wenig es ferner bei der Martini 1447 zu Wien angesagten Beratung, wo die Ungarn ihre Klagen vorbrachten, zum Frieden kam, ersehen wir aus den fortdauernden Fehden und den Verhandlungen des Landtages zu Krems im Juni 1448.[3]) Dass Cardinal St. Angeli persönlich in Ungarn gewesen ist, wie Enea berichtet, beweist der am 5. August 1448 in Pressburg unter der Vermittlung des Cardinals St. Angeli endlich abgeschlossene Friedensvertrag.[4]) Die erfolglose Mission des Cardinals nach Böhmen[5]) bestätigt uns vollständig die aus Acten geschöpfte Darstellung dieser Verhältnisse bei Palacky.[6]) Ueber den von St. Angeli vermittelten Friedensschluss zwischen Cöln und Cleve vergleiche man Teschenmacher: Annales Cliviae-Juliae-Montiae Pars II p. 271 ff. Endlich beachte man für diese ganze Tätigkeit des Cardinals die kurzen Notizen im Chronicon Austriacum [7]) und in der Continuatio Claustroneoburgensis.[8])

---

[1]) Chmel: Reg. Nr. 2281. Auch die Erlasse an den Cardinal-Erzbischof von Gran und an Johann Hunyadi vom 20 Mai 1447 bei Chmel: Reg. Nr. 2283 werden wol von der Mission des Cardinals gesprochen haben. Von der bevorstehenden Sendung eines Cardinals, unter dem kein anderer verstanden werden kann wie Johannes St. Angeli, spricht auch der am 1. Juni 1447 zwischen Kg. Friedrich und Ungarn abgeschlossene Waffenstillstand bei Kollar Annal. II. p. 1292 ff. und Chmel: Mater. 1 Nr. 102.

[2]) bei Theiner: Vetera Monumenta historica Hungariam sacram illustrantia. Romae 1860. Tom. II. Nr. 401 p. 239.

[3]) bei Kollar: a. a. O. p. 1327 ff. und Chmel: Reg. Nr. 2456.

[4]) bei Kollar p. 1351 ff. und Chmel: Reg. Nr. 2463.

[5]) die Vollmacht zu dieser böhmischen Mission bei Theiner: a. a. O. Nr. 402 p. 240.

[6]) Gesch. von Böhmen Bd. IV Abt. 1 p. 184 ff.

[7]) Pez: Scr. rer. Austr. I p. 736.

[8]) Mon. Germ. SS. IX p. 735 ff. zum Jahre 1447.

Werfen wir noch einen Blick zurück auf diesen ganzen Abschnitt unserer historia Friderici, so lässt sich nicht verkennen, dass wir die Nachrichten derselben mit der allergrössten Vorsicht aufzunehmen haben. Enea behandelt die kirchlichen Verhältnisse vom streng hierarchischen und speciell eugenianisch-fridericianischen Standpunkte aus und lässt sich dabei nicht nur Unrichtigkeiten, sondern geradezu tendenziöse Entstellungen zu Schulden kommen. Aber wir müssen auch andererseits wieder hervorheben, dass wir trotz dieser grossen Mängel doch auch nicht das Wertvolle in seinem Berichte verkennen dürfen. Enea ist uns für Manches wichtige Ereigniss einzige und nicht zu verachtende Quelle, er gestattet uns mehr als ein Mal in die geheimen Triebfedern und Handlungen der auftretenden Persönlichkeiten einen so tiefen Einblick, dass wir auch neben den ausführlichsten officiellen Actenstücken seine Darstellung in diesen Puncten nicht vermissen möchten; sie tritt denselben oft als willkommene Ergänzung zur Seite.

II. Capitel.

Die Mailändische Angelegenheit 1447—1450.

(Kollar p. 139—163.)

Enea behandelt in diesem Abschnitt in chronologisch fortlaufender Erzählung[1]) die Zustände Mailands, welche nach dem am 13. August 1447 erfolgten Tode des Herzogs Philipp Maria, des letzten Visconti, eingetreten sind und führt die Darstellung bis zur Erhebung Franz Sforzas zum Herzog am 25. März 1450.

---

[1]) Nur an zwei Stellen wird dieselbe nicht richtig eingehalten, indem Enea p. 139 den Abfall von Pavia an Franz Sforza am 8. Sept. dem von Piacenza an Venedig, welcher schon im August stattgefunden hat, vorangehen lässt und p. 139, 140 die am 16. Nov. 1447 erfolgte Eroberung von Piacenza durch Fr. Sforza vor die bereits am 17. und 18. Oct. 1447 geschlagene Schlacht gegen die Franzosen setzt.

und mit wenigen Worten noch über dieselbe hinaus, indem er am Schluss der Kämpfe Erwähnung tut, in welche der neue Herzog Franz Sforza unterstützt von Genua, Florenz und dem Markgrafen von Mantua mit Venedig und dessen Alliirten, dem Könige Alphons von Neapel-Sicilien, dem Herzoge Louis von Savoyen und dem Markgrafen von Montferrat verwickelt wird und deren Ende noch nicht eingetreten war, als unser Autor diese Worte schrieb.

Enea gibt uns hier in kurzen und nicht alle Ereignisse erschöpfenden Abrissen eine Schilderung der auswärtigen und inneren Verhältnisse Mailands während jener Periode und concentrirt sein Hauptaugenmerk auf die Einmischung König Friedrichs und seine drei nach Mailand gerichteten Gesandtschaften, an welchen Enea zwei Mal selbst Anteil nimmt. Auch an ziemlich umfangreichen Episoden lässt es Enea in diesem Abschnitt wie nirgends sonst fehlen. Die eine p. 140—146 behandelt die Geschichte Mailands von den ältesten Zeiten bis zum Tode Philipp Marias, die andere p. 152—160 die Geschichte der Familie Sforza und besonders des Franz Sforza, in welche er wieder einen Excurs über Fortebraccio einschiebt und an deren Schluss er Angaben über die Zustände Mailands und Oberitaliens nach dem Tode des Herzogs Philipp Maria wiederholt, die er kurz vorher im Zusammenhange der Ereignisse erzählt hatte. Auf diese Episoden einzugehen, ist nicht unsere Aufgabe.

Wir beginnen unsere kritische Untersuchung mit jenen Nachrichten über die Verhältnisse Mailands, für die uns überlieferte Actenstücke und die ausgezeichneten Mailänder Historiographen des XV. Jahrhunderts Gelegenheit zur Controlle geben. Von diesen letzteren kommen Franciscus Aleardus, Decembrio, Simonetta und Bossi in Betracht.[1])

Was Enea zunächst über die Art des Todes des Herzogs Philipp Maria sagt — er starb nach ihm an Dysenterie — findet

---

[1]) Die beiden Chronisten Corio (historia die Milano Padoa 1646) und Cagnola (Cronache Milanesi im Archivio storico italiano Tom. III Firenze 1842) sind hiebei nicht zu beachten. Sie erweisen sich als unselbständige Quellen, indem beide — der erstere fast wörtlich, der zweite in kürzeren Auszügen — aus Simonetta schöpfen

durchaus seine Bestätigung bei Simonetta.¹) Johannes Montanus,²) Franciscus Aleardus,³) Decembrio⁴) und Bossi⁵) erwähnen nur eine schwere Krankheit, nennen sie aber nicht. Die Nachricht, dass der Herzog vorher erblindet sei, findet sich auch bei Decembrio.⁶) Dass er ohne legitime Erben gestorben, ist ein bekanntes historisches Factum; er hinterliess nur eine uneheliche Tochter Blanca, die an Franz Sforza verheiratet war. Was die testamentarische Einsetzung des Königs Alphons von Neapel-Sicilien betrifft, so spricht von derselben mit Bestimmtheit auch Decembrio,⁷) während Simonetta⁸) dieselbe als ein Parteimanöver hinstellt. Der Gesandtschaftsbericht an König Friedrich⁹) erwähnt, dass König Alphons nach Mailand gesandt hat mit der Nachricht, er sei von Herzog Philipp Maria zum Erben ernannt worden. Das bestätigt uns die Ansicht des Simonetta. Jedenfalls war von einem solchen Testamente die Rede und so konnte Enea leicht es auch als wirklich existirend annehmen.¹⁰) Ueber die nach dem Tode des letzten Visconti in Mailand ausgebrochene Volksbewegung und die Besitzergreifung der Herrschaft durch das Volk berichten der Gesandtschaftsbericht an König Friedrich,¹¹) Decembrio,¹²) Simonetta¹³) und Bossi.¹⁴) Die Constituirung der neuen Volksregierung ist uns

---

¹) Historia de rebus gestis Francisci Sfortiae vicecomitis Mediol. ducis Muratori: Scr. XXI p. 395.
²) Oratio funebris in morte Philippi Mariae Muratori: Scr. XXV p. 410.
³) Oratio in laudem Francisci Sfortiae Muratori: Scr. XXV p. 405.
⁴) vita Philippi Mariae Muratori: Scr. XX p. 1018 und 1019.
⁵) Chronica Bossiana Mediolanum 1492 zum Jahre 1447.
⁶) p. 1019.
⁷) p. 1020.
⁸) p. 397 ff.
⁹) bei Chmel: Mater. I p. 261 ff.
¹⁰) Der Gesandtschaftsbericht an König Friedrich will andererseits noch wissen. dass der Castellan der Mailänder Burg von Philipp Maria testamentarisch den Auftrag erhalten habe, dieselbe dem Kg. Alphons zu bewahren.
¹¹) bei Chmel: a. a. O. p. 261.
¹²) p. 1020 und 1038.
¹³) p. 396, 398.
¹⁴) zum Jahre 1447

ausserdem aus Actenstücken bekannt[1]) und ebenso der Abschluss einer Condotta mit Franz Sforza, wodurch demselben die Verteidigung des Vaterlandes anvertraut wurde.[2]) Daneben berichten über diese auch die genannten Chronisten und der Gesandtschaftsbericht an König Friedrich.

In gleicher Weise finden wir die nun folgenden kurzen Nachrichten bestätigt: so den Abfall von Pavia an Franz Sforza (8. Sept.) im Gesandtschaftsbericht[3]) bei Decembrio,[4]) Simonetta[5]) und Bossi,[6]) den Abfall von Piacenza an Venedig im Gesandtschaftsbericht[7]) und ebenso wieder bei Decembrio,[8]) Simonetta[9]) und Bossi.[10])

Nicht richtig ist die Angabe des Enea von dem Abfall von Asti an den Herzog Carl von Orleans; dieses war nach vorangegangener Verabredung schon am 12. August, also an dem Tage vor dem Ableben Ph. Marias an die Franzosen ausgeliefert worden. So Simonetta.[11]) In Alessandria fanden die Franzosen allerdings jetzt Sympathien, besonders bei der guelfischen Partei und diese Stadt fiel ihnen zum Teil zu, wie Enea berichtet und Simonettas genauerer Bericht[12]) und die kurze Angabe im Gesandtschaftsbericht an Friedrich bestätigen.[13]) Den Abfall anderer Städte erwähnt Enea nur noch, ohne diese zu nennen. Eingehender berichten uns darüber der Gesandtschaftsbericht an König Friedrich und die Mailänder Chronisten. Die bei Enea kurz erwähnte Er-

---

[1]) cf. Sickel: die ambrosianische Republik und das Haus Savoyen. Sitzungsberichte der Wien. Akad. philos.-histor. Cl. Bd. XX p. 202. Anm. 2
[2]) Sickel: a. a. O. p. 202 Anm. 3.
[3]) p. 261.
[4]) p. 1038
[5]) p. 403 ff. Simonetta berichtet sehr ausführlich und umfasst das ganze Detail der der Uebergabe vorausgegangenen Verhandlungen.
[6]) zum Jahre 1447.
[7]) p. 262.
[8]) p. 1038.
[9]) p. 399, 400.
[10]) zum Jahre 1447.
[11]) p. 412.
[12]) p. 413.
[13]) p. 262.

oberung von Piacenza durch Franz Sforza (16. Nov.) berichten die Mailänder in einem eigenen Schreiben an König Friedrich,[1]) dann beschreibt sie sehr ausführlich Simonetta,[2]) viel kürzer Franciscus Aleardus[3]) und Decembrio;[4]) bloss erwähnt wird sie bei Bossi.[5]) Ueber den am 17. und 18. October erfochtenen Sieg der Mailänder über die Franzosen bei Alessandria unter der Führung des Bartolomeo Coglione, den Enea Bergamensis nennt, bringt Näheres Simonetta,[6]) kurze Angaben darüber finden sich im Gesandtschaftsbericht[7]) und bei Bossi.[8])

Im weiteren Verlauf der Schilderung der mailändischen Verhältnisse berichtet Enea sofort den Zug Franz Sforzas in das Gebiet von Brescia, er übergeht also vollständig die vorangegangene Vernichtung der venetianischen Flotte bei Cremona am 17. Juli 1448 durch Fr. Sforza und dessen wichtigen Sieg über die venetianische Landarmee bei Caravaggio am 15. Aug. desselben Jahres. Erst hierauf erfolgt der oben erwähnte Zug in's Brescianische, worüber uns auch die Chronisten Decembrio,[9]) Simonetta[10]) und Bossi[11]) benachrichtigen. Enea erwähnt dann richtig das zu jener Zeit in Folge der grossen militärischen Erfolge herrschende Misstrauen der Mailänder gegen Fr. Sforza und ihre Verhandlungen mit Venedig. Näheres finden wir über diese Vorgänge bei Franciscus Aleardus,[12]) Decembrio[13]) Simonetta[14]) und Bossi[15]) Aus den

---

[1]) bei Chmel: Mater. I Nr. 121 a.
[2]) p. 418 ff. und 432 ff.
[3]) p. 406.
[4]) p. 1038.
[5]) zum Jahre 1447.
[6]) p. 428 ff.
[7]) p. 262.
[8]) zum Jahre 1447.
[9]) p. 1040.
[10]) p. 479, 480.
[11]) zum Jahre 1448.
[12]) p. 411.
[13]) p. 1038, p. 1040, 1041.
[14]) p. 441 ff., 451, 457, dann 466, 467 und 481.
[15]) zum Jahre 1448.

drei letzteren Chronisten, dann aus dem Gesandtschaftsbericht an Friedrich und mailändischen Actenstücken ersehen wir übrigens, dass diese aus Misstrauen gegen Franz Sforza veranlassten Verhandlungen Mailands mit Venedig nicht etwa erst jetzt, wie es nach Enea scheinen könnte, ihren Anfang nehmen, sondern schon seit einiger Zeit spielen. Sie beginnen bereits im October 1447,[1]) setzen sich dann fort nach der Eroberung von Piacenza[2]) und wiederholen sich noch öfter, wie man vor Allem aus Simonetta sieht. Ihren Höhepunct erreichen sie allerdings nach den von Fr. Sforza errungenen Siegen von Cremona und Caravaggio, also in jener Zeit, wo Enea ihrer gedenkt. Wie dieser dann richtig fortfährt, kommt Fr. Sforza, der inzwischen Kunde von diesen heimlich gepflogenen Verhandlungen erhalten hat, den Mailändern zuvor und schliesst nun seinerseits mit den von ihm besiegten Venetianern einen Vertrag. Man vergleiche hierüber Franciscus Aleardus,[3]) Decembrio,[4]) Simonetta[5]) und Bossi.[6]) Dieser Vertrag selbst, welcher am 18. October 1448 in Rivoltella abgeschlossen worden ist, steht gedruckt bei Du Mont.[7]) Aus diesem Vertrage ersehen wir, dass Enea ganz richtig als Kernpunct desselben die dem Fr. Sforza zur Erwerbung von Mailand von Seiten Venedigs versprochene Hilfe hervorhebt.

---

[1]) cf. Gesandtschaftsbericht an König Friedrich p. 262 und Sickel: a. a. O. p. 207.

[2]) Decembrio p. 1038. Simonetta p. 411 ff. Bossi zum Jahre 1448 und Sickel: a. a. O. p. 207 Anm. 2 und idem: Beiträge und Berichtigungen zur Geschichte der Eroberung Mailands durch Fr. Sforza im Archiv für Kunde österr. Geschichtsquellen Bd. XIV p. 194.

[3]) p. 411.

[4]) p. 1044 hier erscheint die Motivirung der Verträge Fr. Sforzas mit Venedig etwas anders als in den übrigen Chronisten.

[5]) p. 181 ff.

[6]) zum Jahre 1448.

[7]) Corps universel diplomatique du droit des Gens Tom. III p. 169 ff. fälschlich zum Jahre 1449. Wie Sickel im Archiv p. 196 Anm. 5 angibt, ist das im Mailänder Archivio di S. Fedele bis 1815 vorhanden gewesene Orginal nicht mehr aufzufinden, dagegen sind daselbst mehrere Ratificationen dieses Vertrages aufbewahrt.

Den Aufbruch Fr. Sforzas nach Mailand und den in Folge dessen dort eingetretenen Schrecken, den unser Autor nur ganz kurz berührt, schildert uns ausführlich Simonetta;[1] kurz berichten darüber auch die anderen Chronisten. Die Berufung des Carl von Gonzaga nach Mailand und seine Ernennung zum Oberfeldherrn wird vor Allem durch die uns erhaltene Grida vom 15. Nov. 1448 bestätigt[2] und auch durch Simonetta.[3] Falsch dagegen ist die Nachricht von der Berufung des Francesco Piccinini; dieser ist vielmehr mit seinem Bruder von Fr. Sforza, in dessen Diensten er bisher stand, abgefallen und zu Mailand übergetreten und diess geschah erst am 15. April 1449.[4]

Die Einzelheiten der Belagerung Mailands durch Fr. Sforza übergehend, berichtet Enea im weiteren Verlauf seiner Darstellung von der durch Bedrängniss und Not herbeigeführten Annäherung zwischen Mailand und Venedig und dem zwischen beiden Staaten abgeschlossenen Bündnisse. Ueber die vorangegangenen Verhandlungen berichtet Enea nur, dass die Initiative dazu von Mailand ausgegangen sei und berührt kurz dessen Hilfegesuch bei Venedig, was wir durch Simonetta bestätigt finden.[5] Von dem ersten am 24. Sept. 1449 abgeschlossenen Vertrage[6] sagt Enea nichts, sondern wirft ihn ebenso wie die Mailänder Chronisten mit dem zweiten definitiven Vertrag vom 24. Dec. 1449 zusammen.[7] Dieser Vertrag ist uns nur in einer im Archivio di S. Fedele befindlichen sehr beschädigten Copie erhalten:[8] seinen Inhalt gibt ausser Enea

---

[1] p. 488 ff. 196 und 197 cf. auch die Hilfegesuche der Mailänder bei Sickel im Archiv p. 197.

[2] Bei Sickel: Sitzungsber. p. 212 Anm. 3.

[3] p. 497.

[4] cf. den Brief der Mailänder Capitane der Freiheit an Herzog Louis von Savoyen vom 15. April 1449 bei Sickel: Sitzungsber. p. 236, 237 und Simonetta p. 532.

[5] p. 552, 553.

[6] Derselbe ist gedruckt bei Rosmini: istoria di Milano tom. IV p. 5 ff.

[7] cf. Sickel: im Archiv p. 203 ff. Es ist sehr auffallend, dass Enea und die Mailänder Chronisten hier denselben Fehler begehen.

[8] gedruckt bei Sickel: Archiv. Documente XIV.

auch Simonetta an.¹) Decembrio und Bossi erwähnen nur den Abschluss desselben. Halten wir nun die Inhaltsangabe des Enea zusammen mit dem uns erhaltenen Vertrage vom 24. Sept., ferner mit den darauf folgenden Unterhandlungen zwischen Venedig und Fr. Sforza²) und mit den Fragmenten des Vertrages vom 24. Dec., so zeigt sich deutlich wie unser Autor aus allen diesen Actenstücken etwas entlehnt und diess zu einem Ganzen vereinigt hat. Die Territorialbestimmungen sind im Vertrage vom 24. Dec. enthalten; leider können wir aber aus den Fragmenten nur ersehen, dass Como wirklich Mailand zugesprochen wurde; ob die anderen Angaben des Enea über diesen Punct richtig sind, können wir nicht controliren. Woher die Bestimmung über die Höhe des von Sforza zu haltenden Truppencontingentes stammt, ist nicht zu ermitteln; doch können wir so viel sagen, dass die Angabe falsch ist. Denn betrug sie so viel wie die der Mailänder, so belief sie sich, wie uns der Vertrag vom 24. Sept. lehrt, auf 6000 Reiter und 3000 Mann Fussvolk in Kriegs- und auf 4000 Reiter und 3000 Mann Fussvolk in Friedenszeiten. Die Bestimmungen über dieses Truppencontingent, wie das der Venetianer, sind dem Vertrag vom 24. Sept. entlehnt, wobei letzteres ebenfalls zu berichtigen ist auf 8000 Reiter und 4000 Mann Fussvolk in Kriegs- und auf 6000 Reiter und 3000 Mann Fussvolk in Friedenszeiten.³) Die Sforza zur Annahme der Bedingungen gestellte Frist endlich rührt aus dem zwischen Venedig und ihm gepflogenen Verhandlungen her; sie beträgt übrigens nicht 15 sondern 20 Tage.⁴)

In ähnlicher Weise wie Enea verwirrt auch Simonetta diese Bestimmungen.

Was Enea über die Weigerung des Fr. Sforza, auf diese Bedingungen einzugehen, berichtet, ferner über die von ihm fortgesetzte Belagerung von Mailand und über die egoistische Politik Venedigs, findet seine Bestätigung in dem ausführlichen Bericht

---

¹) p. 565, 566.
²) bei Sickel: Archiv p. 207 ff.
³) die letztere Angabe stimmt allerdings mit der des Enea, doch verwechselt er Friedens- und Kriegscontingent.
⁴) cf. Sickel: Archiv p. 208.

Simonettas ¹) und den kurzen Angaben bei Decembrio ²) und Bossi.³) Die Parteinahme von Florenz für Fr. Sforza war nicht so entschieden, wie sie Enea hinstellt, sondern blieb eine schwankende bis zur Unterwerfung Mailands.⁴)

Ueber die von Genua gespielte Rolle ist uns sonst nichts bekannt.

Den schliesslich in Mailand erfolgten Aufstand beschreibt Enea in seinen Grundzügen ganz richtig, wie ein Vergleich mit Simonetta,⁵) Decembrio⁶) und Bossi ⁷) zeigt. Nur die Namen der Führer der Aufständischen und der ermordeten venetianischen Gesandten, für deren Richtigkeit übrigens Enea selbst keine Bürgschaft übernimmt, indem er hinzufügt: si sic vocatur und sive alium, sind falsch. Der Erstere heisst Gaspar Vicomercatus und der zweite Leonardus Venerius. An diesen Aufstand schliesst Enea in Kürze die Nachricht von der Berufung Fr. Sforzas und seiner Bekleidung mit den herzoglichen Insignien an. Er unterscheidet dabei nicht zwischen dem 1. Einzug Sforzas am 26. Febr. und dem 2. feierlichen am 25. März, wo er erst die herzogliche Würde empfieng. Darüber unterrichtet uns ausführlich Simonetta.⁸) Bemerkenswert ist noch das Urteil, welches unser Autor über die Erhebung Fr. Sforzas zum Herzog von Mailand ausspricht, indem er sagt: quae res neque vim, neque colorem habuit justitiae. Er vertritt hier streng den Standpunct seines Herrn.

Wie schon oben erwähnt greift Enea mit wenigen Worten noch über diese Ereignisse hinaus, indem er die neuen nach der Erhebung Sforzas abgeschlossenen Allianzen der italischen Staaten und den Krieg Sforzas mit Venedig erwähnt. Hier haben wir nicht auf eine Untersuchung dieser kurzen Angaben einzugehen und bemerken nur noch, dass uns zwei dieser Bündnisse, das zwischen

---

¹) p. 571—596.
²) p. 1043.
³) zum Jahre 1449.
⁴) cf. Sickel: Archiv p. 210, 211.
⁵) p. 597 ff.
⁶) p. 1043.
⁷) zum Jahre 1450.
⁸) p. 601 ff.

Alphons und Venedig und das zwischen Sforza und Florenz-Genua, erhalten sind.¹)

Wenden wir uns endlich zu den von Enea in diesem Abschnitt verhältnissmässig am ausführlichsten behandelten drei Gesandtschaften König Friedrichs.²) Die Kritik dieser Nachrichten wird uns sehr erschwert, denn die Mailänder Chronisten, welche uns bisher so reichlich unterstützt hatten, lassen uns hier vollständig im Stich, indem sie auffallender Weise von den königlichen Gesandtschaften gar keine Notiz nehmen,³) ob aus Unkenntniss oder aus Absicht, weil sie der Einmischung König Friedrichs in die Mailändische Angelegenheit überhaupt gar kein Gewicht beilegten, mag dahingestellt bleiben. Nur für die 1. Gesandtschaft haben wir ein Mittel der äusseren Kritik in dem allerdings ebenfalls aus Eneas Feder geflossenen⁴) aber officiellen Gesandtschaftsbericht an König Friedrich.⁵) Für die beiden übrigen Gesandtschaften ist der Bericht in unserem Werke einzige Quelle und wir sind daher nur auf innere Kritik angewiesen.

Bei der ersten Gesandtschaft nennt Enea zuerst die Teilnehmer vollständig und richtig, wie uns die von König Friedrich am 26. Sept. 1447 erteilte Vollmacht zeigt.⁶) Ebenso richtig bezeichnet er den ihnen gewordenen Auftrag, das Recht des Reiches zu wahren; denn Mailand wurde als ein dem Reiche heimge-

---

¹) Bei Du Mont· corps dipl. Tom. III p. 178 ff. und p. 188 ff.
²) Wir haben dieselben deshalb bisher von unserer Betrachtung ausgeschieden einmal, weil jede von ihnen einen in sich abgeschlossenen Bericht in der Darstellung der übrigen Mailänder Ereignisse bildet und dann weil wir hier, wo Enea einzige Quelle ist, eine ganz andere Art der Kritik üben müssen.
³) Die bei Decembrio p. 1042 enthaltene Erwähnung der von Enea (bei der 3. Gesandtschaft) gehaltenen Rede, ist zu unbedeutend, um hier geltend gemacht werden zu können.
⁴) Es kann darüber kein Zweifel sein, wenn man diesen Gesandtschaftbericht mit dem von Enea 1447 an Friedrich gerichteten (ap. Muratori: Scr. III P. II p. 878 ff.) vergleicht. Beide haben eine ganz gleiche Disposition und grosse Aehnlichkeit in einzelnen Wendungen. Auf Enea als Verfasser deutet schon Voigt: Pius II Bd. I p. 432. Anm. 4 hin.
⁵) bei Chmel: Mater. 1 Nr. 111 b.
⁶) bei Chmel: Reg. Nr. 2341.

fallenes Lehen betrachtet. Man vergleiche hierüber den schon am 1. Sept. in diesem Sinne an die Mailänder erlassenen Brief des Königs,[1]) den Brief desselben an den Dogen von Venedig[2]) und die oben erwähnte Vollmacht. Ueber den ehrenvollen Empfang, der den Gesandten von Seiten der Mailänder zu Teil wurde, gibt ausführlichere Nachrichten der Gesandtschaftsbericht.[3]) Als Forderung bezeichnet Enea, entsprechend dem Auftrag, wieder die Unterwerfung Mailands unter das Reich. Auffallend ist, dass er hier gar nicht der von ihm bei dieser Gelegenheit gehaltenen Rede, die uns der Gesandtschaftsbericht im Auszuge mitteilt und die uns erhalten ist,[4]) Erwähnung tut. Aus dem Vergleich mit dem Gesandtschaftsbericht ergibt sich ferner, dass Enea als Antwort der Mailänder auf die Forderungen der königlichen Gesandten richtig angibt: sie hätten ihre Zugehörigkeit zum Reiche wol zugegeben,[5]) aber ihre vollständige Freiheit gewahrt wissen und nichts weiter dem König zugestehen wollen, als die Zahlung von jährlich 500 Mark Goldes, wobei im Gesandtschaftsbericht ausserdem noch bemerkt ist, dass sie sich zuletzt auch bis zu einer Zahlung von 1000 Mark bewegen liessen. Dagegen fehlt in demselben der Hinweis auf die Bestimmungen des Constanzer Friedens, den Enea übrigens fälschlich unter Conrad III. statt unter Friedrich I. setzt. Die Vereinbarungen über die anderen zu Mailand gehörigen Städte, über die etwaige Ankunft der Königs in Mailand und über die Mailand zu gewährende Hilfe sind in unserem Werke ganz übergangen; ebenso die im Gesandtschaftsbericht so reichen Details über die Verhandlungen und Intriguen der verschiedenen in Mailand herrschenden Parteien. Am Schluss seiner Episode über die Geschichte Mailands[6]) wiederholt Enea die Tätigkeit der Gesandten und fügt

---

[1]) bei Chmel: Mater. I Nr. 111 a.
[2]) Chmel: a. a. O. Nr. 111 b.
[3]) bei Chmel.
[4]) Mansi: Orationis Pii II Pars I p. 122 ff.
[5]) Gehorsam und Ergebenheit an König und Reich versichern die Mailänder ausserdem in einem Schreiben an König Friedrich vom 7. Jan. 1448. Bei Chmel: Mater. I Nr. 124.
[6]) Kollar: p. 146.

hier noch hinzu: passi (sc. legati) tamen fuissent, ordinari in civitate regimen ex civibus, dum pars vectigalium major ad Caesarem venisset. Davon ist im Gesandtschaftsbericht gar nicht die Rede und es muss daher zweifelhaft bleiben, ob die Gesandten eine solche Nachgiebigkeit wirklich gezeigt haben oder nicht.

Ueber die zweite Gesandtschaft berichtet uns Enea allein und ganz kurz. Er nennt bloss die Namen der beiden Gesandten: Hartung von Cappel und Johann Hinderbach und das Anerbieten des Königs, Mailand Hilfe leisten zu wollen, wenn es seine Herrschaft anerkennen würde. Schliesslich fügt er hinzu, dass die Gesandtschaft resultatlos geblieben sei wegen eines damals in Mailand herrschenden Aufstandes, die Mailänder jedoch dann einen gewissen Bartolomäus Regna an den König gesandt hätten, um ihn zu gewinnen. Die Angaben über den Aufstand der plebs, der mit der Darstellung der Gesandtschaft eng verknüpft ist, über die Usurpation der Herrschaft durch dieselbe und die Tötung von 9 nobili stimmt vollständig mit dem, was uns darüber Decembrio,[1]) Simonetta[2]) und Bossi[3]) berichten. Darnach können wir auch bestimmen, dass die Gesandtschaft Ende 1448 und Anfang 1449 erfolgt ist. Das Wenige, was Enea hier über sie sagt, werden wir wol kaum in Zweifel ziehen können. Er lebte während dieser Zeit am königlichen Hofe,[4]) war desshalb über die Dinge gut unterrichtet und sein Bericht leidet auch an gar keiner inneren Unwahrscheinlichkeit.

Im Anschluss an die oben erwähnte Sendung des Bartolomäus Regna an König Friedrich, von der wir sonst nichts wissen, erwähnt Enea noch gleichzeitig erfolgte Gesandtschaften der Mailänder an König Alphons und Herzog Louis von Savoyen mit weitgehenden Versprechungen. Ueber erstere wissen wir nichts,

---

[1]) p. 1042.
[2]) p. 509 ff.
[3]) zum Jahre 1449.
[4]) Wir haben Briefe von ihm vom 25. Nov. 1448 dat. Neustadt an Nicol. V (bei Voigt: Archiv XVI p. 392 ff.) vom 31. Jan. 1449 dat. Neustadt an Gregor vom Heimburg (ed. Basil. Nr. 120) vom 15. Febr. 1449 d. Baden, wohin er in Begleitung König Friedrichs ging, an Caspar Schlick (ed. Basil. Nr. 121.)

nur dass damals ein Orator des Königs Alphons den Mailändern Anträge machte.[1]) Dagegen sind wir über die Unterhandlungen mit Savoyen sehr wol unterrichtet[2]) und diese zeigen allerdings sehr weitgehende Anerbietungen der Mailänder an Herzog Louis.

Ueber die dritte Gesandtschaft König Friedrichs nach Mailand, an der Enea wieder selbst Teil genommen hat, gibt er uns sehr ausführlichen Bericht. Sie fällt in die Monate Juni, Juli und August 1449. Nach der am 1. Juli in Mailand stattgehabten Gegenrevolution, während welcher die Gesandten schon in Como weilten, und dem Ende August in St. Veit in Kärnten erfolgten Zusammentreffen der Gesandten mit König Friedrich lässt sich der Zeitraum in der oben genannten Weise fixiren. Zuerst beschreibt unser Autor seine und seines Begleiters Hartung von Cappel gefahrvolle Reise nach Como und ihren durch die Kriegsverhältnisse verursachten Aufenthalt von 18 Tagen daselbst. Hierauf erwähnt er die inzwischen (am 1. Juli 1449) stattgefundene Gegenrevolution in Mailand, durch welche der Adel wieder zur Leitung der Stadt gelangte. Ausführlicher berichten über diese Bewegung Simonetta[3]) und Bossi.[4]) Ebenso gut wie über dieses Ereigniss zeigt sich Enea aber auch über die damalige Stellung der Parteien unterrichtet, wenn er diesen Umschwung der Dinge als einen für Franz Sforza günstigen bezeichnet und diess damit begründet, dass die Feinde des Imperiums[5]) eben jetzt

---

[1]) cf. Sickel: Sitzungsber. p. 219.
[2]) cf. Sickel: ibidem. p. 219 ff.
[3]) p. 552 ff.
[4]) zum Jahre 1449. B. gibt indess das Datum falsch an, indem er die am 1. Juli erfolgte Gegenrevolution des Adels und die am 1. Sept. von der plebs neuerdings usurpirte Herrschaft knapp auf einander folgen und beide Ereignisse Ende August geschehen lässt.
[5]) Sickel: Sitzungsber. p. 256 missversteht diese Stelle, indem er statt nolebant, wie im Text steht, volebant liest und beschuldigt in Folge dessen mit Unrecht Enea eines Irrtums und des Widerspruches gegen seine eigene frühere Darstellung. Appiano und Ossona werden ganz richtig von Enea als Feinde des Imperiums bezeichnet. Ausserdem glaube ich, dass unter imperium jede monarchische Herrschaft, sei es nun die des Königs oder eines Herzogs (etwa die Sforzas) verstanden werden muss, sonst würde die

in den Kerker geworfen seien. Dieselbe Ansicht teilt auch Simonetta.[1])

Im weiteren Verlaufe erzählt Enea, wie er und Hartung ohne Geleit und mit Gefahr endlich Mailand erreichen und dort eine Volksversammlung verlangen, um sich der Aufträge ihres Königs vor derselben zu entledigen. Nicht richtig ist die Angabe über die 10 Capitanei, es gab deren 12;[2]) dagegen nennt er richtig unter ihnen den Guanerius de Castilione.[3]) Nach einem Disput zwischen diesem und Enea über die Zulässigkeit der verlangten Volksversammlung wird sie in Folge der Worte des Enea von den übrigen Capitanei bewilligt. Es kann nun zweifelhaft sein, ob Enea wirklich mit solcher Energie aufgetreten ist, wie er uns mitteilt und so unumwunden erklärt hat: nullas illius urbis leges ligare Caesarem. Nach der ganzen Stellung, die der König in dieser Frage einzunehmen gezwungen ist, scheint es nicht sehr wahrscheinlich. In der Volksversammlung hielt dann Enea eine Rede, die er uns im Auszug mitteilt. Er verweist in ihr zuerst auf die beiden ersten Gesandtschaften, hält den Mailändern dann ihre unglückliche Lage vor, in die sie durch Verachtung der königlichen Forderungen gelangt seien, verspricht ihnen nochmals die Hilfe des Königs gegen ihre Feinde, falls sie denselben als Herrn anerkennen würden, schildert dann mit den rosigsten Farben die Macht des Königs und ermahnt sie endlich zum Schluss, nach der Erreichung der wahren Freiheit unter dem Schutze des Reiches zu streben. Diese Rede ist uns nicht erhalten; dass sie aber wirklich von Enea in der Volksversammlung vorgetragen wurde

---

Stelle überhaupt keinen rechten Sinn geben. Die guelfische Partei und an ihrer Spitze Appiano und Ossona opponirten ja sowol gegen die Herrschaft des Königs wie gegen eine Sforzas.

[1]) p. 552. Sickel: Sitzungsber. p. 255 will dieser Auffassung der Verhältnisse nicht ganz beistimmen. Indess wenn man bedenkt, dass gerade die Adelspartei aus Furcht vor den revolutionären Bewegungen in der Stadt schon Januar 1449 für Sforza in die Schranken trat, so wird es nicht schwer fallen, die Ansicht Eneas und Simonettas zu acceptiren.

[2]) cf. Bossi: zum Jahre 1449.

[3]) cf. Simonetta: p. 552 und Bossi: zum Jahre 1449, welche ihn beide, wie Enea, hervorheben; letzterer nennt ihn einen egregius peritus juris.

und in der von ihm angegebenen Weise, beweist Decembrio,[1] welcher dieselbe erwähnt und folgendes Urteil über sie fällt: Aenea Oratore aures civium dulci et ornata allocutione demulcente. Einschmeichelnder und verlockender konnte man in der Tat nicht reden, als es Enea nach dem von ihm mitgeteilten Auszug aus seiner Rede getan. — Die Antwort des Guanerius lobt Enea als massvoll und gefällig: er habe Vieles über die Freiheit gesprochen und endlich Bedenkzeit für die Antwort erbeten. Was Enea sodann über die König und Reich äusserst günstige Stimmung in Mailand zu berichten weiss, ist jedenfalls übertrieben, wie wir nach der sonstigen Kenntniss der Mailänder Parteiverhältnisse sagen können. Eine „kaiserlich gesinnte Partei," hebt auch Sickel[2] hervor, gab es überhaupt nicht in Mailand. Dagegen werden wir Enea vollständig trauen können in seinen Angaben über die Umtriebe, welche er Carl von Gonzaga in die Schuhe schiebt; dieser war immer zu ähnlichen Unternehmungen bereit. Ueberhaupt scheint es sehr wahrscheinlich, dass der Volksauflauf, welchen Enea aus der königlichen Gesinnung des Mailänder Volkes entspringen lässt, nichts weiter war als eines von den vielen Parteimanövern Carls von Gonzaga.

Bedrängt durch die immer drückender werdende Belagerung übersenden, so berichtet Enea weiter, die Mailänder den Gesandten endlich im letzten Augenblicke ihres Aufenthaltes ihre Anträge. Wir erhalten dieselben durch Enea ausführlich mitgeteilt; sie sind von hohem Interesse und durchaus glaublich. Mailand gibt in denselben dem König etwas mehr nach und die Gesandten versprechen, sie demselben überbringen und Antwort senden zu wollen.

Von Mailand begeben sich dieselben noch in's Lager zu Franz Sforza, mit dem sie eine geheime Conferenz halten. Uns ist darüber nirgends etwas überliefert, doch ist es erklärlich, dass König Friedrich sich jetzt, wo selbst nach den etwas nachgiebigeren Anträgen der Mailänder doch alle Versuche, in Mailand

---

[1] p. 1042.
[2] Sitzungsber. p. 256.

etwas zu erreichen, gescheitert sind, an den mächtigen Grafen wendet, in der Hoffnung, seine Unterstützung gegen reiche Versprechungen zu erlangen. Ob wir den Details der Unterredung vollen Glauben schenken dürfen, bleibt unsicher. Wir können vor Allem nicht darüber urteilen, inwiefern der von den Gesandten erhobene Vorwurf, der Graf habe die dem König zugesicherte Hilfleistung bei der Erwerbung Mailands durch das Reich nicht erfüllt, richtig ist. Den Grafen lässt Enea sich damit entschuldigen, dass der König ihm nicht geantwortet habe und er bedroht von Venedig und Mailand sich einem von beiden habe zuwenden müssen; ferner lässt er ihn die Gerechtigkeit seines Krieges gegen Mailand betonen, wobei er sich unter Anderem auf eine angeblich in Pavia gefundene Erbeinsetzung seiner Gemalin Blanca durch deren Vater Ph. Maria beruft, von der auch Decembrio[1]) spricht, die aber doch nicht gewiss ist. Endlich versichert der Graf den König seiner treuen Ergebenheit und entlässt damit die Gesandten. An diesem Ausgang und der ganzen Erfolglosigkeit der Unterredung ist nicht zu zweifeln.

Enea berichtet zuletzt noch über seine und Hartungs Rückreise. Sie treffen den König in St. Veit in Kärnten. Es war ohne Zweifel in den letzten Tagen des August oder in den ersten des September, während welcher Zeit wir den König daselbst finden.[2]) Ueber das zögernde Verhalten Friedrichs in der Mailänder Angelegenheit fällt Enea nun folgendes strenge und offene Urteil: qui (Fridericus) ut audivit conditiones, non improbavit eas, sed more illorum, qui post factum sapiunt, optavit, se dedisse plenam potestatem legatis, sed neque tunc diligenter aggressus est rem, nam si in tempore misisset Mediolanensibus auxilia, adhuc civitatem haberet; sed fuerunt, qui in rem imperii non suaderent exponendam pecuniam, quae tandem in alios transitura fuisset. Itaque dum mensibus fere duobus Caesar deliberat, quid agendum sit, Mediolanenses etc. Fraglich bleibt es allerdings, ob die Ansicht des Enea über die Möglichkeit einer Erwerbung Mailands durch König und Reich nicht eine allzu optimistische ist, ob der König wirklich

---

[1]) p. 1038.
[2]) Chmel: Reg. Nr. 2587, 2588, 2590.

seinen Zweck hätte erreichen können, wenn er Mailand rechtzeitig
Hilfe gesandt haben würde. Die ganze Sache war ausserdem von
jeher eine Lieblingsidee Eneas; er war es, der von Anfang an
den König dazu drängte, an eine Erwerbung für das Reich zu
denken, und so ist ihm eine ganz unbefangene Beurteilung der
wirklichen Sachlage nicht recht zuzutrauen. Man wird auch eine
gewisse Animosität wegen des Misslingens des mit so viel Eifer
von Enea betriebenen Planes, dem weder der König grosses Ent-
gegenkommen gezeigt zu haben, noch ein Teil seiner Räte hold
gewesen zu sein scheint, in dem ganzen Urteil nicht verkennen
können.

Fassen wir die Schilderung dieser Mailändischen Verhältnisse
noch einmal ins Auge, so werden wir behaupten können, dass abgesehen von einigen weniger bedeutenden Irrtümern und der
Verwirrung jener Friedensverhandlungen zwischen Mailand und
Venedig, die sich übrigens auch ein vortrefflicher Chronist wie
Simonetta zu Schulden kommen lässt, Enea sich über die Zustände wol unterrichtet zeigt und uns im Ganzen ein wahrheits-
getreues Bild von denselben entwirft. Es steht somit dieser Bericht im vollen Gegensatz zu dem vorangegangenen über die
kirchlichen Verhältnisse. Nur darin dürfte Enea in demselben irren,
dass er der Einmischung König Friedrichs zu viel Gewicht bei
legt und die Stimmung in Mailand als eine dem König und dem
Reiche so günstige hinstellt, wie sie es nie gewesen.

III. Capitel.

Die Ereignisse der Jahre 1449—1453.

(Kollar p. 168—446.)

Eine zusammenhängende Betrachtung der ganzen Reihe von
Ereignissen, welche die Jahre 1449—1453 der Regierung Kaiser
Friedrichs III erfüllen, erscheint durchaus geboten. Alle die manig-
faltigen Begebenheiten jener Periode, wie die Romfahrt, Kaiserkrönung und Vermälung Friedrichs, die ganze österreichische Bewegung, die ungarisch-böhmischen Verhältnisse, die auf den Hof-

tagen von Wien und Wiener-Neustadt zu gleicher Zeit verhandelten Angelegenheiten des Königs Ladislaus Posthumus und seiner Erblande, des Markgrafen Albrecht Achilles und der Nürnberger, stehen in so engem Zusammenhang und sind auch von Enea — es ist diess ja der Hauptkern seines ganzen grossen Werkes — in so eng verknüpfter Erzählung geschildert, dass wir sie bei unserer Betrachtung ebenfalls nicht auseinanderzureissen vermögen.

Wir scheiden dabei von unserer Untersuchung einmal alle auch in diesem Teile des Werkes wieder sehr häufigen, ja noch zahlreicher vorkommenden Episoden aus und sodann jene Begebenheiten, die, wenn auch innerhalb dieses Abschnittes erzählt, doch nicht ganz unmittelbar zur Geschichte Kaiser Friedrichs gehören, wie die Schilderung des von Enea erlebten Jubiläums in Rom, die Heiligsprechung Bernhards von Siena, die Schilderung der Tätigkeit Fra Capistranos in den österreichischen Landen, der Tod der Kaiserin Barbara und Aehnliches.

An der Spitze aller dieser Begebenheiten stehen die Pläne und Vorbereitungen König Friedrichs zu seiner Vermälung und Romfahrt, jene duplex cura, welche damals — Enea sprach zuletzt von dem 1449 und 1450 in Deutschland geführten Kriege der Fürsten und Städte — den König vor Allem beschäftigte. Schon einige Zeit vorher hatte er, wie unser Autor erwähnt, von den portugiesischen Prinzessinnen erfahren und vor Allem von der ältesten derselben Donna Leonor. Es bezieht sich diess auf Vorgänge der Jahre 1447 und 1448. Bei den damals stattfindenden Verhandlungen mit Burgund erfuhr man an Friedrichs Hof durch die burgundischen Gesandten zuerst von den Prinzessinnen von Portugal, welche Verwandte der Herzogin von Burgund waren, und dachte anfangs an eine Verbindung des Königs Ladislaus mit einer derselben, später aber an eine Verbindung König Friedrichs mit der ältesten, Donna Leonor, und des Königs Ladislaus mit der jüngeren.[1]) Jetzt (Ende 1449 und Anfang 1450) sandte König Friedrich Georg von Volkenstorf und Ulrich Riederer nach Portugal; sie brachten den günstigsten Bericht über Donna Leonor mit. Für

---

[1]) Man vergl. darüber die betreffenden Actenstücke im Oesterreichischen Geschichtsforscher Bd. I p. 231 ff. und bei Chmel: Mater. I Nr. 106.

diese Gesandtschaft, sowie für den Brief Friedrichs an König Alphons V von Portugal, den Bruder Leonorens, worin er ihn bittet, zu König Alphons von Neapel-Sicilien Gesandte zu den Eheverhandlungen senden zu wollen, ferner für die Werbung des Dauphins von Frankreich um Donna Leonor, der sich Alphons V geneigt zeigt, während Donna Leonor freudig dem König den Vorzug gibt, ist uns Enea alleiniger Gewährsmann. Eine sehr charakteristische und für Friedrich wenig schmeichelhafte Bemerkung fügt er dann an dieser Stelle ein, wenn er sagt: majus enim apud exteros quam apud suos nomen Imperantis habetur. Was die Sendung des Fernandez de Silveira nach Neapel betrifft, so gibt uns darüber noch Auskunft die erhaltene Vollmacht des Königs Alphons V an denselben vom 27. Juni 1450[1]) und wir finden darin die Angabe des Enea bestätigt, dass er vollständige Vollmacht zum Abschluss der Heirat erhielt.

Hierauf berichtet unser Autor über seine Gesandtschaft nach Italien; als doppelten Zweck derselben gibt er an: einmal den Abschluss der Heirat in Neapel und dann die Vorbereitungen für die Romfahrt König Friedrichs. Georg von Volkenstorf und Michael Pfullendorff begleiten ihn. Die Vollmacht der drei Gesandten für die Eheverhandlungen in Neapel besitzen wir noch.[2]) Ob sie für den zweiten Zweck ihrer Reise auch eine besondere schriftliche Vollmacht oder nur mündlichen Auftrag bekommen haben, ist nicht zu entscheiden. Ausser der kurzen Erwähnung, dass er während der Reise zum Bischof von Siena[3]) erhoben wurde, berichtet er gar nichts mehr über dieselbe.

---

[1]) bei Chmel: Mater I Nr. 153.
[2]) Dieselbe ist dem Ehecontract vom 10. Dec. 1450 eingefügt (bei Chmel: Mater I. Nr. 161) und datirt vom 25. Sept. 1450.
[3]) Auf diese Erhebung des Enea zum Bischof von Siena glauben wir hier etwas eingehen zu müssen. Voigt (Pius II Bd. II p. 17) ist nämlich im Irrtum, wenn er Enea am 24. Oct. 1449 Bischof von Siena werden lässt. Diese Angabe, welche aus Pecci: Storia del vescovado della città di Siena p. 322 geschöpft ist, kann unmöglich richtig sein. Denn wie die Vollmacht vom 25. Sept. 1450 zeigt, war Enea damals noch Bischof von Triest und wie er selbst in der historia Friderici (p. 169) angibt, trat er die Reise nach Italien, welche nach dem 25. Sept. 1450 erfolgt, noch als episcopus

Ebensowenig äussert sich Enea über die Eheverhandlungen in Neapel. Dieselben müssen aber etwas langwierig gewesen sein. Die Vollmacht des portugiesischen Gesandten lautet vom 27. Juni 1450, die der Gesandten Friedrichs vom 25. Sept. 1450, und

Tergestinus an und wurde erst während derselben zum Bischof von Siena erhoben. — Ebensowenig kann man aber den 7. Nov. 1450, den Ughelli (Italia sacra Tom. III Romae 1647 p. 651) als Ernennungstag angibt, gelten lassen. Denn noch in dem Ehecontract vom 10. Dec. 1450 wird Enea episcopus Tergestinus genannt. Wir werden also wol am sichersten annehmen können, dass die Ernennung während seines Aufenthaltes in Rom zur Zeit des Jubiläums (Ende 1450 und Anfang 1451) erfolgt ist. Ebenso unmöglich ist ferner Voigts Angabe, der Einzug des Enea in sein neues Bistum sei am 12. Jan. 1450 erfolgt. Enea, welcher, wie Voigt selbst Bd. I p. 435 ff. ganz richtig darstellt, nach seiner Rückkehr von der mailändischen Gesandtschaft im August 1449 am Hofe verweilt und zum Bischof geweiht wird, geht dann in sein Bistum Triest ab (cf. seinen Brief vom 23. Nov. 1449 dat. Laibach bei Voigt: Archiv XVI Nr. 184), bleibt dort Ende 1449 und Anfang 1450, kehrt dann an den Hof zurück (cf. seinen Brief vom 23. Juli 1450 Neustadt bei Voigt: a. a. O. Nr. 185) und tritt nach dem 25. Sept. 1450 die Reise nach Italien an. Voigt stützt seine Ansicht auf Sig. Tizio bei Pecci: a. a. O. p. 322. Dieser erwähnt aber als Einzugstag überhaupt nur einen 12. Januar und wenn wir damit unsere Ansicht über die Ernennung Eneas zum Bischof von Siena zusammenbringen, so gewinnen wir für den Einzug in Siena den 12. Jan. 1451, was mit des Enea eigener Angabe (Kollar p. 176) vortrefflich passt, dass er nämlich auf der Rückreise von Rom in Siena wegen der Romfahrt verhandelt habe. Damit fällt zugleich die Ansicht Voigts hinweg, dass hier ein ganzer Abschnitt seines Lebens völlig im Dunkeln liege. Diess ist gar nicht der Fall, ebenso wenig sind lange Aufenthalte des Enea auf der Hinreise in Siena und Rom möglich. Nach der Vollmacht vom 25. Sept. 1450 müssen wir annehmen, dass er ziemlich rasch nach Neapel gereist sei, wo nach langen Unterhandlungen am 10. December 1450 der Ehecontract abgeschlossen wurde. — Cappelletti: Le Chiese d'Italia Bd. 17 gibt p. 494 ebenso wie Voigt den 24. October 1449 als Tag der Erhebung Eneas zum Bischof von Siena und den 12. Januar 1450 als Einzugstag an, obwol er nur wenige Seiten später p. 521 unter den Bullen des Archivio capitolare in Siena eine Nicolaus V vom 21. Sept. 1450 verzeichnet, in welcher dieser dem Capitel von Siena anzeigt, er habe das Bistum dem Enea zugesichert. Dadurch wird Cappelletis Ansicht unmöglich gemacht und die unsere bestätigt. Nachdem Nicolaus V im September 1450 dem Enea das Bistum Siena zugesichert hat, erfolgt die Ernennung während seines Aufenthaltes in Rom Ende 1450 oder Anfang 1451.

erst am 10. Dec. 1450 kam der Ehecontract zu Stande. Enea spricht selbst in einer später gehaltenen Rede davon,[1]) dass man in Neapel „diebus plusculis" unterhandelt habe. In der historia Friderici erwähnt er aber nur den Abschluss des Contractes.[2]) Er nennt als dabei anwesend: den König Alphons von Neapel-Sicilien, den Cardinal Johann (Morinensis), die Gesandten von Venedig, Florenz, Mailand und anderer Städte, den Herzog von Cleve und viele Edle des Reiches. Im Contracte ist nicht die Rede von dem Cardinal, ebensowenig von den Gesandten Mailands und anderer Städte, während Enea wieder den im Contracte genannten Herzog Ferdinand von Calabrien, den Sohn des Königs Alphons, übergeht. Was Enea über den Inhalt des Contractes angibt, stimmt genau mit den Stipulationen des uns erhaltenen Actenstückes, nur ist es nicht vollständig. Dem Abschluss der Heirat folgen nach der historia Friderici Festlichkeiten in Neapel; Enea erwähnt indess nicht seine bei dieser Gelegenheit gehaltene Rede.[3])

In einer geheimen Audienz endlich entledigen sich die Gesandten König Friedrichs ihres zweiten Auftrages betreffend die Romfahrt ihres Herrn. Alphons soll, nach Enea, seine Freude über Friedrichs Plan ausgesprochen, Ratschläge über den bei der Reise nach Italien einzuschlagenden Weg erteilt und, sollten sich derselben Schwierigkeiten entgegenstellen, sogar militärische Hilfe versprochen, endlich lebhafte Sehnsucht nach einer Zusammenkunft mit Friedrich gezeigt haben. Wir sind sonst gar nicht über diese Verhandlungen unterrichtet und wenn wir im grossen Ganzen dem Enea hier auch Glauben schenken, so dürfte doch darüber etwas zu zweifeln sein, ob wirklich König Alphons mit der Romfahrt Friedrichs so rasch und so freudig einverstanden gewesen ist. Möglich wäre diess allerdings, wenn man annimmt der kluge Politiker — und das war Alphons in hohem Grade — habe der Romfahrt des Königs und der etwaigen Einmischung desselben als Oberhaupt des Reiches in die italischen Angelegen-

---

[1]) Oratio pro coronatione Friderici etc. ap. Mansi: Orat. Pii II Pars I p. 146.
[2]) bei Chmel: Mater. I Nr. 161.
[3]) ap. Feber: Scr. rer. Germ. ed. Struve Tom. II p. 27 ff. und Mansi: Orationes Pii II Pars I p. 129 ff.

heiten überhaupt gar kein Gewicht beigelegt, oder er habe etwa gar in Aussicht auf die bevorstehende Verwandtschaft mit dem König gehofft, aus der Anwesenheit Friedrichs in Italien nur Vorteil für seine eigene Machtstellung ziehen zu können. Reich beschenkt entlässt sodann König Alphons die Gesandten.

Von Neapel gehen diese nach Rom. Hier finden ebenfalls Verhandlungen über die Vermälung Friedrichs und die Romfahrt mit Nicolaus V. statt. Wir besitzen die Rede, welche Enea damals öffentlich im Consistorium hierüber hielt und zwar in doppelter Gestalt.[1]) Dass sie in der zweiten Gestalt[2]) gehalten worden ist, kann kein Zweifel sein.[3]) Ferner finden wir eine Bestätigung für die von Enea angeführte Tätigkeit der königlichen Gesandten in Rom in dem Bericht des Deutschordens-Procurators vom 15. Januar 1451.[4]) Dieser Bericht wie die von Enea gehaltene Rede zeigen uns aber ferner auch, dass unser Autor in der historia Friderici die damals in Rom ventilirte Frage über Berufung eines Generalconcils ganz verschweigt. Dass er Grund genug dazu hatte, zeigt die Darstellung der Verhältnisse bei Voigt.[5]) Ueber die eigentlichen Verhandlungen mit dem Papst lässt uns Enea im Unklaren und berichtet nur noch, dass der Papst zur Krönung freudig bereit war und Ratschläge über den zu benützenden Weg und die Zeit für die Romfahrt gab. Dass der Papst der Romfahrt günstig war, ist bei dem damals herrschenden guten Einvernehmen zwischen der Curie und dem Hofe König Friedrichs wol erklärlich.

Ueber Siena, Bologna, Ferrara und Venedig kehren die Gesandten heim und verhandeln an allen diesen Orten mit den Fürsten oder Magistraten der Städte über die Romfahrt. Wie Enea kurz erwähnt, war das Resultat der Verhandlungen überall ein sehr günstiges. Nur in einem Fall, bei Venedig, wird uns diese Angabe actenmässig durch den Geleitsbrief[6]) des Dogen Franz Foscari für Friedrich dat. 29. Januar 1451 bestätigt.

[1]) Mansi: Orat. Pii II Pars I p. 140 ff. und p. 152 ff.
[2]) Mansi: a. a. O. p. 140 ff.
[3]) cf. Voigt: Pius II Bd. II p. 19. Anmerkung 3.
[4]) bei Voigt: Pius II Bd. II p. 19. Anmerkung 3.
[5]) Pius II Bd. II p. 19 ff.
[6]) Chmel: Reg. Nr. 2676.

Nach der Rückkehr seiner Gesandten aus Italien geht nun Friedrich, wie unser Werk berichtet, seinerseits an die Vorbereitungen zur Romfahrt. Er begibt sich zunächst nach Wien. Wir finden ihn daselbst vom 16. Mai — 9. Aug. 1451.[1]) Die Länge des Aufenthaltes zeigt, welch' wichtige Verhandlungen denselben ausgefüllt haben müssen. Enea begnügt sich mit den wenigen Worten: res Austriae disponit. Die continuatio Claustroneoburgensis [2]) spricht von einem behufs Einsetzung einer Regierung von König Friedrich veranlassten Landtag. Uebrigens kommt Enea auf diesen Wiener Aufenthalt bei Gelegenheit des Zwischenfalles zwischen Ulrich Eizinger und dem König nochmals zurück.

Was Enea ferner über die Gesandtschaft der beiden Priester (Motz und Lanckmann von Falckenstein) nach Lissabon zum Abschluss der Verlobung König Friedrichs mit Donna Leonor berichtet, findet durchaus seine Bestätigung in dem von einem jener Priester (Lanckmann) selbst verfassten Gesandtschaftsbericht.[3]) Zu bemerken ist nur, dass die Gesandtschaft im März 1451 Wiener-Neustadt verlässt,[4]) Enea sie daher unrichtig erst nach dem Aufenthalt Friedrichs in Wien, der im Mai beginnt, setzt.

Im weiteren Verlauf werden dann die böhmischen Verhältnisse berührt; Enea bespricht den Landtag von Beneschau und seine Gesandtschaft dahin. Kurz nach diesen Ereignissen hatte er am 21. Aug. 1451 in einem Briefe an Carvajal [5]) ausführlichen Bericht über die böhmische Legation erstattet und das ist wol auch der Grund, warum er sich hier so kurz fasst. Uns veranlasst wiederum dieser Umstand wie auch das andere Moment, dass Palacky [6]) gerade diese Ereignisse einer eingehenden Kritik unterworfen hat, sie hier zu übergehen. Uebrigens beurteilt unser Autor die Lage der Dinge in Böhmen viel zu günstig, wenn er im Folgenden

---

[1]) Chmel: Reg. Nr. 2693 ff.
[2]) M. G. SS. IX. p. 735 ff. zum Jahre 1451.
[3]) Pez: Scr. rer. Austr. Tom. II p. 569 ff.
[4]) cf. Pez: a. a. O. p. 571.
[5]) edit. Basil. Nr. 130.
[6]) Würdigung d. altböhm. Geschichtschreiber. Neue Ausgabe, Prag 1869 p. 240 ff. und Gesch. von Böhmen IV Abt 1. p. 266 ff.

sagt: At Fridericus ubi res Bohemiae quietas intelligit, oratores etc. Die königliche Gesandtschaft nach Böhmen und die am Landtage von Enea selbst gemachten nichtssagenden Zusicherungen wirkten nichts weniger als beruhigend auf das Land. Im Gegenteil, die Stände verfassten eine neue Beschwerde an König Friedrich, worin sie selbst Androhung der Gewalt nicht verschweigen.[1]

Im October 1451 sendet König Friedrich eine Gesandtschaft nach Italien mit Enea an ihrer Spitze. Ein Vergleich mit dem uns erhaltenen Geleitsbrief[2] zeigt uns, dass Enea richtig seine Begleiter angibt. Als Auftrag erscheint in diesem Geleitsbrief nur die Abholung der königlichen Braut nach Siena; die historia Friderici fügt uns hier noch ergänzend hinzu, dass die Gesandten ausserdem neuerdings mit den italischen Fürsten und Städten über die Romfahrt Friedrichs unterhandeln und mit dem Papst die Kaiserkrönung besprechen sollten, woran wir keinen Zweifel nehmen können.

König Friedrich setzt inzwischen seine Vorbereitungen zur Romfahrt damit fort, dass er an Edle und Fürsten die Aufforderung erlässt, ihn zu begleiten, an die Städte, Gesandte zu schicken. Nur eine dieser Aufforderungen nämlich die an Georg von Herberstein ist uns erhalten.[3] Enea berichtet, wie vielen das ganze Unternehmen unglaublich erschienen sei, nachdem es schon so lange Zeit geplant war. Dass man schon seit 1447 an die Romfahrt wirklich dachte, zeigen die Geleitsbriefe italienischer Fürsten und Städte aus diesem Jahre.[4] Unsere historia Friderici nennt multi als Teilnehmer, die Zahl dürfte übrigens 2000 Mann nicht viel überschritten haben.[5] Als festgesetzte Sammelorte nennt sie für die Böhmen und Oesterreicher Oesterreich, für die Ungarn und Bayern Kärnten, für die Schwaben, Rheinländer, Franken und Sachsen

---

[1] Palacky: Gesch. v. Böhmen Bd. IV Abt. 1, p. 268.
[2] dat. Wien 4. Oct. 1451. Bei Chmel: Reg. Nr. 2723.
[3] dat. Neustadt 23. Sept. 1451 in Chmel: Reg. Nr. 2721 aus Kumar: Gesch. von Herberstein II 120.
[4] Chmel: Reg. Nr. 2356, 2360, 2374. Der venetianische Geleitsbrief wurde am 29. Jan. 1451 erneuert cf. Chmel: Reg Nr. 2676.
[5] cf. Chmel: Gesch. Friedr. Bd. II p. 670 und Voigt: Pius II Bd. II p. 36.

Ferrara. Ob Enea die Lage der Dinge richtig beurteilt, wenn er als Hauptmotiv für die Teilnehmer an der Romfahrt die Ruhe in den österreichischen Erblanden angibt, kann mindestens zweifelhaft sein. Allerdings waren jetzt kurz vor dem Römerzug in Böhmen wie in Ungarn gesichertere Zustände eingetreten, nachdem sich König Friedrich im Oct. 1451 mit Georg von Poděbrad, dem er die Leitung Böhmens überliess, verbunden [1]) und dasselbe nach Ablauf des am 2. Juni 1447 zu Radkersburg abgeschlossenen zweijährigen Waffenstillstandes[2]) schon am 22. Oct. 1450 mit Joh. Hunyadi in Pressburg getan hatte.[3]) Allein in beiden Ländern gab es Parteien, welche in Opposition zu den Gubernatoren und dem mit ihnen verbundenen König Friedrich standen, wie in Böhmen jetzt die des Ulrich von Rosenberg, in Ungarn Pancraz von Galicz, ferner Giskra und ihr Anhang, und es zu einer vollen Ruhe nicht kommen liessen. Am allerwenigsten aber darf man Oesterreich damals als terra pacata bezeichnen. Hier hielt die Gährung schon seit Jahren an, besonders seit dem Landtage von Korneuburg 1447, sie hatte niemals völlig geruht. Wir müssen also zu dem Resultate gelangen, dass unser Autor die Zustände aller österreichischen Erblande vor dem Römerzug in viel zu optimistischer Weise schildert und können ihm schliesslich auch nicht Recht geben, wenn er den im Folgenden erzählten Zwischenfall mit Ulrich Eizinger für die radix atque origo omnium malorum, quae postea contigerunt hält. Der Ursprung der österreichischen Bewegung lag, wie schon oben erwähnt, viel tiefer; was sich jetzt mit Ulrich Eizinger ereignete, gab nur das Signal zum Ausbruch einer längst vorbereiteten Bewegung der österreichischen Erblande gegen den Vormund des jungen Königs Ladislaus Posthumus.[4])

---

[1]) Palacky: Gesch. v. Böhmen Bd. IV Abt. 1 p. 288, 289.
[2]) Kollar: Anal. II p. 1292 ff. Chmel: Mater. I Nr. 102.
[3]) Bei Kurz: Oesterreich unter Friedrich p. 258 ff. Chmel: Reg. Nr. 2654.
[4]) Vgl. über diese Verhältnisse Lichnowsky: Gesch. des Hauses Habsburg Teil VI p. 87 ff., Chmel: Gesch. Friedrichs Bd. II p. 563 ff. und Voigt: Pius II Bd. II p 13 ff.

Den Anlass zum offenen Zerwürfniss zwischen Ulrich Eizinger und König Friedrich gab ein zwischen dem Ersteren und Herzog Albrecht VI, dem Bruder des Königs, abgeschlossener Verkauf. Herzog Albrecht, dessen verschwenderischer Sinn bekannt ist, war, nach Enea, in Geldverlegenheit und wollte sich aus derselben durch Verkauf von Gütern herausreissen. Vor Allem dachte er daran, sein an der österreichisch-ungarischen Grenze gelegenes Schloss Forchtenstein (de lapide timoris) zu verkaufen und trat darüber mit Ulrich Eizinger in Unterhandlung. Bevor Enea darüber berichtet, schaltet er eine kurze biographische Skizze und Charakteristik Eizingers ein. In Bayern von armen Eltern geboren, sucht er in Oesterreich sein Glück zu machen; er gelangt auch bald in die Gunst des Herzogs Albrecht V, späteren Königs Albrecht II, und durch sie zu Macht und Ansehen. Enea entwirft ein interessantes und richtiges Bild von seinem steigenden Einfluss. Ueber Eizingers grosse Gütererwerbungen gibt uns das reichhaltige Diplomatar seines Geschlechtes Auskunft.[1]) Seine Erhebung zum Hubmeister erfolgt unter Albrecht, ebenso die in den Freiherrnstand (1439).[2]) Welch grosse Rolle er überhaupt unter Albrecht II gespielt hat, ist bekannt. Ueber die Persönlichkeit Eizingers urteilt Enea, der sonst seine Tätigkeit immer sehr parteiisch darstellt, massvoll und gerecht. Er nennt ihn einen homo industrius und laboris patiens und die Richtigkeit der Angaben über Eizingers religiöse Ansichten lässt er einfach dahingestellt sein. Ueber die Verkaufsangelegenheit berichtet Enea dann ziemlich ausführlich. An Actenstücken ist uns über diese ganze Angelegenheit nur sehr wenig überliefert. Wir besitzen einmal einen Brief[3]) König Friedrichs an die Bürger von Wiener-Neustadt dat. Wien (der Ort zwar nicht angegeben, aber unzweifelhaft Wien) 20. Juli 1451, worin er ihnen schreibt, sie sollen wol auf ihrer Hut sein, er stehe mit seinem Bruder Albrecht in Unterhandlungen, wovon er den Ausgang nicht voraussehen könne, sie sollen ihn nicht

---

[1]) ed. Chmel: Archiv für Kde. österr. Geschichtsquellen I Jahrg. Heft 2 u. 5.

[2]) Friedrich bestätigt diess am 6. Dec. 1440; cf. Chmel: Reg. Nr. 178.

[3]) Chmel: Reg. Nr. 2706 aus Böheim: Gesch. von Neustadt I. 121.

einlassen etc. Ferner haben wir einen Brief dat. Wiener-Neustadt 20. August 1451,[1]) worin Herzog Albrecht VI den Convent St. Michael zu Tscherna ersucht, den König Friedrich, dem er Vorchtenstein und Kobolczdorff verkauft hat, in den Besitz derselben einzuweisen und darüber eine Urkunde auszustellen; sodann eine Verkaufsurkunde dat. Wiener-Neustadt 25. Aug. 1451,[2]) worin Herzog Albrecht dem König Friedrich die Stadt Eisenstadt verkauft, welche aber erst von Conrad Eizinger einzulösen ist, und endlich einen Brief dat. Wiener-Neustadt vom 27. Aug. 1451,[3]) worin Albrecht dem König gelobt, ihn bei dem Besitz der Vesten Forchtenstein und Kobelsdorf erhalten zu helfen, und einen gleichen Brief wegen Eisenstadt.[4]) Einerseits glauben wir nun, dass diese Actenstücke der Darstellung des Enea über die Verkaufsangelegenheit gar nicht widersprechen und man sie sehr gut mit derselben in Einklang bringen kann; andererseits, dass die Darstellung unseres Autors die durch die spärliche actenmässige Ueberlieferung entstandenen Lücken ausfüllt und die Dunkelheiten entfernt. Der Brief König Friedrichs an die Neustädter bringt uns auf ein sehr gespanntes Verhältniss zwischen Friedrich und seinem Bruder, und diess kann sehr leicht zurückzuführen sein auf jene Kaufangelegenheit, die zwischen Herzog Albrecht und Ulrich Eizinger fast beendet ist, als König Friedrich sich in die Sache mischt, selbst zur Arrondirung seiner Besitzungen die Güter kaufen will und seinen Bruder nach langen Unterhandlungen (multis verbis onerat) zu einer Rückgängigmachung des Vertrages mit Eizinger bewegt. Der Brief vom 20. Juli mag zu einer Zeit geschrieben sein, wo die Sache noch sehr in der Schwebe war und Herzog Albrecht es vielleicht noch so weit kommen lassen wollte, seinen Plan, Forchtenstein an Ulrich Eizinger zu verkaufen, selbst mit Waffengewalt durchzusetzen. Der Brief vom 20. August ferner lehrt uns, dass der Verkauf von Forchtenstein und Kobolsdorf

---

[1]) Chmel: Reg. Nr. 2713.
[2]) Chmel: Reg. Nr. 2715.
[3]) Chmel: Reg Nr. 2716.
[4]) Chmel: Reg. Nr. 2717.

(welch' letzteres Enea nicht nennt) an Friedrich erfolgt sei, und diesen erwähnt ja unser Autor auch. Dazwischen schiebt sich nun notwendig die bei Enea erzählte Verhandlung mit Ulrich Eizinger ein. Der Brief Herzog Albrechts vom 27. Aug. 1451 endlich ist nur erklärlich, wenn man annimmt, dass König Friedrich bei der Besitzergreifung der beiden Vesten Forchtenstein und Kobolsdorf Hindernisse zu befürchten hatte, und diese konnten nur von einem Dritten ausgehen, in welchem wir dann nach Eneas Darstellung Ulrich Eizinger zu suchen hätten, der nun Joh. Ungnad, welcher mit ihm wegen des Rücktrittes von dem Kauf verhandelt hatte, der Lüge beschuldigt und behauptet, er habe nie in den Rücktritt gewilligt. Alle Remonstrationen Herzog Albrechts helfen nichts, Eizinger bleibt bei seiner Behauptung und es entspinnt sich ein heftiger Streit zwischen ihm und Ungnad, der nach der Meinung des Enea nur durch einen Zweikampf hätte entschieden werden können, zu welchem indess beiden der Mut gefehlt habe. Endlich sollen der König und der Herzog noch vorgeschlagen haben, die Sache der Entscheidung der Stände zu überlassen, worauf Eizinger nicht eingehen wollte, sondern entweder Erfüllung des Kaufcontractes oder Schadenersatz forderte. Darauf hätten aber wieder der König und Herzog sich nicht eingelassen, und so sei die ganze Sache ad acta gelegt worden. Bei der Erzählung der letzten Ereignisse kann es zweifelhaft sein, ob Eizinger wirklich so vollständig im Unrecht war oder nicht etwa Joh. Ungnad, sein grösster Feind, bei seiner Mission dem Eizinger gegenüber falsches Spiel gespielt und ihm eine Zusage in den Mund gelegt hat, die dieser nie gegeben. Es würde dann das ganze Benehmen Eizingers in ein günstigeres Licht gestellt werden und nicht einen so tumultuarischen und streitsüchtigen Charakter annehmen, wie ihn Enea dem Benehmen dieses Mannes immer beilegt. Im grossen Ganzen werden wir sagen müssen, dass der Bericht über dieses Ereigniss den wenigen Acten, die wir darüber besitzen, eine reiche Ergänzung hinzufügt und diesen dunklen Punct hinreichend aufklärt, was um so schätzenswerter ist, weil kein anderer Schriftsteller mehr die Sache behandelt.

Ueber die Befestigung der Städte Oesterreichs vor der Romfahrt finden wir sonst nichts; dagegen bestätigt die Angabe des Enea über Einsetzung einer Regentschaft in Oesterreich Thomas Ebendorffer v. Haselbach in seinem Chronicon Austriacum.[1]) Sie differiren nur darin, dass Enea beide Grafen von Schaumberg unter den Landesverwesern nennt, während Ebendorffer nur den älteren anführt und ferner unser Autor unter ihnen noch plerique barones aufzählt, während Ebendorffer von pauci alii spricht. Wie schon oben erwähnt spricht die Continuatio Claustroneoburgensis[2]) von einem bei dieser Gelegenheit berufenen Landtage. Ueber die Verhandlungen Friedrichs mit dem Bürgermeister, dem judex und einigen Magistratspersonen der Stadt Wien betreffs der Romfahrt und die Unzufriedenheit der Bürger, dass sie nicht in ihrer Gesammtheit darüber befragt worden sind, wissen wir sonst gar nichts. Schon vorher hat, nach Enea, Eizinger die Stadt unter Drohungen verlassen, was bei seinem späteren Auftreten auf den Landtagen des österreichischen Adels ganz wahrscheinlich erscheint. Bei dem grossen Einfluss, den Eizinger in Oesterreich besass, werden wir es ferner für wol annehmbar halten, dass Friedrich ihn jetzt dadurch zu versöhnen sucht, dass er ihm eine Stelle unter den Landesverwesern anbietet. Eizinger lehnt es ab, weil die ganze Regentschaft ohne Einwilligung des Landes eingesetzt sei, was auch Thomas Ebendorffer[3]) betont, indem er sagt: sine patriae scitu et votis. Ausserdem werden wir nach seinem bald darauf erfolgten Auftreten in Martberg nicht anzweifeln, dass er schon jetzt durch diese Aeusserung und dann durch den Hinweis auf die Herausgabe des Ladislaus seiner Opposition gegen Friedrich den privaten Charakter, den sie bisher gehabt, genommen und sie auf den Boden des öffentlichen und politischen Lebens hinübergespielt hat.

Ob König Friedrich gar nicht an die Möglichkeit einer Revolution in Oesterreich hat denken können, wie die historia Friderici es darstellt, muss dahingestellt bleiben. Es erscheint wenigstens kaum verständlich bei der wirklichen Lage der Dinge. Möglich

---

[1]) Pez: Scr. rer. Austr. II p. 868.
[2]) M. G. SS. IX p. 735 ff. zum Jahre 1451.
[3]) a. a O. p. 868.

ist es andererseits auch, dass Friedrich, um der Bewegung zu entgehen, so hartnäckig an der Ausführung seines Planes festgehalten hat. Oder sollte er etwa wirklich so viel Vertrauen auf seine neuen Verbündeten, die Gubernatoren von Ungarn und von Böhmen, gesetzt haben, dass er deshalb ruhig seinen Zug nach Italien antreten zu können glaubte?

Nach Ordnung dieser Verhältnisse kehrt Friedrich, nach Enea, in seine eigentliche Residenz Wiener-Neustadt zurück, um dort die letzten Vorbereitungen zu treffen. Ob Enea die nach dem ersten Wiener Aufenthalt [1]) oder die nach dem zweiten Aufenthalt [2]) (3. Oct. — gegen den 27. Oct.) stattgehabte Rückkehr nach Neustadt meint, bleibt unbestimmt, ebenso lässt sich nicht sagen, ob wir die Dispositionen König Friedrichs über die Landesverwesung in den ersten oder zweiten Wiener Aufenthalt zu verlegen haben.

Inzwischen war die königliche Gesandtschaft, mit Enea an der Spitze, — ihr Geleitsbrief dat. Wien 4. Oct. 1451 — nach Italien gegangen, um nochmals Friedrichs Romfahrt vorzubereiten. Enea gibt uns nun eine ungemein interessante Schilderung von der schwankenden Stimmung, welche im Hinblick auf das bevorstehende Ereigniss die Halbinsel beherrscht. Sein Hauptaugenmerk widmet er dabei der von Papst Nicolaus V gegenüber der Romfahrt jetzt beobachteten Politik. Wir haben oben gesehen, wie er bei der letzten Gesandtschaft Ende 1450 seine freudige Zustimmung zum Römerzug und zur Kaiserkrönung erteilt hatte. Jetzt lässt er sich durch Einflüsterungen Solcher, welche von Anfang an der Ankunft Friedrichs nicht hold gewesen sind, trotzdem er ihre Aeusserungen für fingirt und übertrieben hält — und in der Tat sind sie es in hohem Masse — vollständig umstimmen und gibt dem gerade damals nach Deutschland abreisenden Heinrich Senftleben den Auftrag, den König um Verschiebung der Reise zu bitten. Während dessen unterhandeln die königlichen Gesandten in Venedig, Ferrara, Bologna, Florenz und endlich in

---

[1]) Chmel: Reg. Nr. 2693 ff.
[2]) Chmel: Reg. Nr. 2722 ff.

Siena über die Romfahrt. Die grössten Schwierigkeiten erheben sich in letzterer Stadt. In Siena erhält Enea einen Brief des Papstes, der ihn nach Rom citirt; er verspricht zu kommen, bis er sich seines Auftrages entledigt habe. — Beachten wir die damalige politische Lage Italiens, die Unsicherheit der Zustände, in welcher sich fast alle Staaten der Halbinsel in jener Zeit befanden;[1] vergegenwärtigen wir uns ferner, dass Enea teilweise als Augenzeuge spricht, was bei ihm als feinem politischen Beobachter immer sehr in die Wagschale fällt; endlich, dass er, was die römischen Verhältnisse betrifft, sich ausdrücklich auf ihm von dort durch Deutsche gemachte Mitteilungen beruft und wir ausserdem aus Stefano Infessura,[2] Barthol. Facius[3] und Platina[4] wissen, dass Nicolaus V damals in Rom militärische Massregeln traf, so wird man der Schilderung wol trauen dürfen. Man kann das um so eher, als gar kein Grund vorliegt, warum Enea die Ereignisse in irgend einer tendenziösen Absicht entstellen sollte.

Nachdem Enea von den Absichten Nicolaus V gehört, schreibt er einen eindringlichen Brief an ihn, worin er dessen Befürchtungen kräftig zurückweist und ihn für Friedrichs Pläne wieder günstig zu stimmen sucht. Er teilt uns den ganzen Brief mit; sachlich ist gegen denselben nichts einzuwenden, wol aber in formeller Beziehung. Es muss immerhin fraglich bleiben, ob Enea im Original sich wirklich mit solch' energischen, ja zum Teil harten Worten an den Papst gewendet hat. Zu gleicher Zeit sandte Enea einen Brief an den König und rät ihm, sich durch Senftleben nicht beirren zu lassen und seinen Plan keinesfalls hinauszuschieben.

Ob der Papst nun bloss durch den Brief des Enea sich hat wieder umstimmen lassen oder doch auch noch andere Umstände dazu mitgewirkt haben, bleibt zweifelhaft. Genug, er wurde wieder

---

[1] Man vgl. hierüber Voigt: Pius II Bd. II p. 33 ff.

[2] Muratori a. a. O. p. 1133.

[3] Rerum gestarum Alphonsi I Regis Neapolitani libri X; mit Guicciardinis latein. Uebersetzung ed. Caelius Curio. Basileae 1566 p. 122.

[4] a. a. O. vita Nicolai V.

für König Friedrichs Pläne gewonnen und erteilte demselben sowie dem jungen Ladislaus und beider Gefolge am 17. Dec. 1451 einen umfangreichen Geleitsbrief,[1]) worin er die italienischen Staaten zu einem würdigen Empfang auffordert. Der Brief des Papstes an Friedrich, den Enea im Auszug mitteilt und durch seine Hände an den König gelangen lässt, ist uns sonst nicht erhalten. Wir werden an der Existenz eines solchen nicht zu zweifeln haben und ebensowenig an den Wendungen überschwenglicher Freude über die Romfahrt und heisser Sehnsucht nach dem Besuche des Königs, in welchen Enea den Papst sprechen lässt, Anstoss nehmen.[2])

Um den chronologischen Faden der Erzählung nicht zu verlieren, wendet sich Enea wieder den österreichischen Verhältnissen zu. In der anschaulichsten Weise schildert er nun die aufrührerische Tätigkeit Eizingers in Oesterreich und dass derselbe es jetzt, nachdem es zum Bruch mit König Friedrich gekommen war, an Agitation nicht wird haben fehlen lassen, werden wir nicht in Zweifel ziehen können. Ebenso wahrscheinlich ist, dass er, wie unser Werk berichtet, jetzt seine private Angelegenheit in den Hintergrund drängt und Klagen über die öffentlichen Gebrechen des Staates als Mittel für seine Agitation gebraucht. Nachdem er einigen Anhang gewonnen,[3]) dringt er auf eine Versammlung des Adels,

---

[1]) Chmel: Reg. Anhang Nr. 92.

[2]) Wir besitzen einen Brief vom 27. Jan. 1452 bei Chmel: Reg. Anhang Nr. 93. Dieser ist geschrieben, nachdem Nicol. V erfahren, dass der König die Grenzen Italiens überschritten hat, und in demselben kündigt ihm der Papst die Absendung zweier Cardinäle an. Bemerkenswert sind in ihm die Wendungen: Magnam nobis consolationem attulerunt litterae tuae, quibus nobis significabas, te Italiam ingressum, in quo plurimum laetati sumus; ferner: tuum adventum, quem scimus futurum esse omnibus salutarem und am Schluss: Nos te summo cum desiderio tanquam devotissimum acceptissimumque nobis filium expectamus. Es sind diess ähnliche Ausdrücke, wie sie Enea beim ersten Schreiben des Papstes erwähnt.

[3]) Derselbe ist in der Tat anfangs kein sehr bedeutender: der Bundbrief vom 14. Oct. 1451 (in der Chronica der Grafen von Cilly bei Hahn: collectio monumentorum ineditorum Tom. II p. 759 ff. und bei Kurz: Oesterr. unter Friedrich Beilage VIII p. 261 ff.) zeigt 16 Siegel, von denen 7 ganz

welche dann auch im October 1451 zu Meilberg (auch Martberg) an der österreichisch-mährischen Grenze abgehalten wird. Der von Enea angeführte Vorwand, unter welchem der Tag von Meilberg zu Stande gekommen ist, wird bestätigt durch die Instruction der österreichischen Deputation an König Friedrich[1]) vom 7. Nov. 1451. Als Teilnehmer an der Versammlung nennt Enea nur im Allgemeinen alle diejenigen, welche mit König Friedrichs Regiment unzufrieden waren. Wie wir wissen, sind es bloss 39 Adelige gewesen; erst später wuchs die Zahl der Anhänger Eizingers auf 253. Bei dieser Gelegenheit fällt unser Autor ein sehr scharfes und interessantes Urteil über den österreichischen Adel, dessen Habgier er sehr rücksichtslos geisselt. Zu gleicher Zeit charakterisirt er die sparsame Regierungsweise König Friedrichs, die sich einem so gearteten Adel gegenüber allerdings wenig Sympathien erwerben konnte. Wir müssen gestehen, dass Enea damit die Lage der Dinge von einem sehr richtigen Standpunct aus betrachtet, wie schon Chmel[2]) hervorgehoben hat. — Nachdem unser Autor oben nur im Allgemeinen von den Teilnehmern der Versammlung gesprochen hat, führt er jetzt, wo er auf die Versammlung selbst näher eingeht, einige derselben mit Namen auf. Dabei lässt er sich einige Ungenauigkeiten zu Schulden kommen. Bei dem Bundbrief, an welchem die Siegel von 39 Teilnehmern hängen, finden wir z. B. keinen Johann von Liechtenstein, ferner keinen Georg Taschner, sondern nur einen Heinrich und Niclas Dachsner, endlich keinen Georg, sondern Sigmund Friczestorffer. Enea lässt die Verhandlungen mit einer Rede Eizingers beginnen. So wenig wir bezweifeln können, dass Eizinger die ganze Versammlung geleitet haben und in Folge dessen wol auch mit Worten nicht allzu sparsam umgegangen sein wird, so können wir doch nicht glauben, dass er in dieser Weise, wie es in der historia Friderici geschildert wird, zu seinem Anhang gesprochen hat. Andererseits dürfen wir aber die Rede auch nicht als völlig

---

leer sind. Die übrigen repräsentiren nach Chmels Berechnung (Gesch. Friedr. II. Bd p. 643 Anm. 1) nicht mehr als den 100. Teil des Adels.

[1]) Chmel: Mater. I. Nr. 176.
[2]) Gesch. Friedr. Bd. II p. 641 Anm 1.

aus der Luft gegriffen bezeichnen. Wir erkennen nämlich durch einen Vergleich derselben mit dem vom 14. Oct. datirten Bundbrief,[1]) dass die Rede Eizingers in vielen Puncten mit demselben übereinstimmt. Die Klagen über die nach dem Tode König Albrechts II eingetretenen Verwüstungen in Oesterreich, über die Verschleuderung der Güter des Königs Ladislaus finden wir in beiden, ferner ist auch noch ganz besonders die Beschwerde über die von Friedrich vor seiner Romfahrt Oesterreich octroyirten Landesverweser und über den Plan Friedrichs, König Ladislaus mit sich nach Rom zu führen, beiden gemeinsam. Es ist nun möglich, dass Eizinger diese Puncte in einer Rede ebenfalls hervorgehoben hat, allein aus dieser wird sie Enea nicht kennen gelernt haben, sondern vielmehr aus dem Actenstück,[2]) und so liegt denn die Annahme nicht zu fern, dass die Rede zwar Machwerk unseres Autors[3]) ist, aber der Bundbrief zu Grunde liegt. Aus diesem hat Enea einige Hauptpuncte herausgegriffen, rhetorisch noch weiter ausgeschmückt und dabei auch einige Uebertreibungen, wie Eizingers Worte gegen die königl. Räte, über die schlechte Behandlung des jungen Ladislaus und schliesslich die Aufforderung zur offenen Revolution[4]),

---

[1]) Am besten bei Kurz: Oesterr. unter Friedr. Bd I Beilage VIII.

[2]) Enea war, während diess geschah, bereits als Gesandter nach Italien gegangen; es ist also sehr wahrscheinlich, dass er sich bei Ausarbeitung dieser Partien seines Werkes Rat in den Acten des Hofes geholt hat.

[3]) Chmel: Gesch. Friedr. Bd. 2 p. 641. Anm. 2 nimmt das auch an, glaubt aber doch dem Eizinger alle diese Worte zutrauen zu dürfen. Für unsere Ansicht spricht ausserdem noch, dass Enea den Eizinger unter den Räubern, die Oesterreich verwüsten, neben Pancraz auch einen gewissen Hanchreuter (oder Hankelreuter) nennen lässt. Dieser tritt aber zum ersten Mal, so viel uns bekannt ist, im Jahre 1454 auf (cf. Voigt: Pius II Bd. II p. 105. Anm. 1). Ihn konnte also Eizinger damals noch nicht in seiner Rede erwähnen, wol aber Enea, der dieselbe später fabricirt hat.

[4]) In dem Bundbriefe ist nur davon die Rede, dass man trachten wolle, König Ladislaus in seine Erblande zu bringen, und sollte die Verbündeten Jemand angreifen, sich unter einander Beistand zu leisten; also ein Bündniss rein defensiver Natur. Wir haben keinen Grund, zu glauben, dass Eizinger, der die Seele der ganzen Vereinigung war, um so viel hätte weiter gehen wollen, als im Bundbrief beschlossen worden ist.

sich nicht ersparen können, wie er ja überhaupt das Auftreten Eizingers nie leidenschaftlich genug schildern kann.

Wie schon oben bemerkt, ist nicht zu bezweifeln, dass Eizinger der Versammlung Vorschläge gemacht hat — wenn auch nicht in der von Enea bezeichneten Weise — und dass diese mit Beifall aufgenommen worden sind, mag seine Richtigkeit haben. Dass sich die Verbündeten gegenseitig geloben, den König Ladislaus aus der Vormundschaft zu befreien, zeigt der Bundbrief. Eine Deputation von 4 Mitgliedern [1]) begibt sich — nach Enea auf Antrag Eizingers — zum König. Unser Autor teilt ihre Instruction mit, und ein Vergleich mit dem Original ergibt deutlich, dass ihm dasselbe vorgelegen hat. Es ist teils wörtlich, teils im Auszuge, aber ohne Wesentliches auszulassen, von ihm übertragen. Nur an einer Stelle lässt er sich eine Ungenauigkeit zu Schulden kommen; es heisst nämlich bei ihm, wo im deutschen Text steht: wir haben auch darauf furgenommen die verschreibung, so vnnser etc., et quae terrigenis ipse promisisset etc. Es handelt sich hier nicht um ein Versprechen, das ja auch bloss mündlich gegeben werden konnte, sondern um einen schriftlichen Revers, den König Friedrich den Ständen hat ausstellen müssen. [2]) Ein von Enea gemachter Zusatz ist es, wenn er, wo im deutschen Text nur: „und wie den darnach wider enntsecst sind" steht, sagt: Caesar callide destituisset. Die Tendenz dabei liegt offen auf der Hand; er lässt die Deputirten in einer etwas gehässigeren Weise zum König reden, wie es, wenigstens nach ihrer Instruction zu urteilen, nie der Fall gewesen ist. Diese trägt überhaupt so sehr den Stempel der Mässigung an sich, [3]) dass wir es nicht

---

[1]) Diese sind in der uns erhaltenen Instruction bei Chmel: Mater I Nr. 176 mit Namen aufgeführt.

[2]) Dahingestellt muss es freilich bleiben, ob wir diese Ungenauigkeit mit Recht Enea in die Schuhe schieben oder sie vielmehr auf Rechnung seines Interpretators, der ihm bei der Uebertragung aus dem Deutschen half, setzen müssen. Als Interpretator gibt sich Joh. Hinderbach in seiner Continuatio hist. Austr. Aeneae Sylvii ap. Kollar: Anal. II p. 557 zu erkennen.

[3]) Auch Chmel: Gesch. Friedr. II p. 648 Anm. 1 gibt das zu.

glauben können, Enea berichte die Wahrheit, wenn er sagt: Arrogans haec legatio temeritatisque plena visa est Caesari, qui paucos ex Austria nobiles tantam rem aggredi mirabatur. Darin dürfen wir wol weniger die persönliche Ansicht des Königs, als vielmehr ein parteiisches Urteil unseres Autors selbst erkennen. Uebrigens unterschätzt er auch die Bewegung sehr, wenn er nur 16 Teilnehmer erwähnt, wo wir wissen, dass es von Anfang an 39 gewesen sind. An dieser Stelle kann er es auch nicht unterlassen, die heftigsten Schmähungen über die Beteiligten auszuschütten.

Die am 7. Nov. 1451 erteilte Antwort des Königs[1]) fügt Enea beinahe wörtlich seinem Werke ein; nur in der Mitte macht er folgenden Zusatz: timoris eandem adhuc durare causam. Nam si puer rectore indigens, ignarus regiminis, Viennam mittatur, suo ex arbitrio victurus, haud dubium, quin subditi ejus de regimine impuberis inter se litigent, contentionesque moveant et regnis et pupillo noxias. Es ist weiter nichts, als eine breitgetretene Wiederholung der in derselben Antwort schon ausgesprochenen Befürchtung und zwar mit der ausdrücklichen Betonung, dass auch jetzt noch solche Zustände möglich sind, worin wir wol einen absichtlichen Hinweis auf Eizinger und dessen Partei zu erkennen haben werden. Enea hat wol eine besonders gegen diese gerichtete Wendung in der Antwort vermisst und sie in sein Werk eigenmächtig aufgenommen. Eine ähnliche Absicht verrät auch das Folgende, wo er statt der milderen Wendung: dauon so nymbt vns solh ewr furnemen yecz frembd etc. den stärkeren Ausdruck: Petitionem igitur eorum alienam videri a bono publico setzt. Enea hätte wol lieber gesehen, wenn König Friedrich so gesprochen hätte!

Im Folgenden gibt uns Enea interessante Aufschlüsse über die Stimmung, welche einen Teil der Umgebung des Königs in jener Zeit beherrschte; wie Einige ihm raten, die Reise nach Italien zu verschieben und nach Wien zu eilen, um die Bewegung in ihrem Keime zu unterdrücken, wovon der König aber nichts wissen will. Dass derartige Ansichten unter den eigenen Räten

---

[1]) Chmel: Mater. I. Nr. 176.

Friedrichs Platz gegriffen haben, ist bei der kritischen Lage der Dinge nur zu natürlich und andererseits passt es ganz zu dem Wesen des Königs, dass er mit unerschütterlicher Zähigkeit an den einmal gefassten Plänen festhielt. Ausserdem schildert uns Thomas Ebendorffer von Haselbach [1]) eine ähnliche Scene, nur fällt diese erst nach Bekanntwerdung der Wiener Beschlüsse. Bei unserer geringen Kenntniss über die inneren Vorgänge am Hofe König Friedrichs können wir für solche Nachrichten nicht dankbar genug sein.

Der König verlässt nun Oesterreich und geht nach Steiermark[2]) in Begleitung des Königs Ladislaus Posthumus. Diess wird bestätigt durch den Brief der österreichischen Stände an König Friedrich vom 18. Nov. 1451 [3]) und durch Thomas Ebendorffer.[4])

Falsch ist die Angabe der historia Friderici, dass die österreichischen Unzufriedenen sich zum zweiten Male in Wulderstorf [5]) erst nach erteilter Antwort des Königs versammelt hätten. Aus der Instruction an die vier ständischen Deputirten [6]) geht deutlich hervor, dass sich die Oesterreicher sogleich nach dem Tage von Martberg und vor der Absendung der Deputirten, auf welche erst die Antwort des Königs erfolgt, zu einem Tage in Wulderstorf versammeln. Dass sie dorthin in stärkerer Zahl gekommen sein mögen, ist sehr wahrscheinlich. Aus einem zweiten Exemplar des Bundbriefes wissen wir, wie sehr der Anhang Eizingers gewachsen ist.[7]) Auf diesem Wulderstorfer Tag trifft erst jene Antwort des Königs ein und die Erwiderung [8]) der österreichischen Stände darauf vom 18. Nov. 1451 teilt Enea in einem wenig gekürzten Auszuge mit.

[1]) Pez: Scr. rer. Austr. Tomus II p. 869.
[2]) am 10. Nov. 1451 ist er noch in Wiener-Neustadt (Chmel: Reg. Nr. 2733), am 30. Nov. 1451 finden wir ihn in Graz (Chmel: Reg. Nr. 2738).
[3]) Chmel: Mater. I. Nr. 178.
[4]) Pez: Scr. rer. Austr. a. a. O Als Zeit gibt Thomas nur ganz unbestimmt: circa festum Sanctorum Simonis et Judae (28. Oct.) an.
[5]) bei Enea: „villa, cui Vulder cognomen est."
[6]) Chmel: Mater. I. Nr. 176.
[7]) Chmel: Gesch. Friedr. II p. 643 Anm. 1.
[8]) Chmel: Mater. I. Nr. 178.

Unser Autor schildert im Anschluss an diese Ereignisse die rührige Tätigkeit, welche die Martberger Verbündeten entwickeln, um sich grösseren Anhang in Oesterreich zu verschaffen. Leider ist uns wenig von diesen Bestrebungen durch Correspondenzen erhalten. Dass aber eine ausgebreitete Tätigkeit in dieser Beziehung entwickelt wurde, ist an und für sich glaublich und wird uns wenigstens teilweise bestätigt. Dass man sich z. B. am Hofe wenigstens gefürchtet hat, die Verbündeten würden sich an die Prälaten wenden, geht aus einem Schreiben der königlichen Räte d. Wien 25. Nov. 1451[1]) an die Prälaten hervor, worin ihnen, sollte eine Aufforderung an sie ergehen, verboten wird, den Landtag (in Wien) zu beschicken. Dass sich die Verbündeten an Barone des Landes gewendet haben, zeigt ein Brief d. Wien 19. Dec. 1451,[2]) der allerdings schon in die Zeit des Wiener Landtages fällt, an Caspar v. Starhemberg. An Hanns v. Starhemberg haben sich die Stände wol ebenfalls gewendet, das verrät das Schreiben der königl. Räte an ihn, dat. Neustadt 25. Dec. 1451,[3]) worin sie ihn mit seiner Partei in der Treue gegen den römischen König Friedrich bekräftigen. Von an Städte ergangenen Aufforderungen wissen wir nur, dass die Stände am 31. Oct. 1451 von Wulderstorf aus Deputirte an Krems und Stein sandten,[4]) dasselbe muss bei Steyer der Fall gewesen sein, dessen Bürger der König Friedrich am 1. Dec. 1451 abmahnt, den Wiener Landtag zu beschicken[5]) und ebenso bei Klosterneuburg, Korneuburg und Tulln, die im Verein mit Krems und Stein am 17. Dec. 1451 König Friedrich den Gehorsam aufsagen.[6]) Ausserdem berufen sich die österreichischen Stände in einem Schreiben an die Stadt

---

[1]) Chmel: Reg. Nr. 2737 und idem: Mater. I Nr. 180.

[2]) Kurz: Gesch. Oesterr. unter Friedr. Band I. Beilage Nr. IX.

[3]) Chmel: Reg. Nr. 2752, idem: Mater. I Nr. 183.

[4]) Chmel: Reg. Nr. 2729. Am 25. Nov. 1451 verbieten die königl. Räte (Chmel: Reg. Nr. 2737) am 1. Dec. 1451 König Friedrich selbst den beiden Städten, den Wiener Landtag zu beschicken (Chmel: Reg. Nr. 2739).

[5]) Chmel: Reg. Nr. 2740 aus Preuenhuber: Ann. Styriae p. 99, wornach auch noch ein zweiter Brief des Königs an Steyer gesandt wird.

[6]) Chmel: Reg. Nr. 2746.

Wien vom 5. Dec. 1451¹) darauf, dass sie sich in der oben genannten Angelegenheit an „alle prelatn graven herrn ritter und knecht", an Wien und andere Städte gewendet haben.

Sein Hauptaugenmerk richtet Enea aber auf die Bemühungen des Eizinger und seiner Partei, Wien auf ihre Seite zu ziehen, auf die dabei in's Werk gesetzten Gegenbemühungen König Friedrichs, auf das lange Schwanken der Wiener und auf die endliche Entscheidung dieser für die ganze Bewegung wichtigen Angelegenheit. Nur in einigen Puncten ist bei diesen Nachrichten eine äussere Kritik möglich. Die den Wienern unter Hinweis auf die traurige Lage Oesterreichs gemachte Mitteilung, dass man die Notwendigkeit eines allgemeinen Landtages erkannt habe und die damit verbundene Bitte, Wien als Ort für denselben einzuräumen, zeigt sich als Auszug eines Schreibens, das wir zwar selbst nicht mehr besitzen, dessen Inhalt aber die österreichischen Stände im Eingange eines Schreibens an die Stadt Wien d. 5. Dec. 1451²) angeben. Ferner die Nachricht, dass König Friedrich, nachdem er von dem beabsichtigten Wiener Landtag erfahren, seinen Räten befohlen habe, denselben zu verhindern, finden wir bestätigt durch die Verbote dieser königl. Räte vom 25. Nov. 1451 an die Städte Krems und Stein,³) sowie an die Prälaten.⁴) Dass die Wiener schliesslich den Consens zu einem Landtag geben, geht aus einem Schreiben derselben an die Stände hervor.⁵) Ebenso bestätigt diess Ebendorffer,⁶) wenn er sagt: der Landtag sei zu Stande gekommen communitate Viennensi faciente. Was endlich die zwischen Eizinger und dessen Anhang, Wien und König Friedrich gepflogenen Verhandlungen betrifft, so sind sie so detaillirt und zugleich sachgemäss, dass wir hierbei durchaus eine Benutzung der darauf bezüglichen, uns nicht bekannten, Correspondenz durch Enea annehmen müssen. Was ferner über

---

¹) Chmel: Mater. I Nr. 180.
²) Chmel: Mater. I Nr. 180.
³) Chmel: Reg. Nr. 2737.
⁴) Chmel: Reg. Nr. 2737.
⁵) Chmel: Mater. I Nr. 181 b.
⁶) Pez: Scr. rer. Austr. T. II p. 869.

die von den königl. Räten in Wien gespielte Rolle, die vergebliche Sendung Ulrich Sonnenbergers, die Umtriebe Eizingers, die schwankende Stimmung in Wien, wo endlich die plebs im Gegensatz zu den Reichen die Entscheidung herbeiführt, endlich über die nach dieser Entscheidung von König Friedrich gemachten Versuche, Wien wenigstens von der Teilname an der Bewegung fern zu halten, in der historia Friderici erzählt wird, trägt so durchaus den Stempel der genauesten Detailkenntniss, dass wir Enea für diese Mitteilungen, deren Wichtigkeit bei der Bedeutung Wiens Niemand unterschätzen wird, gewiss Dank schuldig sind. Doch sei hier noch bemerkt, dass Enea andererseits nicht alle Stadien jener Verhandlungen erschöpfend darstellt, sondern ihm wiederum von ihm unbenutzt gelassene Actenstücke, wie das Schreiben der Stände an die Stadt Wien vom 5. Dec. 1451 und ein undatirtes [1]) ergänzend zur Seite treten.

Enea übergeht im Folgenden ganz den nach dem Tage von Wulderstorf stattgefundenen Tag zu Sonnberg (oder Sunnwergk, wie es in den Actenstücken heisst), wo drei königliche Räte vergeblich mit den Ständen verhandeln, um die Bewegung zu verhindern, und der Wiener Landtag von letzteren auf's Neue beschlossen wird. Von hier aus richteten die Stände auch den oben erwähnten Brief vom 5. Dec. 1451 und einen undatirten an die Stadt Wien.[2]) — Enea wendet sich mit Uebergehung dieser Ereignisse sogleich zu dem Wiener Landtag, welcher am 18. Nov. 1451 von Wulderstorf aus für den 12. Dec. berufen worden war[3]) und an dem bestimmten Tage auch wirklich eröffnet wurde. Die Angabe des Enea, dass von den Baronen nur wenige in Wien erschienen seien, lässt sich schwer controlliren. Thomas Ebendorffer,[4]) der über den Landtag kurz berichtet, sagt gerade das

---

[1]) Chmel: Mater. I. Nr. 180.
[2]) cf. hierüber Chmel: Mater. I. Nr. 180. Lichnowsky: Gesch. des Hauses Habsburg Teil VI p. 99 nnd Chmel: Gesch. Friedr. II p. 653.
[3]) Das Ausschreiben bei Chmel: Mater. I Nr. 179. Ausserdem erwähnt ein anderes wol gleichlautendes Formular eines solchen Einberufungsschreibens Birk in seinen der Gesch. des Hauses Habsburg von Lichnowsky beigefügten Regesten Teil VI Nr. 1588.
[4]) Pez: Ser. II p. 869.

Gegenteil. Beide sind in diesem Puncte, Enea für Friedrich und Thomas Ebendorffer für die Aufständischen, parteiisch eingenommen. Aus dem zweiten Exemplar des Bundbriefes [1]) lässt sich ebenfalls nichts hierfür entnehmen, da wir nicht wissen, von welcher Zeit dieser Bundbrief datirt, ob die daselbst verzeichneten 253 Teilnehmer schon vor dem Wiener Landtage beigetreten waren oder nicht. Darüber kann übrigens kein Zweifel sein, dass der Landtag ein sehr zahlreich besuchter gewesen ist. Ob der Empfang, welcher Eizinger und seinem Anhange in Wien bereitet wurde, wirklich von so ausgelassener Freude der Wiener begleitet war, wie Enea wissen will, mag dahingestellt bleiben; eine Uebertreibung ist ihm hier leicht zuzutrauen. Immerhin mag aber die leicht erregbare Bevölkerung Wiens, nachdem sie einmal für die Sache gewonnen war, den Aufrührern freudig entgegengekommen sein. Als Ort der Versammlung gibt Enea das Carmeliter-Kloster am Hof an, während wir nach der uns erhaltenen fragmentarischen Darstellung der Landtagsverhandlungen [2]) annehmen müssen, sie sei bei den Augustinern gehalten worden. Eröffnet werden lässt sie Enea wieder durch eine leidenschaftliche Rede Eizingers, die dieser im Beisein der Prinzessin Elisabeth, Schwester des Königs Ladislaus Posthumus — welch' Letzteres die oben genannte Darstellung [3]) bestätigt — von jener Kanzel herab, welche früher Capistrano zu seinen Predigten benutzt hat, gehalten haben soll. Die erwähnten Fragmente sprechen von einer „pankh," auf der Eizinger gestanden haben soll; folgen wir der Angabe, dass diess bei den Augustinern gewesen sei, so kann es nicht die Kanzel, welche sonst wol mit pankh identificirt werden könnte, gewesen sein, von der einst Capistrano gesprochen hat, da dieser unzweifelhaft bei den Carmelitern gepredigt hat.[4]) Dass Eizinger die Versammlung mit einer Rede eröffnet hat, bestätigen uns die Fragmente,[5]) welche

---

[1]) bei Chmel: Gesch. II p. 643. Anm. 1.
[2]) Chmel: Mater. I Nr. 181.
[3]) Chmel: a. a. O. p. 365.
[4]) cf. Voigt: Pius II Bd. 2 p. 24.
[5]) Chmel: Mater. Nr. 181. Die Abschnitte a und d, welche Chmel von einander trennt, gehören unzweifelhaft zusammen Die Rede Eizingers ist nach dem Fragmente am 13. Dec. 1451 gehalten.

den Inhalt einer solchen angeben, und zeigen zugleich, dass Enea in die von ihm mitgeteilte Rede wol richtige Elemente aufgenommen hat, wie die Freude oder nach den Acten vielmehr den Dank, welchen Eizinger der Versammlung für ihr zahlreiches Erscheinen ausspricht, ferner den Hinweis auf die Zustände Oesterreichs unter der Vormundschaft König Friedrichs, aber andererseits auch wieder in rhetorisch-tendenziöser Weise übertreibt und in der Rede Zusätze macht, wie die wiederholten Aufforderungen Eizingers zu offener Empörung gegen den König, Hinweise auf analoge Verhältnisse während der Vormundschaft Herzog Wilhelms über König Albrecht und der jetzigen in Tirol, jenes unvernünftig übermütige Trotzen gegenüber Friedrichs Macht, die von ihm vorgespiegelte Hoffnung auf die Hilfeleistungen Ludwigs von Bayern und Albrecht Achills und endlich seine Schimpfworte gegen die königlichen Räte, wovon nichts in den Fragmenten steht. Mag man auch glauben, dass Eizinger leidenschaftlich gesprochen und noch Manches, was in die uns erhaltenen trockenen Actenstücke nicht übergegangen sein mag, gesagt hat, in dieser Weise hat er sich gewiss nicht geäussert. Vor Allem ist ihm als einem politisch schlauen Kopf nicht zuzutrauen, dass er solche Geringschätzung gegenüber König Friedrichs Macht und solches Vertrauen auf die seine und die der Oesterreicher zur Schau getragen haben sollte; er kannte die Verhältnisse der Erblande nur zu gut, um seine Mittel nicht zu überschätzen. Dass er sich wirklich Hoffnungen auf Ludwig von Bayern und Albrecht Achill gemacht, kann möglich sein. Aber Hinweise, wie die auf ähnliche Zustände unter Herzog Wilhelm und jetzt in Tirol, schmecken nur zu sehr nach einem gelehrten Zusatz unseres Autors. — Dass Eizinger litterae Friderici pactaque utrinque percussa verlesen liess, findet in den Fragmenten seine Bestätigung, nur ersehen wir andererseits aus diesen, dass es nicht unmittelbar nach der Rede, sondern erst später geschah. Ob Eizinger dieselben wirklich nach seinem Sinn interpretirt hat, wie Enea ihm unterschiebt, wissen wir nicht. Ueber die nun folgende Rührscene, welche unser Autor den Eizinger mit Princessin Elisabeth aufführen lässt, berichten uns die Fragmente ganz anders. Einmal bittet Elisabeth nicht selbst für sich und ihren Bruder um Hilfe, diess tut ihr

Anwalt Meilinger; ferner geht diess dem Verlesen der Briefe und Acten voraus. Dass sich nach diesen Vorgängen nur Klagen gegen König Friedrich erhoben haben, überhaupt alle in dieser Angelegenheit sogleich einig gewesen seien, ist unrichtig. Wie uns die Fragmente lehren, haben die prälaten herrn ritter und knecht allerdings sogleich Eizinger beigestimmt, die Städte aber machten Schwierigkeiten wegen ihres König Friedrich geleisteten Eides und lassen sich erst durch Ratschläge des Adels gewinnen. Dasselbe meint wol auch Thomas Ebendorffer, wenn er sagt,[1]) der Beschluss sei erst zu Stande gekommen post multos verborum conflictus. Erst nach diesem Zwischenereigniss ist der Beifall ein allgemeiner, den Eizinger für seine Vorschläge erntet, wie die Fragmente es bestätigen. Wenn Enea etwas später sagt: consulatus Viennensis in tanta re anxius, etsi Caesari fidem servare vult, tamen plebis terrore compulsus in partes Eizingeri delabitur, fitque corpus unum, so müssen wir diess entschieden auf die nach der oben erwähnten Rede Eizingers stattgefundene Zustimmung beziehen; nur erfolgt dieselbe nicht bloss von Wien allein, sondern von allen auf dem Landtage vertretenen Städten und ferner war nicht — das zeigen uns die Fragmente — der terror plebis das einzige Motiv zu diesem Schritte, sondern auch der von den prälaten, rittern, herrn und knechten erteilte Rat. Dass Ulrich Eizinger schon jetzt zum capitaneus terrae ernannt worden ist, geht aus dem letzten Schreiben des Landtages an König Friedrich,[2]) das am Ende des Landtags oder sogleich nach demselben erlassen ist, hervor; hier ist er als „obrister haubtmann" unterzeichnet. Die übrigen Landesverweser, unter denen Enea Nicol. Druchsess als Hubmeister nennt, sind jedenfalls erst später ernannt, denn in demselben Schreiben heisst es: wan wür . . . . etlich aus vns zu uerwesern seins lanndts des fürstentumb Oesterreich . . . . erwelen wollen. Das von Enea eingefügte Schreiben des Wiener Landtags an König Friedrich ist ein nicht wesentlich gekürzter Auszug aus dem uns vollständig erhaltenen.[3]) Nur an einer Stelle überträgt Enea ungenau, wenn

---

[1]) Pez: Scr. II p. 869.
[2]) Chmel: Mater. I Nr. 181 c.
[3]) Chmel: Mater. I. Nr. 181 c.

er, wo es im deutschen Texte nach der Bitte um Freilassung des Ladislaus heisst: wan wür vns gancz darzu richten im gewärtig vnd gehorsam zu sein, auch sein bestes fürzunemen vnd etlich aus vns zu uerwesern seins lanndts des fürstentumb Oesterreich . . . . erwelen wollen, in seinem Auszug sagt: Nos enim deinceps nisi Ladislao Regi nulli parebimus. Jam, qui patriam ejus nomine regant, magistratus elegimus.

Die Absagebriefe der Wiener und anderer Städte wie Krems, Stein, Klosterneuburg, Korneuburg und Tulln, worin sie dem König Friedrich unbedingt den Gehorsam aufsagen, sind uns erhalten.[1]) Noch einmal protestirt König Friedrich gegen den Landtag und dessen Beschlüsse und ermahnt die Wiener, sich die Sache besser zu überlegen. Es ist diess ein Auszug aus einem Briefe König Friedrichs an die Stadt Wien, dat. Knittelfeld 21. Dec. 1451.[2]) Alles ist aber vergeblich, die Aufrührerischen suchen nur ihre Partei zu vermehren. Unter diesen Bestrebungen sind wol namentlich die Unterhandlungen mit den obderennsischen Landständen gemeint.[3])

Um diese Zeit mischt sich Graf Ulrich von Cilly in die österreichischen Angelegenheiten und damit treten dieselben in ein neues Stadium; war er doch der mächtigste Territorialherr im ganzen Herrschergebiete König Friedrichs. Dass der Graf schon lange den Interessen König Friedrichs entgegen zu handeln suchte, zeigt sein Anschluss an Albrecht Achill in dem Städtekriege, von dem König Friedrich ihn vergebens abzuhalten sucht.[4]) Aus dieser feindseligen Stimmung wird es sich leicht erklären, dass er auch in dieser Angelegenheit nur darnach trachtet, sich gegen den König zu erheben und, was durch sein späteres Benehmen bestätigt wird, Einfluss auf den jungen König Ladislaus, seinen Verwandten,

---

[1]) Chmel: Reg. Nr. 2715 und idem Mater. I. Nr. 182 und idem: Reg. Nr. 2746. Beide datiren Wien 17. Dec. 1451.
[2]) bei Birk: Regesten in Lichnowsky Teil VI Nr. 1604.
[3]) Chmel: Reg. Nr. 2749, 2755 und 2761.
[4]) cf. den Brief König Friedrichs vom 2. Nov. 1449 an den Grafen von Cilly in den Chroniken der deutschen Städte Bd. 2. Nürnberg p. 447 Anm. 2. Aus diesem Briefe geht auch hervor, dass der Graf consiliarius des Königs war.

zu erlangen. — Wie Enea immer bei Einführung irgendwie bedeutender Persönlichkeiten in seine Erzählung den Leser erst mit denselben bekannt macht, so fügt er auch hier eine Charakteristik wie einen Lebensabriss und zwar beider Grafen von Cilly ein, zuerst die des jüngeren Ulrich und dann einige Zeilen später die des älteren Friedrich. Dabei ist zu bemerken, dass er nicht genug Schändlichkeiten aus dem allerdings nicht musterhaften Privatleben [1]) der beiden Grafen berichten kann und dieselben mit einem förmlichen Wolbehagen erzählt, wie er ja überhaupt dem Geschlechte der Cilly nichts weniger als günstig ist. Ganz gut zeigt sich Enea in seiner kurzen Darstellung der Vorgeschichte der Grafen unterrichtet. Er erwähnt die Erhebung zu gefürsteten Grafen durch Kaiser Sigismund,[2]) den in Folge dessen entstandenen Streit zwischen den Cillyern und den Herzogen von Oesterreich,[3]) endlich ihre Neuerhebung zu gefürsteten Grafen[4]) und den Erbvertrag zwischen ihnen und König Friedrich.[5]) Ueber die Rolle, welche Enea die Maitresse des Grafen Ulrich v. Cilly spielen lässt, indem sie ihn gegen König Friedrich aufhetzt, über die von Ulrich ausgegangene Annäherung an die österreichischen Aufständischen, endlich den vergeblichen Versuch König Friedrichs, der davon Kunde erhalten hat, die Grafen durch eine Gesandtschaft zu versöhnen, wissen wir sonst nichts, allein wir werden diese Detailangaben nicht bezweifeln können. Ebenso ist Enea einzige Quelle für die nach dem Scheitern der Gesandtschaft zuerst zwischen Herzog Albrecht VI und den beiden Grafen in Pettau,[6]) dann zwischen König Friedrich und Graf Friedrich von Cilly in Leibnitz an der Mur stattgefundenen Zusammenkünfte. Graf Friedrich soll seinerseits seine Treue und Anhänglichkeit versichert und versprochen haben, seinen Sohn, dessen Gesinnungen er nicht

---

[1]) Ueber das Privatleben des Grafen Friedrich vgl. man die Chronica der Grafen v. Cilly bei Hahn: collectio monum. inedit. T. II p. 682 ff
[2]) cf. die Chronica a. a. O. p. 753 ff.
[3]) cf. die Chronica: a. a. O. p. 688 ff.
[4]) Chmel: Reg. Nr. 1511.
[5]) Chmel: Reg. Nr. 1513, 1514:
[6]) Patavia muss doch wol Pettau und nicht Passau heissen, wie es Chmel: Gesch. II p. 664 nimmt.

kenne, für Friedrich stimmen zu wollen. Damit begnügt sich der König und die Zusammenkunft hat ein Ende.

Unter den immer ungünstiger lautenden Briefen und Nachrichten, die der König in Graz¹) empfängt, meint Enea unzweifelhaft das Schreiben der Landstände,²) die Absagebriefe der Wiener³) und anderer Städte,⁴) neben welchen unzweifelhaft auch Absagebriefe von Seiten des Adels eingetroffen sind, endlich die Nachricht, dass die Wiener sich seiner Burg bemächtigt hätten, worauf er Bezug nehmend am 23. Dec. 1451 an die Wiener schreibt.⁵) Damals trifft auch Heinrich v. Senftleben aus Rom am königlichen Hofe ein, von dessen Gesandtschaft Enea schon oben⁶) gesprochen hat und rät im Namen des Papstes, die Reise nach Italien bis zum Sommer hinauszuschieben. Dass bei dieser Gelegenheit die Mehrzahl der königlichen Räte nochmals zur Rückkehr nach Oesterreich und Dämpfung des Aufruhres rät, Friedrich aber unerschütterlich an seiner Romfahrt festhält, bestätigt uns Thomas Ebendorffer,⁷) nur gibt dieser an, dass alle Räte einstimmig sich hiefür in's Mittel legten.

Der König verlässt nun Graz;⁸) bei der Abreise trifft ihn eine Gesandtschaft der Ungarn und der Grafen von Cilly, deren Mitglieder Enea namentlich anführt. Sie muss ihm nach Adriach bei Frohnleiten an der Mur folgen.⁹) Dort entledigt sie sich

---

¹) Wir finden ihn daselbst seit dem 30. Nov. cf. Chmel: Reg. Nr. 2738.
²) Chmel: Mater. I Nr. 181 c.
³) Chmel: Mater. I Nr. 182.
⁴) Chmel: Reg. Nr. 2746.
⁵) Chmel: Reg. Nr. 2752.
⁶) Kollar p. 188, 189.
⁷) Pez: Scr. II p. 869.
⁸) nach Thomas Ebendorffer (Pez: Scr. II p. 869) am 20. Dec. Indess muss es doch wol einige Tage früher gewesen sein, denn wie Birks Regesten bei Lichnowsky Teil VI Nr. 1604 zeigen, ist der König bereits am 21. Dec. in Knittelfeld. Also ist wol am 18. der Aufbruch von Graz zu setzen, am 19. Adriach, am 20. Leoben und am 21. Knittelfeld.
⁹) Hervorgerufen war diese Gesandtschaft durch eine vorausgegangene Mission des Hartung von Cappel nach Ungarn.

ihres Auftrages, den uns Enea mitteilt. Uns ist ein solches
Actenstück nicht mehr erhalten. Der Gesandte der Grafen von
Cilly soll die Forderungen der Ungarn, welche auf eine Freilassung des Königs Ladislaus und Uebergabe desselben an Ungarn hinausliefen, unterstützt haben. Der König bittet sich Bedenkzeit aus und antwortet in Leoben;[1]) er schlägt die Bitte der Ungarn ab, hofft, dass sie Frieden halten werden, und verspricht ihnen seine Fürsprache in Rom in Sachen des Türkenkrieges.
Dem Gesandten der Grafen von Cilly trägt er auf, seinen Herren von einer Verbindung mit den Oesterreichern abzuraten. Die Ungarn verwahren sich dagegen, dass sie den Ladislaus nur erbitten, um den Waffenstillstand zu brechen; sie könnten hinter den Forderungen der übrigen Erblande nicht zurückbleiben und behaupten, sich an den Papst und andere Fürsten wenden zu müssen, wenn ihnen Friedrich ihre Bitte abschlagen würde.
Sie danken dann dem König für die verheissene Fürsprache in Rom und ermahnen ihn nochmals, die Herausgabe des Ladislaus nicht zu verweigern. Endlich verlangt der König Aufschub der ganzen Angelegenheit bis nach der Romfahrt und entlässt damit die Gesandtschaft, deren eines Mitglied Bischof Paulus von Erlau noch mit dem Erzieher des Königs Ladislaus Caspar heimlich conferirt haben soll. Für alle diese Nachrichten ist Enea einzige Quelle. Beachten wir dabei, wie sehr er in's Detail eingeht, indem er die Namen der Gesandten nennt, ihre Aufträge, die Antworten des Königs, die Gegenvorstellungen der Ungarn genau kennt und angibt; beachten wir ferner, dass sachliche Schwierigkeiten sich gar nicht dagegen erheben, so werden wir wol an der Richtigkeit nicht zu zweifeln vermögen. Ueberhaupt können wir uns der Ansicht nicht entschlagen, dass hier Actenstücke vorgelegen haben, die Enea im Auszug in seine Darstellung aufnimmt, wie er es ja bei Ereignissen, an denen er selbst keinen Anteil genommen, so häufig tut. — Weihnachten kommt König Friedrich nach St. Veit, was uns durch Thomas Ebendorffer bestätigt wird.[2]) Dorthin lässt er sich nach Enea den König Ladislaus nachbringen, wäh-

---

[1]) Ueber das Itinerar zeigt sich Enea vollkommen genau unterrichtet.
[2]) Pez· Scr. II p. 869.

rend ihn Thomas Ebendorffer die ganze Reise mit Friedrich zusammen machen lässt.[1]) Von dem Aufenthalte des Königs in St. Veit weiss Enea zweierlei zu berichten: einmal von dem Abfall eines gewissen Reimpert von Wallsee, dem ausserdem viele Adelige gefolgt seien, dann von den Nachforschungen, welche Friedrich über die wahren Gesinnungen des Grafen v. Cilly anstellt und in Folge deren dieser zwei Gesandte, deren Namen Enea angibt, nach St. Veit schickt, durch welche er sich von dem Verdachte einer Verbindung mit den Oesterreichern, sowie von anderen gegen ihn vorgebrachten Anschuldigungen rein waschen und wodurch sich der König beruhigen lässt. Enea geht wieder in allen den genannten Puncten so in's Detail ein, dass wir hier ebenfalls eine genaue Kenntniss der Verhandlungen voraussetzen müssen.

Von St. Veit geht Friedrich nach Villach,[2]) das Enea politisch und geographisch genau und richtig fixirt, wenn er sagt: id est oppidum Ecclesiae Bambergensis supra Dravum situm, non longe ab Italiae finibus. Noch einmal raten hier nach Enea einige kgl. Räte dringend von der Weiterreise ab; Friedrich wird diessmal auch wirklich schwankend, da trifft der schon oben erwähnte Brief des Enea und des Papstes ein, der dem König über alle Bedenken hinweghilft. In der Versammlung seiner Räte lässt Enea nun den König seine Entschlüsse entwickeln. Ob er wirklich mit solch' überschwenglichem Vertrauen auf den Römerzug hingeblickt, von dem etwaigen Verlust der Vormundschaft so geringschätzend und gleichgiltig und endlich so siegesgewiss über seine nach der Rückkehr aus Italien zu erringenden Erfolge gesprochen hat, muss sehr zu bezweifeln sein. Die Verhältnisse, wie die ganze Natur Friedrichs, waren wenig zu solchen Expectorationen angetan. Dem Entschlusse des Königs soll keiner der Räte einen Widerstand entgegengesetzt haben. Johann Neiperg und Walter

---

[1]) a. a. O. p 869. Thomas Ebendorffer weiss auch von einem Unfall des jungen Königs auf dieser Reise und von dem Unwillen der Umgebung über die Mitnahme des überaus zarten Knaben auf die Reise zu erzählen.

[2]) Wir finden ihn daselbst zuerst am 30. Dec. 1451. cf. Chmel: Reg. Nr. 2753.

Zebinger werden als Regenten zurückgelassen, Johann Ungnad begleitet den König nach Italien.[1])

In Villach sollen sich Böhmen, Ungarn und dann Herzog Albrecht VI mit seinen Schwaben dem Könige angeschlossen haben. Vor seiner Abreise sendet Friedrich noch Thomas Haselbach, Ulrich Riederer und Heinrich von Senftleben nach Rom, um seine Ankunft und die Krönung vorzubereiten. Auf diese Gesandtschaft bezieht sich unzweifelhaft der Brief Papst Nicolaus V an den König Friedrich vom 27. Januar 1452.[2]) An Venedig werden Michael Graf von Maidburg und Johann Hinderbach gesandt mit dem Auftrage, seine bevorstehende Ankunft zu melden und um den nötigen Reiseunterhalt gegen Entschädigung, sowie um die Instandsetzung und Sicherung der Wege zu bitten, worauf sogleich vier Venetianer dazu abgeordnet werden.

Nach diesen Massregeln, von denen uns zum Teil durch Enea allein Nachricht zugekommen ist, verlässt der König Villach, überschreitet die Drau, sodann die Alpen und betritt bei Canale den Boden Italiens am 1. Januar 1452.

Enea fügt bei dieser Gelegenheit eine sehr anschauliche Schilderung jener im Besitze des Bistums Bamberg befindlichen Gegend ein, wobei ihm der Fluss Tolmino Anlass gibt, seine Kenntnisse als antiquarischer Geograph zur Geltung zu bringen.

Hierauf geht unser Autor über zur Beschreibung des an Festlichkeiten überreichen Zuges Friedrichs durch die italischen Landschaften und Städte. Was die Reise durch Oberitalien betrifft, so spricht er hierüber nicht als Augenzeuge, da er erst später — in Siena — zum königlichen Gefolge stiess, und mag er seinen Bericht hierüber wol aus den am Hofe umgehenden Erzählungen geschöpft haben. Seine Angaben über die äussere Pracht, mit der Friedrich in Begleitung des jungen Königs Ladislaus durch Italien einherzuziehen und durch welche er die geschwundene Macht des Reiches zu ersetzen liebte, über den fest-

---

[1]) Die Bezeichnung quem tertium Stiricae sapientiae Caesar habere solitus est, ist charakteristisch für die Stellung, die Enea in der Kanzlei und gegenüber den Räten einnahm, cf. Voigt: Pius II Bd. 2 p. 273, 274.
[2]) Chmel: Reg. Anhang Nr. 93.

lichen Empfang, der dem König überall auf venetianischem Gebiete und besonders in Venzone, Treviso und Padua zu Teil wurde, finden ihre Bestätigung in den Berichten des Ennenckl, [1]) der den Zug mitgemacht hat, im Hodoeporicon Friderici III [2]) und bei

---

[1]) Mein Caspar des Ennenckl Verzeichnuss was sich bey Kayser Fridrichen Rayss nach Rom zugetragen, als der selbst mit dem Kayser gewest, und alles angesehen bei Hobeneck: Genealogie der obderennsischen Stände Teil III p. 134.

[2]) Hodoeporicon Friderici III pro corona imperii adipiscenda anno 1452 ab anonymo quodam ex ejus comitatu lingua germanica tunc temporis usitata conscriptum bei Wuerdtwein: Subsidia dipl. Tom. XII p. 4 ff. — Diese beiden Berichte, der des Ennenckl und der im Hodoeporicon, sind keineswegs ganz gleich, wie Voigt: Pius II Bd. II p. 33 Anm. 6 behauptet. Das Hodoeporicon, obwol in vielen Schilderungen fast wörtlich mit Ennenckl übereinstimmend, hat doch einerseits sowol breiter gehaltene Berichte, als auch ganze Zusätze, wie z. B. die Beschreibung des Einzuges in Treviso, des Empfanges der Infantin Leonor in Pisa, die Ordnung des Einzuges in Rom, andererseits fasst es wieder einige Schilderungen kürzer als Ennenckl. Zu bemerken ist ferner, dass wir in einem alten Augsburger Druck eine dritte Schilderung des Römerzuges Friedrichs erhalten haben unter dem Titel: Der ausszug von Teütschen landen gen Rom des durchleüchtigsten grossmächtigsten Fürsten vnd herrn herrn Friderichs des Roemischen Künigs zu empfahen die Kayserlichen Cron vnd sein gemahelschafft zu vermaeheln mitt seinem allerliebsten gemahel Junckfrawen vnd frawen Leonora geborne Künigin von Portugal, und mit der Bemerkung am Ende: Durch verordnung des fürsichtigen herrn Johann Rynman von oeringen vnd Jacob Wackers von Saltzburg hat mayster hanns Otmar diss hystori gedruckt zu Augspurg vnd geendet am hailigen weihennacht abent des jars 1503. Diese Beschreibung ist mit den beiden oben erwähnten eng verwandt; sie stimmt zum Teil wörtlich mit ihnen überein, nimmt sowol die breiteren Schilderungen und Zusätze des Hodoeporicon wie diejenigen, in welchen Ennenckl ausführlicher ist, in sich auf, hat aber ausserdem noch Zusätze, die beiden obigen Beschreibungen abgehen. Diese Zusätze sind indess nicht von so grosser Wichtigkeit, dass wir bei der Kritik unserer historia Friderici auch diese Beschreibung der Romfahrt zu Hilfe nehmen müssten. Auf eine nähere Untersuchung des Verwandtschaftsverhältnisses dieser drei in deutscher Sprache uns erhaltenen Schilderungen des Römerzuges haben wir an diesem Orte verzichten zu müssen geglaubt. — Ob der bei Panzer: Annalen der älteren deutschen Literatur, Nürnberg 1788 p. 263 Nr. 541 erwähnte Druck: dess Allerdurchlaichtigsten — herrn Friderichen dess dritten Roem. Kaysers vnd Frauen Leonora - Vermae-

Sanudo.[1] Von den Reden, über die Enea spricht, ist uns die des Venetianers Giustiniani handschriftlich erhalten.[2] In ihnen mögen sich jene Phrasen über die Herrlichkeit des Reiches und über Friedrich als Friedensbringer Italiens breit gemacht haben, die unser Autor erwähnt.

Inzwischen, erzählt die historia Friderici, sammeln sich viele Deutsche aus Schwaben, Franken und den Rheinlanden in Ferrara und werden dort von Markgraf Borso von Este gastlich aufgenommen. Wir sind hierüber sonst nicht unterrichtet; doch ist uns aus einer speierischen Chronik[3] bekannt, dass sich im Gefolge Friedrichs auch Abgesandte von Strassburg, Basel, Augsburg, Constanz, Nürnberg, Ulm und anderen schwäbischen Städten befanden und aus der Ordnung des Einzuges in Rom,[4] dass auch Franken beteiligt waren. Sie mögen sich in Ferrara gesammelt und dem Zuge des Königs angeschlossen haben.

Nachdem Friedrich Padua verlassen hat, überschreitet er die Etsch und wird auf ferrarischem Gebiet von Markgraf Borso und einem grossen Gefolge italischer Adeliger empfangen. Die Schilderung dieses Empfanges, der Weiterreise und des überaus festlichen Einzuges in Ferrara stimmt überein mit denen bei Ennenckl,[5]

belung vnd Kroenung u. s. w., am Ende: zu Lob Eer etc. verordnet durch Mitel des Erberen Jacob Wackers von Salzburg Buchdruckers solch Histori mit dem Druck gemeinsam zu machen, des also beschehen vnd glücklich geendet, in der königlichen Reichs Statt Vindelica Augusta, auf den dreyzehenden tag December, des Jars als man zelt 1503 Jar, dieselbe Beschreibung des Römerzuges enthält wie der zuletzt bezeichnete, können wir nicht entscheiden, da uns derselbe nicht zur Verfügung gestanden hat; doch scheint es sehr wahrscheinlich. — Endlich wollen wir an dieser Stelle noch hinzufügen, dass Pertz: Archiv I p. 421 eine Handschrift der Hofbibliothek in München (Cod. germ. chart. fol. Nr. 276) verzeichnet, die ebenfalls eine Darstellung der Romfahrt Friedrichs enthalten soll.

[1] Vitae ducum Venetorum bei Muratori: Scr. XXII p. 1141.
[2] nach der Angabe Voigts: Pius II Bd. II pag. 37 Anm. 3 im Cod. lat. Monac. 522 fol. 167.
[3] bei Mone: Quellensammlung für badische Landesgeschichte Bd. I p. 390, 391.
[4] bei Pez: Scr. rer. Austr. II p. 561; bei Wuerdtwein: subs. dipl. Tom. XII im Hodoeporicon p. 16 und bei Mone: a. a. O. in der speierischen Chronik p. 291.
[5] a. a. O. p. 134, 135.

im Hodoeporicon ¹) und den noch weit mehr in's Detail der Festlichkeiten eingehenden Berichten des Johannes Ferrariensis ²) und des Diario Ferrarese. ³) Dass Franz Sforza seinen Sohn Galeazzo (nach Enea auch noch seinen Bruder Alexander und viele lombardische Edle) nach Ferrara mit Geschenken zur Begrüssung des Königs gesandt hat, berichten auch Enenckl ⁴) und das Hodoeporicon; ⁵) letzteres weiss zugleich zu erzählen, wie freundschaftlich die Botschaft des Usurpators von Mailand gewesen sei und wie gütig sie Friedrich entlassen habe. Enea spricht sich noch viel ausführlicher über den Inhalt derselben, über die Rede des jungen Galeazzo und über die Antwort des Königs aus, die, obwol dieser nicht viel von den Worten Sforzas hielt, doch sehr freundlich lautete. Wir werden an diesen Angaben nicht zu zweifeln haben, sie entsprechen vollständig der Lage der Dinge. Mit schönklingenden Versicherungen war Mailand immer bei der Hand, wie wenig sie aber bedeuteten, konnte Friedrich aus den jüngst vergangenen Ereignissen zur Genüge erfahren haben; dass er trotzdem freundlich antwortete, ist aus seinem Unvermögen, die Ansprüche des Reiches energisch geltend machen zu können, ebenfalls leicht erklärlich. Dass auch Markgraf Ludwig von Mantua in Ferrara zu König Friedrich gekommen sei, bezeugen Enenckl ⁶) und das Hodoeporicon. ⁷) Ueber die Nachricht des Enea, dass viele aus der Lombardei erschienen seien, die sich zum Teil belehnen liessen, zum Teil für den Heimfall Mailands an das Reich

---

¹) a. a. O. p. 7, 8.
²) Excerpta ex annalibus principum Estensium bei Muratori: Scr. XX p. 463.
³) bei Muratori: Scr. XXIV p 198. Nach dem Diario erfolgte der Einzug in Ferrara am 17. Januar, am Tage des heil. Antonius (Magnus erem.) — Es ist wol nur ein Druckfehler, wenn bei Chmel: Gesch. Fried. II p. 673 Anm. 2 angegeben ist, diese Schilderung des Diario beziehe sich auf den Aufenthalt Friedrichs in Ferrara bei seiner Heimreise. Dass sie sich nur auf den Aufenthalt bei der Hinreise beziehen kann, ist aus dem Inhalt derselben klar ersichtlich.
⁴) p. 135.
⁵) p. 8.
⁶) p. 135.
⁷) p. 8.

wirkten, haben wir keine anderen Zeugnisse; die letztere Angabe kann zweifelhaft erscheinen. Dass über die Erhebung Borsos zum Herzog bereits jetzt unterhandelt wurde, ist sehr wahrscheinlich; schon vor Jahren war diese Angelegenheit Gegenstand einer Correspondenz zwischen dem Hofe Friedrichs und Lionello, dem Bruder Borsos,[1]) und auf der Rückreise Friedrichs gieng ja der langersehnte Plan der Este wirklich in Erfüllung. Für die Gesandtschaft der Bolognesen nach Ferrara, deren Erwähnung mit einem ziemlich ausführlichen Excurs über die Lage und vor Allem über die Parteiverhältnisse von Bologna begleitet wird, ist uns Enea einzige Quelle; dagegen berichtet über die der Florentiner nach Ferrara auch Naldi.[2]) Sehr interessante Mitteilungen gibt uns Enea endlich über die zu Ferrara gepflogenen Beratungen über die Weiterreise, wobei sich die Ansicht geltend macht, Bologna und Florenz lieber zu vermeiden. Diese Angaben, die uns sonst nicht bezeugt werden, stimmen vollständig mit dem Charakter dieses friedlichen Römerzuges überein. Der König entschied sich dafür, beide Städte auf seiner Reise zu berühren.

Auf dem Wege nach Bologna kommt dem König Cardinal Bessarion, den Friedrich wegen seines langen Bartes nicht genug anstaunen kann, entgegen, begrüsst ihn im Namen des Papstes und der Bevölkerung von Bologna und geleitet ihn dann in die Stadt. Hierüber berichten noch ausführlicher Enneckl[3]) und das Hodoeporicon.[4]) Eine kurze Lebensskizze des als Philologen berühmten Cardinals fügt Enea seiner Schilderung bei. Ueber die Gesandtschaft der Sanesen, die den König in Bologna trifft, benachrichtigt uns auch Agostino Dati.[5]) Von ihrer Bitte, der König möge nicht mit seinem ganzen Gefolge in die Stadt einziehen, da sie dasselbe nicht beherbergen könne,[6]) berichtet Enea allein. Dass Friedrich diess nicht gut aufnahm — weniger wol

---

[1]) vergl. Voigt: Pius II Bd. II p. 59 Anm. 2.
[2]) Vita Jannotii Manetti bei Muratori: Scr. XX p. 576. Das Hodoeporicon lässt diese Gesandtschaft irrtümlich den König erst in Bologna treffen.
[3]) p. 135.
[4]) p. 8, 9.
[5]) Historia Senensis in Dati. Opera. Senis 1503 fol. 228.
[6]) statt des sinnlosen rerirentur ist im Text reperirentur zu lesen.

weil er sich an die gastliche Aufnahme eines viel grösseren Gefolges früherer Kaiser erinnerte, worin wir historische Reflexionen unseres Autors erblicken werden, sondern aus dem andern auch von Enea angeführten Grunde, weil er überhaupt gegen Siena Verdacht hegte und wie uns die Darstellung bei Dati ¹) zeigt mit gutem Grunde — und es für notwendig hielt, die Sanesen ausdrücklich an seine friedlichen Absichten zu erinnern,²) sie übrigens in seiner gutmütigen Schwäche versicherte, falls sie nicht genug Herbergen haben sollten, wolle er einen Teil seines Gefolges anderswo unterbringen, haben wir nicht zu bezweifeln. Um diese timida legatio, wie Enea die Gesandtschaft seiner Landsleute nennt, zu erklären, hält er es für angemessen, hier Einiges über die Parteiverhältnisse Sienas einzuschalten. Die Nobili waren dort verdrängt, die Plebs beherrschte die Stadt und diese war eben von Furcht vor Friedrich und ihrem Bischof Enea, der dem adeligen Geschlechte der Piccolomini angehörte, erfüllt. Sie glaubte, der König könne, wenn er mit grossem Gefolge einziehen würde, von Enea überredet vielleicht etwas zu Gunsten des Adels tun. Unser Autor versichert zugleich, wie fern er allen ähnlichen Absichten gewesen sei, greift dann in frühere Zeiten zurück und erzählt von seinem Aufenthalte in Siena, den er auf der Reise nach Telamone zum Empfang der Infantin Leonor daselbst genommen, aber wegen der ihm feindlichen Stimmung sehr abgekürzt habe, und von dem damals erfolgten Tode seines Reisegenossen, des Schwaben Michael von Pfullendorf. ³)

Enea unterbricht jetzt für kurze Zeit seine Darstellung der Reise des Königs und berichtet über die inzwischen erfolgte Ueberfahrt der Donna Leonor von Lissabon nach Italien. Wir sind

---

¹) Historia Senensis fol. 227. Dati erzählt, dass die Sanesen, als ihnen Friedrich seine Romfahrt brieflich anzeigt, dem König zwar dankend antworten, aber zu gleicher Zeit Gesandte an Venedig und den Papst senden, um dort die Meinung über Friedrichs Absichten zu erforschen.
²) Nach Dati fol. 227 versichert sie Friedrich seiner Friedensliebe schon in seinem vor Beginn des Römerzuges an sie gerichteten Schreiben.
³) Ueber den Tod des Pfullendorf handelt auch der Brief des Enea an Nicolaus von Wile den Secretär der Stadt Esslingen, dat. Neustadt? 1452 ed. Basil. Nr. 119.

durch eine sehr ausführliche Beschreibung dieser Ereignisse von einem Augenzeugen, dem Priester Nicolaus Lanckmann von Falckenstein,[1] der die Reise in Begleitung der Infantin als Gesandter König Friedrichs mitgemacht hat, in die Lage versetzt, diese Angaben unseres Autors genau controlliren zu können. Enea mag später aus dem Munde dieses am Hofe Friedrichs lebenden Priesters über die Seefahrt erfahren haben. Ob die Verzögerung der Abfahrt der Donna Leonor von ihrer Heimat darin ihren Grund hatte, dass Jacob Motz und Nicolaus Lanckmann wegen eines räuberischen Ueberfalles, den sie auf der Reise erlitten, verspätet nach Lissabon kamen, mag dahingestellt bleiben; die Tatsache, dass die Gesandten von einem derartigen Unglücksfalle betroffen worden sind, ist wahr.[2] Der Bericht des Enea über die Seefahrt der königlichen Braut ist im grossen Ganzen richtig. Was er über das aus dem Marquez von Valença, dem Bischof von Coimbra, vielen edlen Portugiesen, vielen Matronen und Jungfrauen bestehende Gefolge der Donna Leonor, ferner über die glückliche Ueberfahrt nach Ceuta, über den im Mittelmeer erlebten heftigen Seesturm, über den Kampf mit Piraten bei Marseille und dann an der Küste der Provence sagt, wird uns durch die Darstellung des Nicolaus Lanckmann[3] bestätigt. In Einzelheiten wird unser Autor zu berichtigen sein: so ist seine Angabe, Donna Leonor habe in Ceuta das Schiff nicht verlassen, unrichtig; Lanckmann berichtet gerade das Gegenteil und beschreibt ausführlich den Besuch der Infantin in der afrikanischen Stadt.[4] Die Anzahl der Schiffe und der Mannschaft gibt Lanckmann anders an.[5] Die Gegend, wo die Reisenden der Seesturm überraschte, ist nach ihm nicht beim Vorgebirge in der Nähe von Neu-Charthago, sondern im Golf von Lyon,[6] und die, wo der zweite Kampf mit See-

---

[1] Historia desponsationis et coronationis Friderici III et conjugis ipsius Eleonorae bei Pez: Scr. rer. Austr. II p. 571 ff.
[2] Nicolaus Lanckmann a. a. O. p. 574.
[3] p. 587—593.
[4] p. 588—590.
[5] p. 587.
[6] Lanckmann erzählt p. 591 ausserdem noch von einem zweiten bei Marseille bestandenen Seesturm.

räubern stattfand, nicht die villa, cui Franca est nomen, sondern Nizza.[1] Darüber, dass eines der vom Sturme verschlagenen portugiesischen Schiffe in den Hafen von Pisa (Livorno), ein anderes nach Telamone gekommen sei, aber nichts über Donna Leonor habe berichten können, ferner dass später einige Abgesandte von den Schiffen der Infantin den königlichen Gesandten in Telamone über die Erlebnisse ihrer Herrin Nachricht gegeben haben sollen und diess dem König gemeldet worden sei, berichtet uns Enea allein. Er kann darüber genauen Bescheid geben, da er sich ja unter den in Telamone harrenden Gesandten Friedrichs befand. Ebenso können wir ihm wol glauben, was er über die in Italien umgehenden Gerüchte betreffs der Infantin Leonor berichtet.

König Friedrich hatte inzwischen Bologna verlassen und auf dem Wege nach Florenz die Apenninen erstiegen. Ueber diese schaltet nun Enea zunächst einen längeren Excurs ein, in welchem er auch die Etymologie des Gebirgszuges bespricht; dann schildert er anschaulich die Freude der Deutschen über die weite Aussicht von der Höhe der Berge und vor Allem über den Anblick der herrlichen Hauptstadt Tusciens. Ob Friedrich so ausgedehnte geographische Kenntnisse besass, wie sie ihm Enea bei dieser Gelegenheit unterschiebt, mag dahingestellt bleiben.

Ueberaus glänzend war der Einzug in Florenz. Noch weit ausführlicher als Enea schildern ihn Ennenckl,[2] das Hodoeporicon,[3] ferner auch Filippo di Cino Rinuccini[4] und Naldi;[5] mit wenigen Worten berichtet darüber noch Platina.[6] In Florenz

[1] p. 592.
[2] p. 135.
[3] p 9, 10.
[4] Ricordi storici di Filippo di Cino Rinuccini dal 1282 al 1460, colla continuazione di Alamanno e Neri suoi figli fino al 1506, per cura ed opera di G. Aiazzi. Firenze 1840 fol. LXXV ff.
[5] Vita Jannotii Manetti bei Muratori: Scr. XX p. 576. Ein Irrtum ist es hier, wenn Naldi auf die Begrüssungsrede Manettis den Enea antworten lässt. Dieser war damals noch nicht im Gefolge Friedrichs, sondern in Telamone. Erst bei dem Aufenthalte des Kaisers in Florenz auf seiner Rückreise hielt Enea eine Rede, was Naldi p. 577 auch berichtet.
[6] Vita Nerii Capponii bei Muratori: Scr. XX p. 511. Dieser lässt den König am 31. Januar einziehen, während Enea den Einzug auf den 21.

treffen den König die beiden Cardinäle Philipp von Bologna, der Bruder Nicolaus V, und Carvajal, als Abgesandte des Papstes. Die Absendung derselben zeigt ihm Nicolaus V in einem uns erhaltenen Schreiben vom 27. Januar an.[1]) In den Worten, welche sie nach Enea im Namen ihres Herrn an Friedrich richten, erkennen wir den ihnen hiezu erteilten Auftrag, den der Papst in dem eben erwähnten Schreiben andeutet. Dass Friedrich sich vielfach mit Carvajal ganz abgesondert unterhalten hat, ist leicht erklärlich; war doch der Cardinal von langeher der Vertraute des Königs, besonders seit den Zeiten des Wiener Concordates. Auch Ennenckl,[2]) das Hodoeporicon[3]) und Columbanus de Pontremulo[4]) berichten über die Begrüssung Friedrichs durch die beiden Cardinäle in Florenz.

Für die Gesandtschaft der Grafen von Cilly, welche einen Schritt weiter bedeutete auf der Bahn ihres treulosen Benehmens gegen König Friedrich, sowie für die ihnen erteilte Antwort ist unsere historia Friderici einzige Quelle. Enea zeigt sich hierüber so genau unterrichtet, dass wir eine Benützung der einschlägigen Actenstücke durch ihn annehmen müssen. Leider sind uns diese nicht bekannt und eine Controlle daher unmöglich.

Noch einmal erwähnt unser Autor die Seereise der Infantin Leonor mit wenigen Worten, wobei er seine bereits oben widerlegte Angabe, sie sei nirgends auf der Fahrt an's Land gestiegen, wiederholt. Dann berichtet er über ihre Landung im Hafen von

---

Januar setzt. Die Angabe Platinas ist durchaus wahrscheinlicher. Filippo di Cino Rinuccini nennt den 30. Januar.

[1]) bei Chmel: Reg. Anhang Nr. 93.
[2]) p. 135.
[3]) p. 10, 11.
[4]) De coronacione Friderici Imperatoris tertii etc. bei Denis: Codices Manuscripti Theologici Bibl. Palat. Vindobonensis. Vindobon. 1793. Volum. 1 Pars I. p. 523, 524. Nach Columbanus verliessen die beiden Cardinäle Rom am 30. Januar und kamen am 4. Febr. in Florenz an, wo der König vor kurzem angelangt war. Diese chronologische Notiz macht die oben erwähnten Angaben Rinuccinis und Platinas noch wahrscheinlicher, nämlich dass der Einzug Friedrichs in Florenz in den letzten Tagen des Januar stattgefunden hat und nicht schon am 21 Januar, wie Enea berichtet.

Pisa, unter welchem Livorno zu verstehen ist. Was er hierüber, ferner über die Absendung eines Boten an König Friedrich — es war Nicol. Lanckmann — über die ansehnliche Gesandtschaft des Königs an seine Braut und über die Begrüssung derselben durch die von Telamone herbeieilenden Gesandten erzählt, wird uns durch die noch bei weitem eingehendere Schilderung des Lanckmann[1]) vollkommen bestätigt. Auch Ennenckl[2]) und das Hodoeporicon[3]) berichten hierüber.

Für die Erwartungen und Hoffnungen der Florentiner, in ihrer Stadt Friedrich und Leonor zu gleicher Zeit beherbergen zu können, vielleicht gar Zeugen der in ihren Mauern gefeierten Hochzeit zu sein, ist uns Enea einziger Gewährsmann. Friedrich beschloss indess, mit seiner Braut in Siena zusammenzukommen. Ueber seine Abreise von Florenz, die unser Autor nur kurz berührt, handeln ausführlicher die oben genannten Schriftsteller.

Den festlichen Einzug Friedrichs in Siena schildern übereinstimmend mit der historia Friderici aber eingehender Ennenckl,[4]) das Hodoeporicon[5]) und Agostino Dati;[6]) ganz kurz sind die Angaben des Allegretto de Allegrettis.[7]) Die Grösse des königlichen Gefolges mit 4000 Mann gibt unser Autor entschieden zu hoch an; nach der beiläufigen Berechnung, die uns das Verzeichniss des Gefolges in der speirischen Chronik[8]) anstellen lässt, dürfte dasselbe die Zahl von 2000 Mann nur wenig überschritten haben. Enea weiss von allerlei Vorsichtsmassregeln des Magistrates zu erzählen; bei der Friedrich nicht allzugünstigen Stimmung der

---

[1]) p. 593—595.
[2]) p. 135.
[3]) p. 11, 12.
[4]) p. 136.
[5]) p. 13.
[6]) historia Senensis fol. 228. Dati berichtet als Augenzeuge; wenigstens sagt er bei Ueberreichung der Geschenke am Tage nach dem Einzuge: Postridie quoque tam lauta, tam opima data sunt munera, ut ipse etiam Federicus, cum ego adessem, plurimum admiraretur splendorem illorum ac magnitudinem. Er wird also auch wol dem Einzuge mit beigewohnt haben.
[7]) Ephemerides Senenses ab a. 1450—1496 bei Muratori: Scr. XXIII. p. 767.
[8]) bei Mone a. a. O. p. 358 ff.

Sanesen ist diese Nachricht ganz glaubwürdig. Endlich berichtet er noch von einem Brand in Siena während Friedrichs Aufenthalt, den er nicht abgeneigt ist als absichtlich angelegt zu bezeichnen.

In Siena soll dem König, nach Enea, von den päpstlichen Legaten mit Hinweis auf die libri Clementinarum der dem Papste zu leistende Treueid abverlangt worden sein. Der König weigert sich anfangs; die historischen Gründe, die er vorbringt, sind aber unzweifelhaft Reflexionen unseres Autors, als solche erscheinen sie ja auch in der ersten Redaction der historia Friderici, wie wir im ersten Teil unserer Untersuchung dargetan haben. Schliesslich leistet Friedrich doch den Eid. Wir wissen über diesen Vorgang aus anderen Quellen gar nichts mehr.[1]

In Osterreich hat inzwischen die gegen Friedrich gerichtete Bewegung ganz ungehindert ihren Fortgang genommen. Enea kommt in seiner Darstellung jetzt, den Römerzug unterbrechend, auf dieselbe zurück. Dass die Aufständischen die Regierung des Landes an sich gerissen haben, zeigen die Beschlüsse des Wiener Landtages vom 12. December 1451,[2] ferner die Aufforderungen, die Steuerzahlungen nicht mehr dem königlichen Hubschreiber zu leisten, sondern nach Wien zu liefern,[3] endlich die Erlasse, in welchen Ulrich Eizinger als obrister Hauptmann und seine Genossen als Verweser des Landes Oesterreich erscheinen.[4] Dass die Oesterreicher hiebei aber Gewalt der Waffen nötig gehabt hätten, wie unser Autor berichtet, ist uns sonst nicht überliefert. An den Papst wurde von den österreichischen Landständen um jene Zeit Thomas Angelpeck abgesandt, um denselben für ihre

---

[1] vergl. Gengler a. a. O. p. 22. Die Eidesformel selbst finden wir bei Müller: Rtth. p. 382. 383 und ebenso bei Chmel: Gesch. Friedr. Bd. II p. 704 Anm. 1. Eine davon abweichende Eidesformel in deutscher Sprache überliefert uns die speierische Chronik a. a. O. p. 392, doch wie die Bemerkung: dis ist der eyt, den ein keiser dem babst sweret, so er in zu keiser cronet andeutet, haben wir es hier mit dem Eid zu tun, den der König in Rom vor der Kaiserkrönung leistete

[2] Chmel: Mater. I. Nr. 181.

[3] Chmel: Reg. Nr. 2750.

[4] Chmel: Reg. Nr. 2756, 2757, 2758

Sache günstig zu stimmen. Die Instruction, welche dem Gesandten mitgegeben wurde, teilt uns Enea im Auszuge mit; sie ist uns ausserdem vollständig erhalten [1]) und dadurch die Möglichkeit vorhanden, unseren Autor genau controlliren zu können. Dass Enea das Actenstück selbst jedenfalls vorgelegen hat, zeigt der Umstand, dass manche Wendungen fast wörtlich von ihm aufgenommen worden sind. So z. B. quo testamento per obitum condentis firmato, bei Enea: quo (sc. testamento) morte testatoris confirmato; oder: Item quod jura provincialia et municipalia non solveret, bei Enea: provincialia ac municipalia jura ne solveret; oder: quod tamen Deum avertere deprecabantur, was bei Enea wörtlich gleich wiederkehrt, oder endlich: appellavit ducatum Austriae suum et omnes subditos illius tam nobiles quam alios appellat subditos suos, bei Enea: ducatum . . . quem suum appellat, incolasque subditos suos dicit. Nichtsdestoweniger ist das Excerpt unseres Autors nicht nur ziemlich nachlässig, sondern auch geradezu entstellt. Die ersten Teile der Instruction, in welchen von den Oesterreichern der ganze Hergang von der Bekanntwerdung des Testamentes Albrechts II. bis zur Einsetzung Friedrichs zum Vormund des Ladislaus Posthumus geschildert wird, sind leidlich genau im Auszuge mitgeteilt. Desgleichen auch noch die ersten Puncte des mit Friedrich abgeschlossenen Vertrages, worin er sich verpflichtet, die Regierung bis zur Entbindung der Königin (Elisabeth) zu übernehmen und falls sie einen Sohn gebären sollte, denselben nur bis zu den Jahren der Mündigkeit unter seiner Vormundschaft behalten, dann ihn aber freilassen und das Herzogtum Oesterreich mit allem Zubehör und allen Schätzen ausliefern, endlich wenn sie eine Tochter gebären sollte, dieselbe mit einer Mitgift ausstatten zu wollen. Dagegen ist die nun folgende Bestimmung von Enea zu Gunsten Friedrichs entstellt, wenn es bei ihm heisst: Terram Austriae juxta consilium Praelatorum, Baronum et Nobilium regeret, quos sibi ex terrigenis patriae posset assumere, während in der Instruction steht: Item quod serenissimus dominus rex, gubernator praedictus, gubernare

---

[1]) Pray: Annales Reg. Hung. Pars III p. 92 ff.

et regere deberet juxta consilium baronum, nobilium et communitatum ducatus Austriae, qui sibi per congregatos de quatuor partibus Austriae praedictis nominarentur. Diejenigen Männer, mit deren Rat Friedrich Oesterreich regieren sollte, durfte er sich also nicht selbst aus den Oesterreichern wählen, wie Enea angibt, sondern sie sollten ihm von der Versammlung der vier Landstände ernannt werden. Die hierauf folgende Bestimmung: Item in casu, quo ser. dom. noster rex, gubernator, pro defensione jurium et libertatum domus Austriae indigeret de litteris seu privilegiis, in arcis, ut praemittitur, conservatis,[1]) illa deberent sibi ad hujusmodi usum edi, et demum usu expleto iterum sub seris et signis, ut praemittitur, reponi ist von Enea ganz ausgelassen. Die letzten Bestimmungen des Vertrages, das Versprechen Friedrichs, diess alles halten zu wollen und seine Erklärung, dass, falls es nicht geschehen würde, die Oesterreicher des Gehorsams gegen ihn entbunden seien, teilt unser Autor wieder besser, wenn auch sehr gekürzt mit. Auch die in der Instruction enthaltene Darlegung der Verhältnisse, welche sich an die Geburt des Ladislaus Posthumus anschliessen, die Klagen der Oesterreicher über die schlechte Verwaltung des Landes durch Friedrich, das Verlangen der Ungarn und Böhmen um Freilassung des jungen Königs, die Weigerung Friedrichs und den in Folge dessen unternommenen Raubzug des Gubernators von Ungarn, hat Enea befriedigend wiedergegeben. Hierauf ertappen wir ihn aber auf einer groben tendenziösen Entstellung. In der Instruction führen die Oesterreicher Klage darüber, dass Friedrich den Ladislaus nicht freilasse, sondern noch immer in seinen Schlössern festhalte und sogar über Steiermark nach Kärnten geführt habe. Obwol die Stände diess mit Schmerz erfüllt, hätten sie doch geduldig ausgeharrt in der Hoffnung, Friedrich werde sich endlich zur Freilassung seines Mündels entschliessen. Ihre Geduld habe aber den König nicht erweichen können, sondern er habe, als er seinen Krönungszug antrat und noch einmal um die Herausgabe des Ladislaus angegangen wurde, denselben wieder mit nach Kärnten

---

[1]) so soll es wol heissen statt des im Text stehenden: conseratis.

geführt, als ob der Vertrag und das Testament König Albrechts nicht existirten. Damit noch nicht zufrieden, habe er das Herzogtum sein eigen und dessen Bewohner seine Untertanen genannt, was man durch königliche Schreiben beweisen könne. An Stelle dieser Darlegung treten bei Enea die Worte: Neque motus his Fridericus, sed amplius induratus, arctius pupillum in sua potestate custodivit, quodque durius est. puellum tenerum, invitis Austriae Praelatis atque Baronibus, ad Italiam duxit, illuc ut aëre sub insolito morbum inducens vitam finiret, vacuumque sibi Ducatum relinqueret, quem suum appellat, incolasque subditos suos dicit. Davon entspricht nur der letzte Satz unserer Instruction, das Uebrige ist verläumderische Zutat des Enea.[1] Was dieser ferner über die Beschlüsse des Wiener Landtages und die Vereinigung der Oesterreicher mit den Ungarn, Böhmen und Mährern angibt, entspricht der Instruction so ziemlich. Den Schluss derselben, in welchem die eigentlichen Aufträge der Oesterreicher für ihren Gesandten Angelpeck enthalten sind, lässt unser Autor ganz weg, er schliesst wieder mit dem schon oben eingefügten tendenziösen Zusatz: Verum Fridericus dominandi cupiditate caecus, ut dictum est, puerum ad Italiam traduxit, ut, quem ferro necare non audet, Italici caloris intemperie perimat. und mit den Worten: At Australes, quemcumque sors casum dederit, fortiter ferent Fridericique posthac dominatum nunquam subibunt.

Noch mehr tendenziös entstellt ist der von Enea in seiner Darstellung aufgenommene Brief der Oesterreicher an den Cardinal St. Angeli, der uns ebenfalls in seiner echten Gestalt er-

---

[1] Wir wollen hier bemerken, dass in dem Briefe der Oesterreicher an Nicolaus V (bei Kurz: Oesterr. unter Friedrich I. Beilage Nr. X), den wir später noch besprechen werden, allerdings der Passus vorkommt: In augmentum quoque desolacionis nostrae, magnae spei defensor et dominus noster naturalis Rex Ladislaus, tenerrimus et delicatus puer, per tanta et tam varia terrarum spacia in huius temporis gravitate ductitatur, quod in ipsius interitum vergere posse vehementer formidamus. Das lautet aber doch viel gemässigter als Enea hier die Oesterreicher sprechen lässt, wo ausserdem von dieser Angelegenheit in der Instruction gar keine Rede war.

halten ist [1]) und Gelegenheit zur Controlle gibt. Im Eingang setzen die Oesterreicher dem Cardinal ganz ruhig auseinander, wie es, da ja Friedrich ohne Zweifel in Rom die Angelegenheit des Königs Ladislaus zur Sprache bringen werde, in ihrem Interesse liege, seine Heiligkeit über den Stand der Frage zu unterrichten. Statt dessen lässt Enea die Oesterreicher in folgenden Ausdrücken reden: Non habet nos dubium, quin Fridericus Romam veniens sanctissimo Patri Nicolao sacroque Cardinalium coetui multa de nobis sinistra et dura proponat, et, cum sit ipse injurius, nos perversos et injuriatores appellet, ut est mos hominum, qui, etsi maxime fallunt, viros se bonos ostendere nituntur. Criminatum nos Caesarem multis in locis, non est, cur Romae taciturum speremus. Necesse est igitur et nos pro nostra innocentia loqui, ne tacentes videamur injusti. Von Angelpeck ferner ist in dem Briefe keine Rede. Die Auseinandersetzungen, warum sie in dieser Angelegenheit die Vermittlung des Cardinals in Anspruch nehmen, die Bitte, sie zu übernehmen, die Versicherung, Ladislaus wie die Oesterreicher würden es ihm Dank wissen, ist bei Enea sehr frei wiedergegeben, aber wenigstens ohne absichtliche Entstellungen, bis auf den gehässigen Ausdruck fucatis Friderici verbis non sines decipi und die Worte: Ladislaus autem, si vixerit, ab Italia, quod superi omnes consentiunt, incolumis redierit..., wo wieder die Absicht des Enea durchblickt, den Oesterreichern zuzumuten, sie hätten den Verdacht gegen Friedrich, er wolle den Ladislaus auf der italischen Reise um's Leben bringen. Endlich ist zu bemerken, dass in dem Brief als Ueberbringer ein gewisser Joannes Cnaber de Albersdorf genannt wird, derselbe also nicht, wie man nach der historia Friderici annehmen müsste, von Thomas Angelpeck nach Rom mitgenommen sein kann. Wahrscheinlich ist er schon vor dessen Gesandtschaft abgegangen, dann aber auch nicht zur selben Zeit wie die Instruction in die Hände Friedrichs gefallen, wie später angegeben wird. Ausserdem erwähnt Enea einen Brief der Oesterreicher an den Papst selbst und an das Collegium der Cardinäle. Der Brief an den Papst

---

[1]) Pray a. a. O. p. 97.

ist uns erhalten,[1]) der an das Cardinalcollegium wird wol ähnlich gelautet haben. Darnach müssen wir das Urteil des Enea, der diese beiden Schreiben als jurgiorum et contumeliarum plenas bezeichnet, als im höchsten Grade parteiisch zurückweisen. Noch erbitterter spricht er über den Brief der Oesterreicher an die Curialen und teilt denselben mit. Leider sind wir hier nicht in der Lage controlliren zu können, doch nach den oben gemachten schlechten Erfahrungen werden wir nicht umhin können, auch hier anzunehmen, dass Enea durch seine feindselige Stimmung gegen die Oesterreicher sich habe bewegen lassen, uns geradezu Falsches mitzuteilen.

Mit diesen Briefen und Instructionen — wir müssen von ihnen aber den Brief an den Cardinal St. Angeli ausschliessen, da ihn, wie wir sahen, ein Anderer überbrachte — kam Angelpeck, so erzählt Enea weiter, nach Siena, besuchte Friedrich und erbat sich von ihm einen Geleitsbrief. Der König schöpfte aber Verdacht und liess ihm unweit San Quirito durch Bewaffnete seine Papiere abnehmen. Ueber diese Details und die Stimmung des Königs beim Empfang der Briefe unterrichtet uns Enea allein. Das Urteil, welches er über die ganze Angelegenheit noch beifügt, werden wir als von seiner den Oesterreichern feindseligen Stimmung beeinflusst ansehen müssen. Die letzten Worte: Sed de his alio loco a nobis est dictum, aliquando forsitan dicetur amplius deuten wol zum Teil darauf, was er über den österreichischen Aufstand bereits in der historia Friderici berichtet hat und zum anderen Teil darauf, was er hierüber noch im weiteren Verlauf des Werkes sagen wird. An einen Hinweis, etwa auf eine andere Schrift über diese Angelegenheit, haben wir wol nicht zu denken.

Nach dieser Unterbrechung kehrt die Darstellung der historia Friderici wieder zur Romfahrt Friedrichs zurück und wendet sich zunächst Donna Leonor zu, die mittlerweile in Pisa angekommen war. Nach einer Characteristik der jugendlichen Braut des römischen Königs ergeht sich Enea, wie er es bei ähnlichen Gele-

---

[1]) Kurz; Oesterr. unter Fried. I Beilage Nr. X dat. Wien 22. Januar 1452.

genheiten liebt, in einer langen und breiten Schilderung eines peinlichen Streites zwischen dem Marquez von Valença und den königlichen Gesandten. Der portugiesische Marquez will es sich nicht nehmen lassen, die Schwester seines Souverains zu Friedrich zu geleiten, die königlichen Gesandten stellen dieselbe Forderung; man streitet hin und her, endlich mischt sich auch noch Florenz in die Sache, weil es Unruhen in Pisa befürchtet, und legt Soldaten in die Stadt, mit denen wieder die Deutschen Händel bekommen. Schliesslich entscheidet sich Leonor selbst für das Geleite der königlichen Gesandten und nachdem noch bei diesen über die Führerschaft gestritten worden war,[1] meldet Enea mit einer gewissen Genugtuung, dass er zu derselben ausersehen wurde. Am zweiten Tage der Fasten brach man von Pisa auf, den Aschermittwoch feierte man in Castell Fiorentino. Enea berichtet von hier an als Augenzeuge; seine Darstellung gewinnt dadurch an Wichtigkeit. Ausführlich beschreibt er nun die Ankunft Leonors in Siena, wie sie zuerst von Herzog Albrecht und seinem Gefolge, dann von König Ladislaus, hierauf vom Clerus und Magistrat, endlich von Friedrich selbst und den beiden Cardinälen empfangen wird, wie Heinrich Leubing im Namen Friedrichs, er selbst im Namen Leonors spricht, und schildert endlich die Festlichkeiten in der Stadt. In Uebereinstimmung mit unserem Autor finden wir die ausführlichen Schilderungen bei Ennenckl,[2] im Hodoeporicon,[3] bei Nicolaus Lanckmann[4] und Agostino Dati[5] und die kurzen Angaben bei Allegretto.[6] Die Errichtung eines marmorenen Denkmals mit einer Inschrift an der Stelle, wo Friedrich und Leonor sich zuerst begegneten, melden neben Enea auch Nicolaus Lanckmann, Dati und Allegretto a. a. O. Sehr charac-

---

[1] Der Herzog von Teschen machte als Blutsverwandter Friedrichs Anspruch darauf. Enea fällt über ihn an dieser Stelle ein wenig schmeichelhaftes Urteil.
[2] p. 136.
[3] p. 13—15.
[4] p. 595. 596.
[5] fol. 228.
[6] a. a. O. p. 767.

teristisch für das Wesen Friedrichs sind die Andeutungen unseres Autors, wie er seiner Braut entgegengehend zuerst, als er sie von Weitem sah, erblasste und seine frühere Farbe und heitere Stimmung erst wieder erhielt, sobald er ihrer in der Nähe ansichtig wurde. Endlich wollen wir noch die Schilderung nicht unerwähnt lassen, welche Enea von dem auf einem Berge lieblich gelegenen Siena, von seinem herrlichen Dom und von seinen lebenslustigen Bewohnern gibt; man merkt es derselben an, dass der Piccolomini hier von seiner Heimat erzählt.

Bei der Erwähnung der Abreise Friedrichs von Siena meldet unser Autor noch, wie die Deutschen es den Sanesen nicht verzeihen konnten, dass sie nicht wie die Venetianer und Florentiner die ganzen Kosten des Aufenthaltes getragen hätten und entschuldigt in dieser Sache seine Landsleute. Die von ihnen gezeigte Ergebenheit habe übrigens Friedrich nicht gering geschätzt, obwol er Anfangs den Verdacht der Sanesen sehr übel genommen habe.

Für die Weiterreise über Viterbo und Sutri nach Rom ist uns Eneas Bericht einzige Quelle. Er schildert uns hier in sehr offener und drastischer Weise einen für Friedrich wenig erfreulichen Vorfall in Viterbo, wo einige junge Leute beim Einzuge gierig nach dem prächtigen Baldachin, unter dem der König einherritt, griffen, einige sogar — es waren noch dazu päpstliche Soldaten — den König vom Pferde zu stossen suchten und wieder andere nach seinem Hut fassten. Es entstand ein allgemeiner Tumult, so dass Friedrich wie die Legaten gezwungen werden, sich mit Knitteln der Zudringlichen zu erwehren. Das Gefolge greift endlich mit den Waffen ein, zerstreut die Menge und nimmt viele gefangen. Friedrich erteilt in seiner Schwäche allen Verzeihung. Ein für diesen Römerzug sehr characteristischer Vorfall, für dessen Ueberlieferung wir Enea nur Dank schuldig sind. — Von Viterbo begeben sich die Legaten voraus nach Rom. Von der vor der Ankunft Friedrichs erfolgten Rückkehr des einen derselben, St. Angeli, nach Rom berichtet uns auch Columbanus de Pontremulo.[1])

---

[1]) p. 524. Nach ihm kehrte Cardinal St. Angeli am 6. März nach Rom zurück.

Gegen die Iden des März brach Friedrich, wie Enea berichtet, von Sutri nach Rom auf; diese etwas unbestimmte chronologische Angabe passt leidlich zu dem, was uns sonst hierüber bekannt ist, indem wir die Ankunft vor Rom nach dem in chronologischen Daten sehr zuverlässigen Goswin Mandoctes¹) auf den 8. März ansetzen müssen. Als Friedrich sich der ewigen Stadt näherte, kamen ihm viele Adelige, darunter die Colonna, die Orsini, mit grossem Gefolge entgegen, später der Bischof von Perusia, des Papstes Thesaurarius, mit der ganzen Miliz, dann der Bischof von Placentia, der päpstliche Vizekämmerer, und mit ihm Roms vornehmste Bürger, und endlich auch das gesammte Cardinal-Collegium.²) Nicht so detaillirt aber mit Enea übereinstimmend melden uns über diesen Empfang Goswin Mandoctes,³) Columbanus de Pontremulo⁴) und Steph. Infessura.⁵) Sehr anschaulich ist in unserem Werke die Schilderung, wie Friedrich von einem Hügel aus zuerst das mächtige Häusermeer Roms erblickt.

Nach alter Sitte,⁶) die es den Königen vor der Kaiserkrönung

---

¹) descriptio introitus Imp. Friderici III. in urbem Romam et subsecutae coronationis bei Chmel: Reg. Anhang Nr. 98. Mit ihm stimmt hier auch Columbanus de Pontremulo p. 525 überein, indem er VIII. Ydus Marcii als Tag der Ankunft vor Rom angibt.

²) Enea fügt hier bei, man habe behauptet, diese Ehre sei den übrigen Kaisern versagt geblieben. Er berichtigt diese Ansicht mit folgenden characteristischen Worten: Credo equidem, postquam Caesarea Majestas attenuata est. Nam priscis temporibus non Cardinales solum, verum et ipsos Romanae urbis maximos Pontifices obviasse Caesaribus constat. Quippe ad Fridericum primum usque Sutrium Romanus Pontifex venit. Sed est omnium potestatum vicissitudo. Olim Caesarea dignitas ingens fuit, nunc sedes Apostolica major est. Cujus auctoritatem post traditas Petro claves regni coelorum semper fuisse majorem putaverim, potestatem saepe minorem.

³) a. a. O. p. CXIX.

⁴) p. 525.

⁵) Diario della citta di Roma bei Muratori: Scr. III Pars II pag. 1133.

⁶) Enea gibt uns eine Erklärung dieser Sitte mit folgenden Worten: Cujus rei causam non aliam arbitrari possum, nisi quod ea dies Papae cedat ad providendum, ne quid ingrediente Caesare tumultus fiat. Sive id spatium sibi Caesares ipsi assumpserunt, ut explorato urbis statu tutius ingrede

verbietet, an einem Tage zugleich vor Rom anzulangen und die Stadt zu betreten, übernachten Friedrich und Donna Leonor in der Villa eines Kaufmanns Thomas Spinelli vor den Thoren. Das Gefolge blieb in einem Lager. Ganz Gleiches erzählen Goswin Mandoctes,¹) Columbanus de Pontremulo, ferner Ennenckl, das Hodoeporicon und Steph. Infessura a. a. O.

Enea berichtet uns ausserdem als bester Gewährsmann, wie er mit vielen Anderen noch an demselben Tage Rom betreten, bald darauf eine Audienz beim Papste gehabt und denselben der friedlichen Absichten des Königs versichert habe. Nicolaus V teilte ihm bei dieser Gelegenheit mit, wie er niemals den Einflüsterungen derer, die das Gegenteil behaupteten, geglaubt, aber doch Vorsichtsmassregeln für nötig gehalten habe. In einer vortrefflichen Wohnung am Tiber wird dann Enea beherbergt.

Am folgenden Tage²) sammelt sich das militärische Gefolge Friedrichs auf den Wiesen vor dem Thore bei der Engelsburg,³) und in der Nähe auch die päpstliche Reiterei, um sich zum Einzug zu ordnen. Auch der König, Donna Leonor, Ladislaus und Herzog Albrecht, der den Zug ordnet, finden sich hier ein; Enea schildert sehr anschaulich diese prächtige Versammlung. Aehnlich, nur nicht so ausführlich, beschreibt sie uns Nicolaus Lanckmann.⁴)

Die historia Friderici geht dann über zur Ordnung des Einzuges. Diese ist uns auch noch gesondert erhalten⁵) und können

---

rentur; seu bis torque aliqua vel causa vel casu res gesta vim consuetudinis accepit.

¹) Er weicht nur darin etwas ab, dass nach ihm Leonor in einem anderen Hause, nahe bei der Villa des Spinelli, übernachtete.

²) Nach den übereinstimmenden Angaben des Mandoctes, Columbanus de Pontremulo und Steph. Infessura war es der 9. März. Nicolaus Lanckmann gibt den 8. März an.

³) dieselbe Localität gibt auch Columbanus de Pontremulo an p. 526.

⁴) p. 596.

⁵) Ordinatio ingressus Friderici Imp. vulgo III in Urbem bei Pez: Scr. rer. Austr. II p. 561 ff., ferner bei Wuerdtwein: subs. dipl. Tom XII. p. 16 ff. und bei Mone: Quellensammlung für bad. Landesgeschichte Bd. I p. 391 ff. Die Ordnungen bei Pez und Wuerdtwein stimmen bis auf kleine Abweichungen überein; die bei Mone weicht darin ab, dass einige Abschnitte

wir mit Hilfe derselben unseren Autor controlliren. Wir können natürlich von Enea nicht verlangen, dass er uns wie dieses officielle Actenstück ein genaues Verzeichniss aller Einziehenden gibt, aber im grossen Ganzen finden wir seine Angaben über die Ordnung des Einzuges durch die ordinatio ingressus bestätigt. Im Einzelnen wird er zu berichtigen sein: so weiss die ordinatio nichts davon, dass vor den Gesandten der italienischen Städte Adelige aus Deutschland, Böhmen, Ungarn und Italien, römische Bürger, dann Barone gezogen seien. Unter den Gesandten der Städte fehlen bei Enea die von Portenau und Triest; ferner ist die Anordnung derselben bei ihm etwas anders. Nach den Bischöfen und dem Gefolge Friedrichs soll nach der ordinatio „des Kunigs Lasslavvs und Herzogs Albrechten volck reitten", wovon unser Autor nichts angibt, und endlich nach Donna Leonor „solln der von Stetten einreitten",[1] was er ebenfalls auslässt. Die anderen Quellen, welche sich ausführlich mit der Ordnung des Einzuges beschäftigen, wie Enneckl, das Hodoeporicon und Columbanus berichten im grossen Ganzen dasselbe wie Enea; in Einigem weichen sie ab, doch werden wir in diesen Fällen lieber unserem Autor folgen, da er hier mit der ordinatio stimmt, während jene dabei nicht im Einklang mit ihr stehen. Uebereinstimmend mit der historia Friderici wird bei Enneckl, im Hodoeporicon und Columbanus gemeldet, dass den Schluss des Einzuges die päpstliche Reiterei gebildet habe, wovon die Ordinatio nichts hat.[2]

---

derselben schon in dem vorangehenden Verzeichnisse des Gefolges Friedrichs enthalten sind. Wenn wir auch Chmel Recht geben, dass uns diese Ordnung angibt, wie der Einzug Friedrichs in Rom „fürgenommen sol werden," während Enea uns ihn schildert, wie er wirklich gehalten wurde, so werden wir doch annehmen können, dass zwischen diesem Entwurf der Einzugsordnung und dem wirklichen Einzuge keine so grossen Differenzen stattgefunden haben werden, dass wir die ordinatio ingressus nicht zur Controle unseres Autors benützen könnten.

[1] Hierunter sind ohne Zweifel die Abgesandten der deutschen Reichsstädte gemeint.

[2] Dass die Ordinatio die päpstliche Reiterei nicht verzeichnet, ist dadurch leicht erklärlich, dass sie sich nur mit der Ordnung des mit Friedrich gekommenen Gefolges beschäftigt.

Was unser Autor über den festlichen Zug durch die Stadt bis zu St. Peter, über den Empfang Friedrichs durch Nicolaus V und die anderen Ereignisse dieses Tages berichtet, befindet sich im grossen Ganzen in Uebereinstimmung mit unseren übrigen Quellen, von denen uns ausführlichere Berichte Ennenckl, das Hodoeporicon, Nicolaus Lanckmann, Columbanus, Mandoctes u. a. O., kürzere ferner Manetti,[1]) Vespasiano[2]) und Steph. Infessura[3]) geben. Nur ist bei Ennenckl und im Hodoeporicon noch die Rede von einem Eid, den Friedrich beim Betreten der Stadt den Römern geleistet hat, von einer Verteilung von Gold unter die Menge, von der Aufnahme Friedrichs unter die Chorherren von St. Peter, ferner bei ihnen und bei Mandoctes von einem Eid,[4]) den Friedrich dem Papst geleistet hat und bei Columbanus noch von einigen anderen Ceremonien. Enea sagt von alledem nichts. Endlich finden wir in diesen Quellen auch noch einige unbedeutende Abweichungen von der Darstellung in unserem Werke.

Am folgenden Tage wird, wie die historia Friderici meldet, der Tag der Kaiserkrönung festgesetzt und zwar auf den Jahrestag der Krönung Nicolaus V zum Papst (19. März). Ueber die Besichtigung der Stadt Rom von Seiten Friedrichs in den nun folgenden Tagen vor der Krönung[5]) berichtet auch Lanckmann.[6]) Neben dem Besuche, den Friedrich den Sehenswürdigkeiten Roms abstattete,[7]) wurden aber die politischen Dinge nicht ausser Acht

---

[1]) vita Nicolai V bei Muratori: Scr. III Pars II p. 941.
[2]) vita Nicolai V. bei Muratori: Scr. XXV p. 284, 285.
[3]) p. 1133.
[4]) Das Hodoeporicon gibt auch den Wortlaut des Eides; ähnlich lautet der Eid in der speierischen Chronik a. a. O. p. 392.
[5]) Enea gibt an, dass 10 Tage dazwischenlagen, was nicht ganz mit den übrigen uns überlieferten Daten passt. Am 9. März war der Einzug; am folgenden Tage, also am 10. wäre nach unserem Autor die Krönung festgesetzt worden; es verliefen also nicht mehr 10 Tage bis zu derselben (19. März).
[6]) p 597.
[7]) Nach Eneas Bericht bestand die Meinung, vor der Kaiserkrönung dürfe der König nicht die Stadt besichtigen; er widerlegt diess durch historische Angaben und fügt hinzu: Friedrich habe diese Meinung auch nicht be-

gelassen und in dieser Beziehung erwähnt Enea eine lange Unterredung zwischen König und Papst über die österreichische Angelegenheit. Die grosse Rede Friedrichs, welche Enea seinem Werke einfügt, ist natürlich ganz sein Machwerk. In langathmigen künstlich geformten Declamationen sich zu ergehen, war keineswegs die Art dieses schweigsamen, in sich gekehrten und beinahe schüchternen Königs. Dazu kommt noch, dass wir alles, was Friedrich hier über die Vormundschaftsgesetze des österreichischen Hauses, über die Verheimlichung des Testamentes Albrechts durch die Oesterreicher, über seine gute Verwaltung des Landes, über die Bezahlung der Schulden Albrechts an dessen Söldner, über die Undankbarkeit der Oesterreicher sagt, alle Worte, mit denen er sich rechtfertigt, dass er schliesslich allein das Land regiert, dass er Güter verpfändet, dass er Ladislaus nach Italien mitgenommen habe, auch jene Erzählung, wie die Oesterreicher aus Verdacht gegen ihn den Schatz Albrechts untersuchen und unversehrt finden — dass wir alles diess in der oratio adversus Australes des Enea wiederfinden,[1]) hier allerdings in viel breiterer Ausführung. Bedenken wir nun, dass Enea nicht dazugekommen ist, diese sorgfältig ausgearbeitete Rede wirklich zu halten, sogar von seinen Freunden gewarnt, sie sorglich verborgen hielt,[2]) so wird es um so wahrscheinlicher, dass er, um diese Arbeit nicht ganz verloren gehen zu lassen, Einiges daraus in seine historia Friderici aufnahm und zwar in die oben besprochene Rede Friedrichs einkleidete.[3]) Die Antwort des Papstes stammt ebenfalls aus der

---

achtet, die Stadt besucht und nur die Engelsbrücke, welche zu betreten besonders als verboten galt, vermieden.

[1]) Diese Rede ist gedruckt bei Mansi: Orationes Pii II Pars I p. 184 ff. Auf eine Verwandtschaft der Rede Friedrichs mit der oratio adv. Austr. hat schon Voigt: Pius II Bd. II p. 43 Anm. 2 hingewiesen.

[2]) Vergl. Voigt: Pius II Bd. II p. 86.

[3]) Bemerken wollen wir hier noch, dass diese Rede Friedrichs in der ersten Redaction der historia Friderici, wie wir in unserem ersten Teil gezeigt haben, nicht enthalten ist, sondern Enea sich dort mit den wenigen Worten begnügt: In hoc etiam tempore exposuit imperator querelas contra Australes obtinuitque censuras contra eos

Feder des Enea. Schon Chmel weist darauf hin,[1]) dass sie in ihrer Allgemeinheit nicht gerecht ist gegen die Oesterreicher. Wir werden in allen diesen Worten, die Enea König und Papst wechseln lässt, den Ausdruck seiner eigenen den Oesterreichern sehr feindseligen Gesinnung suchen müssen. Trotz alledem unterliegt es keinem Zweifel, dass die österreichische Angelegenheit zwischen König und Papst wirklich zur Sprache gekommen ist. Ist diess schon an und für sich sehr wahrscheinlich, so beweisen es geradezu die Actenstücke, mit welchen Nicolaus V in dieser Sache auf Seite Friedrichs tritt. Dahin gehören die drei Bullen vom 22. März, in welchen der Papst Friedrich die Erlaubniss erteilt, gegen seine Feinde den Beistand der Schismatiker zu gebrauchen,[2]), sodann aufrührerische Geistliche gefangen nehmen zu lassen und ihre Güter einzuziehen, ohne deshalb der Excommunication zu verfallen;[3]) ferner die Bannbulle Nicolaus V gegen die österreichischen Aufständischen vom 4. April,[4]) der Brief an den Erzbischof von Salzburg vom 6. April,[5]) in welchem der Papst ihm bei Strafe der Excommunication befiehlt, den österreichischen Aufständischen keine Hilfe zu leisten, und die beiden gleichlautenden Schreiben des Papstes an Johann Hunyadi[6]) und Georg von Poděbrad[7]) vom 22. April, in welchen er sie ermahnt, die Oesterreicher nicht gegen Friedrich unterstützen zu wollen. Alle diese Bullen und Briefe waren gewiss die Folge einer Unterredung zwischen Papst und König über die österreichischen Verhältnisse.

[1]) habsburg. Excurse IV in den Sitzungsberichten der Wiener Akademie philos.-histor. Cl. Bd. 9 p. 267.
[2]) Chmel: Reg. Nr. 2804.
[3]) Hierüber existiren zwei Bullen (bei Chmel: Mater. II. Nr. 2); in der ersten wird ausdrücklich von aufrührerischen Geistlichen gesprochen, die sich in der Vormundschaftsangelegenheit gegen Friedrich empören; in der zweiten ist überhaupt nur von Geistlichen die Rede, die sich Rebellen anschliessen.
[4]) Pray: Ann. Reg. Hung. Pars III. p. 105 ff. und Chmel: Mater. II. Nr. 4.
[5]) Chmel: habsb. Excurse IV. a. a. O. p. 278.
[6]) Pray III p. 111.
[7]) Fontes rer. Austr. 2. Abt. Bd. XX Nr. 28.

Nicht weniger als die österreichische Angelegenheit war auch die Bitte Friedrichs, in Rom mit der mailändischen Krone gekrönt zu werden, Gegenstand von Verhandlungen. Den Inhalt derselben gibt Enea richtig an, wie uns durch eine Bulle Nicolaus V, in welcher dieser die Krönung Friedrichs mit der lombardischen Krone beurkundet,[1]) und durch einen Brief der mailändischen Gesandten an ihren Herzog vom 17. März[2]) bestätigt wird. Letzterer zeigt uns auch, dass die Angabe der historia Friderici über die Haltung der Gesandten Mailands richtig ist. Falsch ist bei Enea das Datum der mailändischen Krönung; wie uns die oben erwähnte Bulle zeigt, fand sie am 16. nicht am 15. März[3]) statt. Eine Beschreibung der Krönung und der an demselben Tage stattgefundenen Trauung Friedrichs und Leonors[4]) durch den Papst gibt unser Autor nicht;[5]) wir finden eine solche bei Ennenckl, im Hodoeporicon, bei Columbanus und Mandoctes a. a. O. Lanckmann erwähnt nur die Trauung.

In unserer historia Friderici folgt dann ein Excurs „de coronis", auf den wir nicht einzugehen haben; wir verweisen hier auf Gengler.[6])

Der mailändischen Krönung folgte die mit der Kaiserkrone, aber nicht am nächstfolgenden Tage, was nach der früheren Angabe des Enea der 16. März sein würde, sondern wie uns vor

---

[1]) Chmel: Reg. Anhang Nr. 95.
[2]) Notizenblatt, Beilage zum Archiv für Kunde österr. Geschichtsquellen VI. Jahrgang p. 30 ff.
[3]) Chmel hat sich in seinen Regesten wahrscheinlich von Enea bestimmen lassen, die Krönung auf den 15. März zu setzen.
[4]) Dass die Trauung an demselben Tage wie die mail. Krönung also am 16. März stattgefunden hat, melden alle Quellen in Uebereinstimmung. Aus welchem Grunde sie Chmel trotzdem in seinen Regesten auf den 17. März setzt, ist mir unklar.
[5]) Nur etwas später (Kollar p. 289) finden wir bei Enea eine Notiz, dass Ladislaus bei der mail. Krönung unter den letzten Cardinälen und auch Friedrich nicht vor allen Cardinälen gesessen habe. Ganz dasselbe meldet auch Mandoctes. An diese Sitzordnung knüpft unser Autor die Bemerkung, dieser Sitz habe Friedrich als deutschem König vor der Kaiserkrönung gebührt und geht dann ein auf die Bedeutung von rex Romanorum.
[6]) a. a. O. p. 24. 25 und Anm. 148.

Allem die Bulle Nicolaus V, in welcher er die Kaiserkrönung beurkundet,¹) zeigt, am 19. März. Eneas chronologische Angaben sind hier ganz verwirrt; er schreibt diese Dinge eben später aus der Erinnerung auf. Ueber die bei der Krönung beobachteten Ceremonien berichtet er ziemlich ausführlich²) und was er darüber sagt, finden wir abgesehen von einigen wenig bedeutenden Abweichungen durch die Schilderungen bei Ennenckl, im Hodoeporicon, Columbanus und Mandoctes a. a. O. bestätigt. Ganz kurz gehalten sind die Berichte hierüber in den beiden oben genannten Lebensbeschreibungen Nicolaus V und bei Steph. Infessura. Bemerken wollen wir, dass Enea Friedrich bei dieser Gelegenheit den Eid schwören und zum Chorherrn von St. Peter aufgenommen werden lässt, was ebenso Columbanus berichtet, während Ennenckl und das Hodoeporicon diess beim Einzug erfolgen lassen. Mandoctes spricht von einem Eid sowol bei Gelegenheit des Einzuges, als auch vor der Kaiserkrönung. Für den Vorfall, dass dem Papst bei der Krönung fast die Tiara vom Haupte gefallen sei, ist unser Autor einziger Gewährsmann. Einige hätten diess für ein böses omen gehalten und Enea erinnert an die bald darauf erfolgte Verschwörung des Stefano de' Porcari, die allerdings für Nicolaus V noch glücklich abgelaufen sei.

Nach der Krönung begibt sich Leonor in den Pallast. Papst und Kaiser verlassen gemeinsam St. Peter; nach alter Sitte führt der Kaiser einige Schritte weit das Pferd des Papstes am Zügel, hierauf reiten sie beide zur Kirche S. Maria in Cosmedin, wo der Papst den Kaiser mit der geweihten Rose beschenkt. Dann

---

¹) Chmel: Reg. Anhang Nr. 96.
²) Ueber die Insignien berichtet Enea, es sei das Gerücht gegangen, Friedrich habe sich aus Nürnberg die Carls d. Gr. bringen lassen. Dasselbe melden ganz positiv Ennenckl p. 138 und das Hodoeporicon p. 31. Enea bezweifelt es aber und will in denselben mit eigenen Augen die Insignien Carls IV erkannt haben. Er bemerkt dann, wie wunderbar sich die kaiserl. Insignien verschönert hätten; die Carls der Gr. seien im Vergleich mit denen, welche Friedrich III gebrauchte, rusticana gewesen. Er knüpft daran die ironische Bemerkung: Utinam veteres tam virtute superaremus, quam illis vanitate praestamus.

begibt sich Friedrich auf die Tiberbrücke zum Ritterschlag [1]) und endlich zum Krönungsmal in den Lateran. Unser Autor befindet sich in diesen Angaben vollständig in Uebereinstimmung mit den übrigen bereits oft genannten Quellen.

Während des Aufenthaltes Friedrichs in Rom fanden, wie die historia Friderici berichtet, zahlreiche Besprechungen zwischen Kaiser und Papst statt unter Hinzuziehung des Enea und anderer kaiserlicher Räte einer- und des Petro de Noxeto andererseits. Ueber solche meist zur Nachtzeit gepflogene Zusammenkünfte sprechen auch Ennenckl, das Hodoeporicon und Lanckmann a. a. O. Nur von einer derselben gibt uns Enea den Inhalt an, es sind jene von ihm schon einmal besprochenen Traumerzählungen; über die übrigen schweigt er gänzlich. Dass sie viel wichtigere Dinge zum Gegenstande hatten, zeigen uns die zahlreichen Bullen des Papstes, welche ohne Zweifel aus ihnen hervorgegangen sind. Neben den bereits oben erwähnten, welche sich auf die österreichische Angelegenheit beziehen, meinen wir hauptsächlich diejenigen, welche dem Kaiser allerlei Gnaden gewähren. Von diesen sind einige [2]) weniger wichtig, andere aber von politischer und materieller Bedeutung: so das Recht der primariarum precum, [3]) die Erlaubniss, die österreichischen Länder und Herrschaften vermehren und verbessern, [4]) von dem Clerus der Erblande gewisse Collecten und Contributionen eintreiben, [5]) in Neustadt ein Chorherrenstift errichten zu dürfen. [6]) Ferner bewilligt der Papst dem Kaiser, einen Zehnten vom Clerus und von den geistlichen

---

[1]) Wir besitzen drei Verzeichnisse der damals zu Rittern geschlagenen Personen bei Pez: Scr. II in der ordinatio ingressus p. 566 ff., bei Hoheneck: Genealogie III in Ennenckls Bericht p. 138 ff. und bei Wuerdtwein: Subs. dipl. XII im Hodoeporicon p. 33 ff. Abgesehen von kleinen Abweichungen stimmen diese Verzeichnisse überein — Enea ist nicht einverstanden mit der zahlreichen Verleihung von Rittertiteln und macht hierüber in unserem Werke einige ironische Bemerkungen.

[2]) Chmel: Reg. Nr. 2802. 2807. 2811. 2815 und 2816.

[3]) Chmel: Anhang Nr. 97.

[4]) Kurz: Oesterreich unter Friedrich I Beilage Nr. XI.

[5]) Chmel: Reg. Nr. 2805.

[6]) Chmel: Mater. II Nr. 6.

Stiftungen des Reiches zu erheben, und beauftragt die Erzbischöfe von Cöln und die Bischöfe von Siena und Gurk ihn einzutreiben;[1] dem Bischof von Gurk trägt er auf, die Rückgabe verpfändeter Schlösser an Kaiser Friedrich zu bewerkstelligen[2] und gestattet endlich dem Kaiser und seinen Nachfolgern in Oesterreich die Visitation und Reformation der Klöster seiner Provinzen.[3]

Von Rom begab sich der Kaiser mit seiner Gemalin nach Neapel zum Besuche seines Verwandten, des Königs Alphons.[4] Bei Terracina wird er vom Herzog von Calabrien, bei Capua von König Alphons selbst empfangen und festlich nach Neapel geleitet; ebenso Leonor, die ihm folgte. In Neapel bringt er die beiden Wochen vor und nach Ostern zu. Fest reiht sich hier an Fest; Passions- und Ritterspiele, Jagden, glänzende Gastmäler wechseln einander ab. Aus dem ganzen Reich war der Adel nach Neapel zusammengeströmt.[5] Diese Angaben unseres Autors, der die Reise nicht mitmachte, sondern mit Ladislaus in Rom zurückblieb, werden uns vollkommen durch die ausführlichen Schilderungen eines Augenzeugen wie Nicolaus Lanckmann[6] und anderer Schriftsteller wie Bartholomäus Facius[7] und Antonius Panormita (Beccadelli)[8] bestätigt. Kürzere Notizen über den Aufenthalt Friedrichs in

---

[1] Chmel: Mater. II Nr. 9.

[2] Chmel: Mater. II Nr. 10.

[3] Chmel: Mater. II Nr. 12. — Eine genaue Besprechung aller dieser Gnadenerweise des Papstes gibt Chmel; habsb. Excurse III Sitzungsberichte der Wiener Akademie philos.-hist. Cl. Bd. 8 p. 54 ff.

[4] Enea berichtet, wie es Einigen unwürdig erschienen sei, dass ein Kaiser einem König einen Besuch abstatte. Friedrich habe diese Reden nicht beachtet; auch historische Reminiscenzen hätten ihn in seinem Vorhaben bestärkt. Diese sind natürlich eine Zugabe unseres Autors.

[5] Bei Erwähnung dieser Feste widmet Enea der Lucretia, der Geliebten des Königs Alphons, einen ziemlich langen Excurs.

[6] p. 598—600.

[7] a. a. O. p. 122—124.

[8] de dictis et factis Alphonsi Regis Aragonum libri IV cum commentar. Aeneae Sylvii et Scholiis Jac. Spigelii. Basileae 1538 p. 108, 109.

Neapel enthalten noch: Pandulphus Collenutio,¹) die Annales de Raimo,²) die Giornali Neapolitani³) und auch Agostino Dati.⁴)

Trotz aller Festlichkeiten und Lustbarkeiten in Neapel blieb die Politik nicht unberührt. Enea berichtet uns über ein Gespräch zwischen den beiden Herrschern, in welchem der Zustand Italiens berührt wurde. Friedrich sei in Alphons gedrungen, mit Florenz und Sforza Frieden zu schliessen; Alphons habe seine Friedensliebe betheuert, aber hervorgehoben, wie schwer es sei, mit solchen Feinden Frieden zu schliessen. Nach langen Vorstellungen des Kaisers habe er aber doch endlich zugesagt, nach Ferrara Gesandte zu Friedensverhandlungen senden zu wollen. Abgesehen von der Notiz bei Facius,⁵) welcher uns ganz allgemein von Gesprächen zwischen Friedrich und Alphons berichtet, wissen wir nichts über die Sache. Doch glaube ich aus einem uns erhaltenen und von König Alphons eigenhändig unterzeichneten Actenstück,⁶) in welchem er dem Kaiser seinen Beistand zur Erwerbung von Mailand verspricht, schliessen zu müssen, dass wenigstens in Bezug auf Sforza andere Dinge in Neapel verhandelt worden sind, als unser Autor berichtet. Was das Gespräch über Florenz betrifft, so sind wir nicht in ähnlicher Lage, die Angaben Eneas controlliren zu können.

Dass das Beilager Friedrichs und Leonors in Neapel vollzogen worden ist, deuten auch Nicolaus Lanckmann⁷) und Facius⁸) an. Enea ergeht sich in einer ausführlichen Beschreibung der dabei nach alter deutscher Sitte beobachteten Ceremonien. Am folgenden Tage lässt die historia Friderici den Kaiser zur See

---

¹) historia Neapolitana. Basileae 1572 p. 304. 305. Hier ist besonders das scharfe Urteil über Friedrich hervorzuheben: Quae omnia ab Alfonso in ea celebritate etsi tam magno sumptu fuissent instituta, Federicus tamen discedens nullam regiae virtutis existimationem post se reliquit.
²) Muratori: Scr. XXIII. p. 231. 232.
³) Muratori: Scr. XXI. p. 1131.
⁴) historia Senensis fol. CCXXVIII und XXIX.
⁵) a. a. O. p. 123.
⁶) Chmel: Mater. II Nr. 8.
⁷) p. 600.
⁸) p. 123.

nach Rom zurückkehren. Nach Lanckmann ¹) vergiengen bis zur Abreise noch drei Tage und dieser ist uns hierin ein besserer Gewährsmann. Dass Friedrich zur See zurückgekehrt sei, meldet er auch und desgleichen Steph. Infessura, ²) während Facius ³) und Agostino Dati ⁴) ihn zu Land reisen lassen. Die Kaiserin nahm ihren Rückweg über Manfredonia zur See nach Venedig, wie die Angabe Eneas von Nicolaus Lanckmann, ⁵) Facius und Agostino Dati a. a. O. bestätigt wird.

In Rom, wo König Ladislaus und Enea Silvio zurückgeblieben waren, ⁶) hatte während der Abwesenheit des Kaisers ein Fluchtversuch des jungen Ungarnkönigs stattgefunden. Er wurde indess vereitelt und unser Autor schreibt sich das Verdienst zu. Leider können wir seine Angaben über diesen Vorfall nicht controlliren. Selbst einige Cardinäle sollen bei der Sache beteiligt gewesen sein; vielleicht waren es jene, die dem König, wie der oben erwähnte Brief aus Rom meldet, einen Besuch abstatteten, vielleicht wurde damals dieser Fluchtversuch verabredet. Jedenfalls rief dieser Vorfall den Kaiser so rasch von Neapel ab, worüber uns Nicolaus Lanckmann p. 600 berichtet: Quidam tamen nuncius venit ex Roma, ex parte Domini Ladislai Ungariae et Bohemiae Regis etc. Dominus Imperator hoc intelligens... Romam venit. Als Friedrich dorthin zurückkehrte, salva omnia reperit wie Enea berichtet und Nicolaus Lanckmann: suum cognatum carissimum Dominum Ladislaum Regem etc. accessit, quem sanum et bene valentem reperit. Vier Cardinäle gehen dem Kaiser nach S. Paolo entgegen; ⁷) dass er von dort die Stadt betrat, berichtet auch

---

¹) p. 600.
²) p. 1134.
³) p. 124.
⁴) fol. CCXXIX.
⁵) Dieser gibt eine Beschreibung der ganzen Reise der Kaiserin p. 601 und 602.
⁶) Hierüber berichtet uns auch ein Brief aus Rom über König Ladislaus vom 4. April 1452 bei Chmel: Mater. II Nr. 5.
⁷) Nach der Bemerkung unseres Autors trug der Kaiser eine weisse Stola, die er von König Alphons bekommen. Darüber sei einiges Gespött entstanden, da man diess für ein unwürdiges Geschenk hielt. Enea weist diese Behauptung zurück.

Steph. Infessura.¹) Drei Tage blieb der Kaiser diesmal, nach Enea, in Rom; dasselbe berichtet Infessura, indem er ihn am 23. April ankommen und am 26. abreisen lässt. Am Tag vor seiner Abreise stattet der Kaiser dem Papst und den Cardinälen seinen Dank ab, wovon auch Lanckmann erzählt. Bei dieser Gelegenheit hielt der Bischof von Siena im Auftrage des Kaisers eine die Zuhörer mächtig ergreifende Türkenrede, deren Wortlaut in unserem Werke enthalten ist.²) Der Papst antwortete hierauf sehr gnädig und dauerte die Unterredung noch bis in die Nacht.

Am folgenden Morgen empfängt der Kaiser den Segen des Papstes und wird von allen Cardinälen bis zum ersten Meilenstein ausserhalb der Stadt begleitet. Nicolaus Lanckmann berichtet uns ebenfalls darüber. Zwei Cardinäle, der von Bologna und St. Angeli, geben dem Kaiser noch das Geleite bis Aquapendente und bis zum Gebiet von Siena; dasselbe erzählt Steph. Infessura.³) Sehr interessante Aufschlüsse gibt uns Enea über Vorgänge auf der Heimreise, die für diesen Römerzug wieder im höchsten Grade characteristisch sind. Man riet dem Kaiser nämlich ab, Florenz zu berühren. Sein Besuch in Neapel habe das Gerücht veranlasst, er habe dem König Alphons das Vicariat in Etrurien übertragen und seinem Bruder, Herzog Albrecht VI, das Herzogtum Mailand zugesichert. Darüber sei man besonders in Florenz empört. Enea forscht in Folge dessen den Kaiser darüber aus, was er in Neapel mit Alphons abgemacht habe. Der Kaiser antwortet, er habe nur über den Frieden Italiens mit ihm gesprochen, worauf ihm der Piccolomini zuspricht, ohne Furcht zu sein. Die Sache lässt aber Friedrich doch keine Ruhe

---

¹) p. 1131.

²) Die Rede ist ausserdem noch gedruckt in der edit. Basil. als epistola Nr. 399, ferner bei Freher: Scr. rer. Germ. ed. Struve Tom. II p. 38 ff. und bei Mansi: Orationes Pii II Pars I p. 163 ff. aus einem Lucenser Codex und p. 173 ff. nach Freher. Wie Voigt: Pius II Bd. II p. 54 bemerkt, stehen die das Concil betreffenden Worte nicht in allen Abdrücken. In den oben citirten sind sie überall enthalten; andere Drucke sind mir aber nicht bekannt.

³) p. 1134.

und in Siena, wo er wieder glänzend empfangen wurde,¹) hält er
es für nötig, Enea und Ulrich Riederer nach Florenz voraus-
zusenden und sich dort den Geleitsbrief erneuern zu lassen unter
dem Vorwande, der königliche Name müsse jezt in den kaiserlichen verwandelt werden. Man war in Florenz über diese Zu-
mutung sehr unwillig, die Gesandten mussten sich sogar im Rat
harte Schmähworte des Cosimo di Medici gefallen lassen, doch
wird ihre Bitte schliesslich bewilligt. Diese Angaben unseres
Autors zu controlliren sind wir nicht in der Lage, doch haben
wir auch keinen Grund, sie zu bezweifeln. Wie die Verhältnisse
damals in Italien lagen, war es nur zu natürlich, dass ein Besuch
Friedrichs bei König Alphons, dem Feinde der florentinischen
Republik, Verdacht erregen musste. Wir wissen ferner, dass
Friedrich mit dem Aragonesen einen Pact geschlossen hat zur
Erwerbung Mailands; wenn vielleicht davon etwas — und Enea
macht selbst darauf aufmerksam, dass den Florentinern nicht so
leicht etwas geheim bleibe — in Florenz bekannt wurde, so ist die
gegen Friedrich aufgereizte Stimmung nur um so gerechtfertigter.
War doch Sforza der Verbündete von Florenz; hatte Friedrich
gegen ihn in Neapel operirt, so war es leicht möglich, dass er
auch gegen die Republik der Florentiner etwas im Schilde führte.
Eben dieser Pact macht es nun aber auch erklärlich, wie Friedrich,
nachdem er dem Enea ausweichend geantwortet hat, seine Furcht
doch nicht los werden kann und endlich Gesandte nach Florenz
sendet, um sicherer zu gehen. Der Vorwand, den er dabei gebraucht, lässt uns nicht Wunder nehmen bei einem Manne wie
Friedrich; sein Ehrgefühl war nicht so lebhaft, dass er sich ge-
scheut hätte, zu solch' lächerlichen Mitteln zu greifen. Der Unwille der Florentiner endlich und die Schmähworte des Cosimo
di Medici, von dessen keckem Uebermute uns Naldi²) bei einer
anderen Gelegenheit Proben gibt, sind nur zu glaublich.

Trotz dieser Vorgänge wird Friedrich in Florenz wenigstens
äusserlich mit kaiserlichen Ehren empfangen. Darüber berichtet

---

¹) Man vergl. Dati a. a. O. fol. CCXXIX.
²) Vita Manetti bei Muratori: Scr. XX p. 576 ff.

auch Cino di Rinuccini.¹) Naldi erwähnt, dass der Magistrat beschloss, ihn mit einer Rede zu begrüssen, die in Folge der Intriguen des Medici von dessen Günstling Carolus Aretinus (Carlo Marsuppini) gehalten wurde.²)

Noch einmal wird in unserem Werke der Bericht über die Romfahrt unterbrochen, um die österreichische Bewegung nicht aus dem Auge zu verlieren. Diese hat einen bedeutenden Fortschritt gemacht, indem die Oesterreicher, wie Enea richtig angibt, einen Bund mit den Ungarn, den Grafen von Cilly und dem mächtigen Geschlechte der Rosenberge in Böhmen schlossen. Das Bündniss ist uns erhalten³) und datirt vom 5. März 1452. Auch Thomas Ebendorffer erwähnt diesen Vorgang.⁴) Wenn unser Autor sagt, die Oesterreicher hätten den Grafen von Cilly in ihren Bund aufgenommen ultro se offerentem und locum ei inter se primum praebent vocantque ipsum, ut est sui moris, praecessorem, so bezieht sich das unstreitig auf den Passus in dem Bündniss, wo es von den Grafen von Cilly heisst: qui inter ceteros principes et magnates ipsius videlicet domini nostri regis Ladislai consanguineos non minus ex fidelitatis constantia quam ipsius consanguincitatis fervore flagrantiori desiderio praesertim pro eliberatione personae dicti dom. nostri regis Ladislai et dominiorum suorum tranquillo statu huius dictae et negotii cordialissimi directores forent et existunt, und auf die Worte in der Bestätigung des Sondervertrages der Oesterreicher mit den Grafen von Cilly, den Enea nicht erwähnt, vom 19. März 1452,⁵) wo von den Grafen gesagt wird, dass sie in der Angelegenheit die fleissigsten schikher sind gewesen. Die Mährer traten dem Bündnisse vom 5. März 1452 nicht bei, wie wir nach Enea annehmen müssten. Ihr Beitritt muss aber bald darauf erfolgt sein, denn in der Instruction

---

¹) Ricordi storici a. a. O. fol. L. XXVIII.
²) Naldi erzählt, wie Enea diesem Aretinus geantwortet und eine Bitte des Kaisers vorgetragen habe, worauf Aretinus ohne Vorbereitung zu antworten nicht im Stande war, so dass die Antwort an seiner Stelle Manetti übernehmen musste.
³) Pray III. p. 89 ff. und Chmel: Mater. I Nr. 188.
⁴) Pez: Scr. II. p. 870.
⁵) Kurz a. a. O. Beilage Nr. XIII. Der Sondervertrag ibidem Nr. XII.

für die Abgesandten der österreichischen Verbündeten an Herzog Sigmund ¹) aus dem März 1452 wird derselben bereits Erwähnung getan. ²) Wie Enea berichtet, lassen die Verbündeten ihre vereinigten Fahnen auf dem Stephansthurm befestigen, erlassen Briefe unter dem Namen der vier Länder und sammeln Truppen.

An Papst und Kaiser werden damals Gesandte aus Oesterreich und Ungarn abgesandt. Für die Gesandtschaft nach Rom sind uns die betreffenden Actenstücke erhalten. Aus einem derselben, dem Brief an Nicolaus V, ³) wird uns die Angabe unserer historia Friderici bestätigt, dass auch an den Kaiser Gesandte abgiengen, und aus dem Geleitsbrief der ungarischen Gesandten nach Rom, ⁴) die Angabe, dass sich unter den Gesandten der Bischof von Raab befand. Unsere historia Friderici weiss zu berichten, wie diese Gesandten bei allen Fürsten und Magistraten Italiens Klage gegen den Kaiser führen und ihn dann in Florenz erwarten; wie der Kaiser von ihrer Tätigkeit genau durch die italischen Staaten unterrichtet wird und ihnen die Audienz verweigert unter dem Vorwande, er müsse nach Ferrara abreisen, aus dem wahren Grunde aber, weil er die Florentiner als Günstlinge der ladislavischen Partei fürchtete. Wir können diese Angaben unseres Autors nicht controlliren; sie leiden aber an keinen inneren Unwahrscheinlichkeiten. Nachdem die Audienz verweigert war, sollen die Gesandten dem Kaiser einen Brief übersendet haben, dessen Wortlaut uns Enea überliefert. Wir müssen bezweifeln, dass derselbe in einem solchen Tone gehalten war; Enea hat immer die Tendenz, die österreichischen Verbündeten in ihren Briefen und Actenstücken so unverschämt als möglich reden zu lassen. Leider ist uns der Brief an den Kaiser nicht

---

¹) Chmel: Mater. I Nr. 191.
²) Wie Chmel: habsb. Excurse VI 1. Abt. Sitzungsberichte der Wiener Akademie philos.-histor. Cl. Bd. 18. p. 78 Anm. 1 erwähnt, ist der mährisch-österreichische Bundbrief noch unbekannt; dagegen soll im Iglauer Stadtarchiv ein Bundbrief der Städte Olmütz, Brünn, Znaim, Iglau und Hradisch zu Gunsten des Königs Ladislaus existiren.
³) Chmel: Mater. I Nr. 189.
⁴) Chmel: Mater. I Nr. 190.

erhalten, doch aus dem Briefe an den Papst können wir schliessen, dass der an Friedrich ähnlich gelautet haben wird, also sehr energisch aber nicht frech.¹) Der Kaiser erteilt darauf gar keine Antwort.

Sehr ausführlich berichtet nun Enea, wie der Erzieher des jungen Ladislaus, Magister Caspar (Wendel), der schon früher mit dem Bischof Paulus von Erlau eine Befreiung des Ungarnkönigs geplant hatte, jetzt wieder im Verein mit den ungarischen Gesandten an einem Fluchtversuch arbeitet, wie sie den König leicht dazu gewinnen und die Hilfe des Magistrates von Florenz sich zu verschaffen suchen. Die letztere wird ihnen aber verweigert und daran scheitert das ganze Unternehmen. Ausser der kurzen Notiz bei Platina,²) welche uns ebenfalls über den vergeblichen Versuch, den Magistrat von Florenz für die Flucht des Ladislaus zu gewinnen, berichtet, haben wir sonst keine Nachricht über diesen Vorfall und sind auf Enea allein angewiesen. Dieser berichtet uns weiter, wie auf Bitten der Gesandten der König Ladislaus von Bologna wenigstens einen Brief an Nicolaus V absendet und teilt uns den Wortlaut desselben mit. Gewiss hat derselbe anders gelautet; solche Worte, wie sie Enea angibt, hat Ladislaus sicherlich nicht dem Papste gegenüber gebraucht, das passt gar nicht zu dem Benehmen, das er in Rom gegenüber dem Oberhaupte der Kirche beobachtete.³) Endlich erzählt unsere historia Friderici, wie Magister Caspar auf dem Weg zwischen Ferrara und Venedig von Gewissensbissen gedrängt sich die Erlaubniss erwirkt, eine andere Route als der kaiserliche Zug einschlagen zu dürfen, wie er dann eiligst flieht, auf dem Wege aber aufgegriffen, nach Venedig gebracht und dem Bischof von

---

¹) Schon Chmel (habsb. Excurse IV a. a. O. p. 287) macht darauf aufmerksam, dass das Schreiben wahrscheinlich nicht so lakonisch und grob gewesen sein wird.

²) Vita Nerii Capponii bei Muratori: Scr. XX p. 512.

³) Man vergl hierüber nur die Rede des Königs vor dem Papste bei Pray III. p. 100 ff. und das Schreiben aus Rom über Ladislaus bei Chmel: Mater. II. Nr. 5. Auch Chmel (habsb. Excurse IV p. 288 Anm. 1) bezweifelt den Wortlaut des Briefes an Nicolaus V.

Siena zur Verurteilung übergeben wird, der ihm Kerkerstrafe auferlegt. Auch hierüber ist unser Autor einzige Quelle. [1])

Den Florentinern soll der Kaiser, wie uns Enea erzählt, seine Besprechungen mit König Alphons auseinandergesetzt und sie gebeten haben, gleich diesem Gesandte zu einem Friedenscongress nach Ferrara senden zu wollen. Die Florentiner danken dem Kaiser und versprechen, obwol sie die Friedensliebe des Königs von Neapel-Sicilien stark bezweifeln, Gesandte zu senden. Wir sind über diese Vorgänge leider nicht weiter unterrichtet; wie oben bereits bemerkt, liegt über den Friedensbesprechungen von Neapel ein tiefes Dunkel und so können wir nicht entscheiden, ob Enea hier das Richtige angibt oder nicht. Die Antwort der Florentiner soll durch Carolus Aretinus erfolgt sein und zwar aus dem Stegreif, welcher Notiz unser Autor ein grosses Lob über diesen Mann und über die Staatskanzler von Florenz überhaupt beifügt. Naldi [2]) will bei einer anderen Gelegenheit wissen, dass Carolus Aretinus nicht im Stande war aus dem Stegreif zu antworten; es ist aber leicht möglich, dass der Biograph des Manetti, der ein Feind des Carolus Aretinus war, hier parteiisch berichtet.

In Florenz erschien endlich auch noch Niccolo d' Arzimboldi, der Gesandte des Herzogs Fr. Sforza, beim Kaiser und verlangt, nachdem er lange hingehalten worden war, endlich Antwort, ob der Kaiser seinen Herrn als Vasall oder Feind ansehen wolle. Der Kaiser antwortet ausweichend, er wolle sich erst mit den Kurfürsten darüber beraten. Als der Gesandte immer mehr in ihn dringt, antwortet der Kaiser, er überlasse weitere Verhandlungen seinen Räten Enea und Ulrich Riederer. Am folgenden Tage verlässt Friedrich III. eiligst mit König Ladislaus und Herzog Albrecht Florenz. — An demselben Tage erklären die Räte, der Kaiser sei bereit dem Sforza den Herzogstitel zu geben, wenn er jährlich 50.000 Ducaten zahlen oder eine Stadt dem Reiche ab-

---

[1]) Ueber denselben Vorfall handelt der Brief des Enea an Cardinal Domenico da Capranica dat. Neustadt 12 November 1453 in der edit. Basil. Nr. 409.
[2]) Vita Manetti bei Muratori: Scr. XX. p. 577.

treten wolle. Arzimboldi war zu letzterem bereit, aber sein Fürst verwarf diese Forderungen. Der Bericht des Enea, den wir durch keine anderen Quellen controlliren können, ist durchaus glaublich. Einmal ist es sehr natürlich, dass der Kaiser, was seine eigene Person betrifft, allen Verhandlungen mit Sforza ausweicht, wo er ja vor Kurzem mit Alphons den bekannten Pact geschlossen hat, dann ist es aber gerade daraus, dass er auf die Hilfe des mächtigen Königs in dieser Sache vertraut, erklärlich, dass er durch seine Räte ziemlich grosse Forderungen an den Usurpator von Mailand stellt.

In Bologna blieb der Kaiser nach der Angabe unseres Werkes nur eine einzige Nacht. Die Annales Bononienses [1] erwähnen einen Aufenthalt von einigen Tagen und die Erhebung einiger Bolognesen zu Rittern.

An der Grenze des ferrarischen Gebietes wird Friedrich III von Markgraf Borso von Este und einem grossen Gefolge feierlich empfangen und nach Ferrara geleitet. Dort wird zunächst mit den Gesandten der italischen Staaten, die alle bis auf jene des Königs Alphons erschienen waren, über den Frieden Italiens beraten. Auch Borso zeigt sich sehr eifrig in dieser Angelegenheit. An dem Ausbleiben der arragonesischen Gesandten scheitern aber alle Unterhandlungen. [2] Der Kaiser muss sich damit begnügen, den Gesandten aufzutragen, sie sollen ihren Herren raten, den Frieden zu halten, bis er nach Venedig gekommen sei; dort wolle er wieder in der Sache beim Senat tätig sein. [3] Auch Johannes Ferrariensis [4] und das Diario Ferrarese [5] berichten über diese Verhandlungen, nur nicht so eingehend wie Enea.

---

[1] Muratori: Scr. XXIII p. 885.

[2] Nicht unbemerkt wollen wir die Notiz des Enea lassen: Ex qua (nämlich aus dem Abschluss eines Friedens) titulus procul dubio redundasset honestior quam ex corona recepta. Darin liegt zugleich das Urteil unseres Autors über den ganzen Römerzug ausgesprochen.

[3] Wie wenig Aussicht auf Erfolg die ganze Angelegenheit hatte, deuten die Worte des Enea an: Sed jam Venetorum copiae in agrum Mantuanum prolapsae rapinas egerant.

[4] Muratori: Scr. XX p. 464.

[5] Muratori: Scr. XXIV p. 199.

Eine zweite Angelegenheit, die den Kaiser in Ferrara beschäftigte, war die Erhebung des Markgrafen Borso zum Herzog von Modena und Reggio und zum Grafen von Rodigo, der einzige Act kaiserlicher Machtvollkommenheit von Bedeutung, den Friedrich auf seinem Römerzuge in Ausführung brachte. Die Vorverhandlungen mögen sehr langwierig gewesen sein, ob aber der Umstand, dass Borso illegitim war, den Kaiser so lange schwanken liess oder vielmehr der Geldpunct daran Schuld war, mag dahingestellt bleiben, ebenso ob die von unserem Autor erwähnten Gründe den Ausschlag gaben oder der Umstand, dass man über die jährliche Zahlung von 4000 Ducaten einig wurde. Uns ist wenigstens aus einer früher geführten Correspondenz zwischen dem Canzler Schlick und Markgraf Lionello bekannt, dass damals in derselben Angelegenheit der jährliche Zins die Hauptrolle spielte [1] und wissen, dass jetzt die Zahlung eines solchen wirklich zu Stande kam. Die Bestimmungen dieser Erhebung Borsos zum Herzog gibt Enea richtig an, wie ein Vergleich mit dem uns erhaltenen Diplom zeigt. [2] Das Wenige, was unser Autor über die mit der Erhebung verbundene Feierlichkeit sagt, wird uns durch andere Berichte bestätigt. [3] In italienischer Sprache hielt Enea auf Befehl des Kaisers, wie er berichtet, bei dieser Gelegenheit eine Lobrede auf das Haus Este. [4] Auch in unserem Werke verweilt er noch einige Zeit bei diesem Fürstengeschlechte, vorzüglich bei Niccolo, dem Vater des Borso, und erzählt Erfreuliches und Unerfreuliches aus seinem Leben. Zum Schluss dieses

---

[1] Vergl. Voigt: Pius II Bd. II p. 59 Anm. 2.

[2] Lucnig: Cod. Ital. dipl. Tom. I p. 1639 ff. dat. Ferrara 18. Mai 1452. Die Uebereinkunft über die jährliche Zahlung von 4000 Ducaten an den Kaiser ist uns sowol aus diesem Diplom bekannt, als auch aus einem Revers, den der neue Herzog am 8 Juni 1452 in Ferrara dem Kaiser ausstellt, bei Chmel: Reg. Nr. 2890.

[3] Wir besitzen ein sehr interessantes officielles Protokoll über die Feierlichkeit, das von dem kaiserl. Notar Heinrich Beyerstorff am 18. Mai 1452 zu Ferrara ausgestellt ist, bei Muratori: Antichità Estensi ed Italiane Pars II p. 210. 211. Ferner geben uns ausführliche Beschreibungen Joh. Ferrariensis und das Diaro Ferrarese a. a. O.

[4] Diese Rede ist, so viel mir bekannt, nirgends gedruckt.

Excurses wirft Enea einen Blick auf die damals regierenden Geschlechter Italiens und hebt als merkwürdige Tatsache hervor, dass fast überall illegitime Fürstensöhne die Zügel der Herrschaft führen. Seine Schilderung dieser Zustände ist keineswegs übertrieben.[1])

Den Po hinab fährt der Kaiser nach Venedig und wird dort glänzend von dem Dogen, der ihm auf dem Bucentaur entgegenfährt, empfangen. Acht Tage darauf kommt die Kaiserin an und erlebt einen ähnlichen Empfang. Die ausführlichen Schilderungen dieser Feierlichkeiten in der historia Friderici [2]) werden durch Sanudo [3]) bestätigt. Noch einmal bringt Friedrich den Frieden Italiens in Venedig zur Sprache. Der Doge erklärt aber unter den jetzigen Verhältnissen — die Venetianer hatten den Krieg mit Sforza unter günstigen Auspicien wieder begonnen — sei ein Friede mit der Ehre des venetianischen Staates unvereinbar. Auch eine eindringliche Mahnung des Enea hat keinen Erfolg; der Doge verharrt auf seiner Meinung. Wir sind hier abermals genötigt, unserem Autor als einzigem Gewährsmann zu vertrauen. Mit einer freudigen Genugtuung meldet er, wie später nach dem Fall von Constantinopel die venetianische Republik den soeben verachteten Frieden mit allen Mitteln erstrebt hat.

Ueber die glänzende Bewirtung des kaiserlichen Paares in Venedig und über den feierlichen Abschied, den Doge und Senat vom Kaiser nehmen, berichtet uns dasselbe Sanudo a. a. O.; nur für die überschwenglichen Worte des Dogen muss Enea die Verantwortlichkeit auf sich nehmen.

In Rom waren inzwischen die österreichisch-ungarischen Gesandten angelangt und trugen dem Papste ihre Sache vor. Was sie Enea über die Zurückhaltung des jungen Ladislaus durch Friedrich, über ihren Beschluss, falls Ladislaus nicht herausge-

---

[1]) Man vergl. J. Burckhardt: die Cultur der Renaissance in Italien. 2. Aufl. Leipzig 1869 p. 15 und die Schilderungen der einzelnen italienischen Fürstenhäuser.
[2]) Keine Erwähnung findet bei Enea die Festrede, welche Thadeus Quirinus hielt; sie ist gedruckt bei Freher: Scr. II p. 42 ff.
[3]) vitae ducum Venetorum bei Muratori: Scr. XXII p. 1143 ff.

geben würde, Krieg zu führen, sagen lässt, und was er über ihre Bitte, der Papst möge sich in's Mittel legen, hinzufügt, scheint uns ein Auszug aus dem Briefe an Nicolaus V[1]) zu sein, der gerade diese Puncte auch erwähnt. Dagegen wissen wir, dass in der Audienz selbst die ganze Angelegenheit noch viel ausführlicher auseinandergesetzt worden ist, wie uns sowol die Instructionen an die Gesandten,[2]) als auch besonders die Rede des Bischofs von Raab[3]) lehren. Diese letztere lässt uns auch bezweifeln, dass die Gesandten die Bannbulle gegen die Oesterreicher in dieser Audienz berührt haben; vielmehr wird uns durch einen Brief der Gesandten an die Cardinäle[4]) wahrscheinlich, dass sie von derselben erst später Kenntniss erhielten und ihre Klagen hierüber nie direct vor den Papst, sondern nur vor das Cardinalcollegium gebracht haben. Darnach werden wir auch die Antwort des Papstes, die uns Enea mitteilt, zu rectificiren haben; der erste Teil, worin er die Aufständischen ermahnt, dem Kaiser gehorsam zu bleiben, mag richtig sein, doch über die Bannbulle hat sich Nicolaus V wol nicht geäussert, da ja nahezu mit Sicherheit anzunehmen ist, dass sie in dieser Audienz gar nicht zur Sprache gekommen ist. Das freche Auftreten eines der Gesandten endlich, der dem Papste in's Gesicht sagt, die ganze Sache gehöre gar nicht vor seinen geistlichen Richterstuhl, er möge lieber die Bannbulle widerrufen, und die darauf folgende energische Zurechtweisung des Papstes werden wir wol als eine Zutat unseres Autors ansehen müssen. Denn einmal blieb ja, wie wir gesehen haben, die Bannbulle ausserhalb der Discussion, und dann ist es sehr unwahrscheinlich, dass man sich in dieser Weise im öffentlichen Consistorium herumgestritten haben sollte. Die ganze Erzählung erinnert nur zu lebhaft an die bekannte Tendenz, mit der Enea die österreichische Bewegung zu behandeln pflegt. — Sehr bestürzt über das Misslingen ihrer Mission sollen die Gesandten zur See nach Porto Venere und von da durch die

---

[1]) Chmel: Mater. I Nr. 189.
[2]) Chmel: Mater. I Nr. 189, 190.
[3]) Pray: III p. 103 ff.
[4]) Pray: III p. 108.

Lombardei und Tirol nach der Heimat zurückgekehrt sein, von der den Oesterreichern feindseligen Stimmung des Papstes und vor Allem des Cardinals St. Angeli, sowie von der Bannbulle berichtet und zum Widerstand geraten haben. In diesen Angaben können wir unserem Autor eher trauen.

Wie Enea im Folgenden berichtet, bemühen sich die Aufständischen, auch ausserhalb Oesterreichs Bundesgenossen zu werben und sollen sie ihr Augenmerk besonders auf Ludwig den Reichen von Bayern und Albrecht Achill von Brandenburg gerichtet haben. Ueber das Verhältniss des Brandenburgers zu den Gegnern Friedrichs in Oesterreich ist uns nichts Bestimmtes bekannt[1]) und was Ludwig betrifft, so wissen wir von einem directen Bündniss zwischen ihm und den Aufständischen, von dem Enea spricht, ebenfalls nichts. Doch ist es sicher, dass er als naher Verwandter des Ladislaus zu dessen Partei hingeneigt hat,[2]) wenigstens wird uns bestätigt,[3]) dass er die Oesterreicher mit Geld unterstützt hat, während wir die Angabe unseres Autors, ein Teil von Oesterreich sei ihm verpfändet worden, nicht controlliren können. Ueber die Mission des Grafen Johann von Schaumberg nach Bayern ist uns nichts bekannt. Dass dieser Graf sich der Partei des Aufruhrs angeschlossen hat, geht aus zwei Schreiben vom 11. und 15. Januar 1452[4]) hervor. Der Umstand, dass er in dem oben

---

[1]) So unwahrscheinlich ist es nicht, dass Albrecht den Aufständischen günstig gesinnt war. Denn wir wissen, dass die Häupter derselben, Ulrich Eizinger und der Graf von Cilly mit ihrem Anhang, in dem kurz vorher geführten Kampf zwischen Albrecht und Nürnberg auf Seite des Ersteren standen (Chroniken der deutschen Städte, Nürnberg Bd. 2 p. 475 ff.) und dass Albrecht später in der österreichischen Angelegenheit als Vermittler auftritt.

[2]) Kluckhohn: Ludwig der Reiche, Nördlingen 1865, nimmt das p. 73 auch an, ohne auf die Sache näher einzugehen.

[3]) Aus einem Revers des Königs Ladislaus vom 13. Oct. 1452 bei Chmel: Mater. II Nr. 29 geht hervor, dass Ludwig der Reiche zuerst 10.000 ungrische Gulden in Gold und dann wieder 10,000 ungrische Gulden in Münze den Oesterreichern geliehen hat, wofür Graf Ulrich von Cilly, Graf Johann von Schaumberg, Wolfgang von Wallsee, Ulrich Eizinger und Niclas Drugsetz die Bürgschaft übernahmen.

[4]) Birk: Regesten bei Lichnowsky Teil VI Nr. 1613 und 1617.

angeführten Revers des Königs Ladislaus als Bürge für das von Herzog Ludwig geliehene Geld erscheint, macht es möglich, dass er vielleicht gerade in dieser Geldangelegenheit im Namen der Oesterreicher mit Ludwig dem Reichen unterhandelt hat. Enea fügt diesen Angaben zwei Vorfälle aus dem Leben des Grafen von Schaumberg bei, die seine Persönlichkeit in keinem sehr vorteilhaften Lichte zeigen; ob sie wahr sind, mag dahingestellt bleiben.

In der Zwischenzeit hatte Friedrich seine Erblande wieder erreicht; auf demselben Wege, den er auf der Hinreise nach Italien eingeschlagen hatte, kehrte er jetzt über das Gebirge nach Kärnten zurück. Ein furchtbares Unwetter empfing ihn, wie Enea mitteilt, an der Grenze und galt Vielen als schlechte Vorbedeutung. Unser Autor fügt diesem Schluss seines Berichtes über die Romfahrt kein Urteil über dieselbe bei; doch wissen wir aus der oben mitgeteilten Notiz, was er von derselben hielt und, wie Voigt [1]) mit Recht hervorhebt, werden wir in den Worten, die er später den Grafen von Cilly über den Römerzug Friedrichs sagen lässt,[2]) zum guten Teil seine Meinung vermuten dürfen. Wir werden derselben nur vollkommen beistimmen können. Nicht als Kaiser und Herr, sondern als geduldeter Gast zog Friedrich unter den Geleitsbriefen der Fürsten und Städte durch die italische Halbinsel; äussere Pracht wurde zwar genug zur Schau gestellt, der Empfang war auch fast überall ein ehrenvoller, doch diess vermochte nur schlecht den Verdacht zu verhüllen, den mehr als einer der italischen Staaten gegen den Kaiser hegte. Seine Macht endlich trat nirgends zu Tage; abgesehen von der Erhebung des Markgrafen von Este zum Herzog musste Friedrich sich begnügen mit der harmlosen Verteilung von Pfalzgrafenpatenten, Ritter- und Doctorentiteln seines kaiserlichen Amtes zu warten. Mischte er sich in die Politik, wollte er den Frieden zwischen den italischen Staaten wiederherstellen, so achtete fast Niemand auf seine Worte. Ohne Ruhm, ohne Vermehrung der Macht kehrte der neugekrönte Kaiser in seine Erblande zurück.

Und hier auf heimatlichem Boden erhielt Friedrich wenig

---

[1]) Pius II Bd. II. p. 61.
[2]) Kollar p. 319.

erfreuliche Nachrichten über die österreichischen Zustände. In Villach kam ihm Johann Neiperg, einer der Landesverweser, die er in Oesterreich zurückgelassen hatte, entgegen und berichtete über die Lage der Dinge. Nach Enea war er ein scharfsinniger und freimütiger Mann, gewohnt dem Kaiser offen die Wahrheit zu sagen. ¹) Auch diesmal verhehlte er seinem Herrn nichts, schildert die Zustände Oesterreichs als höchst gefahrvoll, nur durch das Schwert könne eine Aenderung herbeigeführt werden. Er berichtet dem Kaiser über den Bund der Oesterreicher mit den Ungarn und Mährern, endlich wie Ulrich von Cilly und Eizinger zum Kriege rüsten und im ganzen Lande Geld eintreiben. Man müsse vor Allem diess zu verhindern suchen. Ausserdem fügt er hinzu, es gäbe in Oesterreich Viele, die mit den Neuerungen unzufrieden sind, viele Barone seien dem Kaiser treu, andere seien schwankend und diese könne man durch energisches Auftreten leicht gewinnen. Diese in unserem Werke erzählte Sendung des Johann Neiperg, sowie ihr Zweck werden uns bestätigt durch ein Schreiben der in Graz weilenden kaiserlichen Räte an Ulrich von Stubenberg und die Eberstorffer. ²) Für die finanziellen Massregeln der Aufständischen, die Neiperg besonders hervorhebt, finden wir zahlreiche urkundliche Belege. ³) Ob der Kaiser wirklich noch so viele Anhänger in Oesterreich besessen hat, wie Enea den

---

¹) Enea sagt von ihm (Kollar p. 343, 344): inter cousiliarios ejus (sc. Caesaris) et senior et auctoritate potentior; vir acris ingenii et quo nemo liberius suo principi verum dicere assuevit, domi nobilis et consanguineorum stipatus catervis. quem Caesar in Austria ex rectoribus unum dimiserat.

²) Chmel: Mater. II Nr. 14 dat. Graz 2. Juni 1452. In diesem Schreiben heisst es: auch lassen wir ew wissen, dass wir herrn Hannsn von Neiperg vnd ainen aus vns zu vnserm allerguedigistn herrn dem Römischen Kaiser von hin schickhen welln, die sein gnad aller leuff wie sich die hin vnd dauor haltn vnderweisen sulln.

³) Chmel: Reg. Nr. 2756, 2757, 2758, 2767. 2768, 2776, 2773 und Birk: Reg. (bei Lichnowsky Teil VI) Nr. 1623, 1637, 1666. Erwähnt werden ferner diese Massregeln der Aufständischen in dem Schreiben Eizingers an die Oesterreicher vom 29. Juni 1452 bei Chmel: Mater. II. Nr. 17. Darnach wurde man in Wien einig „ains gemainen anschlags, als weit das land ist je vier schilling auf ein haus zu schlagen."

Neiperg sagen lässt, mag dahingestellt bleiben. Jedenfalls war aber bei energischem Eingreifen die Sache Friedrichs noch nicht verloren, denn die Rüstungen seiner Gegner waren keineswegs vollendet. Aber gerade an Energie liess es der Kaiser sehr fehlen und erst spät wurden, wie Enea berichtet, die Briefe abgesandt, in denen auf Auftrag Neipergs den Oesterreichern verboten wurde, die Kriegssteuer den Aufständischen zu zahlen. Uns sind diese Briefe selbst nicht mehr erhalten, doch erfahren wir über einige derselben in einem Schreiben der Wiener an Kaiser Friedrich und einem Ulrich Eizingers und der Landesverweser an die Oesterreicher.¹)

In Bruck wird sodann unter Zuziehung der Steirer²) eine Beratung abgehalten, ob der Kaiser sich unter den obwaltenden Verhältnissen nach Wiener-Neustadt oder lieber nach Graz begeben solle. Enea spricht sich für die Rückkehr nach Neustadt und für eine energische Kriegführung aus; die meisten anderen Räte halten es für unsicher, Oesterreich jetzt zu betreten, sie wollen den Kaiser bewegen, erst in Steiermark ein Heer zu sammeln. Nur Prokop von Rabstein und Hartung von Cappel stimmen dem Bischof von Siena bei; Herzog Albrecht gibt gar keine Meinung ab. Kaiser Friedrich entschliesst sich endlich für die Rückkehr nach Wiener-Neustadt und überlässt es den Steiermärkern auf einem Landtag für den Schutz ihres Landes gegen die Ungarn und die Grafen von Cilly zu sorgen. Eneas Bericht ist uns für

---

¹ Chmel: Mater. II. Nr. 16 und 17. Beide Briefe dat. Wien 29. Juni 1452. Das Schreiben der Wiener zeigt uns, dass die Angabe des Enea, wonach Friedrich den Oesterreichern droht, wenn sie 1 Pfennig zahlen, wolle er 3 von ihnen eintreiben, ganz richtig ist, indem es in demselben heisst: wann wo wir ain pfenning darin geben wurden, wolt e. gn. alweg dreymal souil von vns nemen. — Das Schreiben Eizingers hat den Zweck, die Oesterreicher zur Zahlung der Kriegssteuer trotz der Verbote Friedrichs anzuhalten.

²) Wie schon Chmel: habsb. Excurse VI. 1. Abt. Sitzungsberichte der Wiener Akademie, philos.-histor. Cl. Bd. 18 p. 96 mit Recht bemerkt, haben wir unter den Steirern wol die in Graz sich aufhaltenden kaiserlichen Räte zu verstehen. Von ihnen stammt das Schreiben bei Chmel: Mater. II Nr. 14.

diese wichtige Beratung einzige Quelle. Wenn wir ihm auch glauben, was er über seine Ratschläge, über die der anderen kaiserlichen Räte und endlich über die durch Friedrich herbeigeführte Entscheidung uns überliefert, so werden wir doch bezweifeln müssen, dass der Kaiser mit so energischen und kraftvollen Worten für seine Meinung eingetreten ist. Wenigstens entsprechen ihnen seine zögernden Massregeln nur wenig.

Herzog Albrecht begibt sich, nach Enea, von Bruck nach Schwaben, um sein Beilager mit Mechthilde, der Schwester des Pfalzgrafen Friedrich, zu halten und falls es nötig sein sollte, seinem Bruder von dort Hilfstruppen zuzuführen.

Auf der Weiterreise nach Oesterreich [1] soll Kaiser Friedrich mit dem Bischof von Siena über die Kriegsvorbereitungen gesprochen haben. Dabei kam das Gespräch auch auf eine etwaige Hilfe der hussitischen Böhmen und Enea warnt seinen Herrn, dieselbe zu gebrauchen. Friedrich will auch nur im äussersten Notfall ihre Hilfe anrufen, er beweist dabei dem Enea durch Beispiele aus der Geschichte, dass Aehnliches bereits vorgekommen sei und versichert ihn ausserdem, der Papst habe es ihm geradezu erlaubt. Dagegen weiss natürlich der Bischof nichts einzuwenden. Dass Friedrich die Erlaubniss von Nicolaus V erhalten hat, ist uns actenmässig verbürgt;[2] die historischen Gründe aber, die der Kaiser geltend macht, gehören natürlich der Feder unseres Autors an.

Zum Trost seiner Anhänger kommt hierauf Friedrich nach Wiener-Neustadt und wird dort freudig von Georg von Puchaim, Rüdiger von Starhemberg, Sigmund von Eberstorff und von anderen Baronen empfangen. Dass die Freunde der kaiserlichen Sache sich von der Rückkehr Friedrichs viel versprachen, geht aus dem oben citirten Schreiben der kaiserl. Räte hervor.[3] Einen freu-

---

[1] Im Text ist zwischen adducturus und Inter eundum einzuschalten: Imperator in Austriam iter deflexit.
[2] Chmel: Reg. Nr. 2804.
[3] Chmel: Mater. II. Nr. 14. Es heisst in dem Schreiben: wir versteen auch nicht anders dan das derselb vnser gnedigistr herr allen den sein tröstlich kömen wirt, als ir des in kurczs inn werdt.

digen Empfang wenigstens der Kaiserin und des Königs Ladislaus in Wiener-Neustadt erwähnt auch Nicolaus Lanckmann.[1]) Mit den genannten Adeligen wird nun in Neustadt ein Kriegsrat abgehalten. Von Sigmund Eberstorff wissen wir speciell, dass er sich dort als kaiserlicher Rat aufhielt[2]) und dass Starhemberg, der Anfang Juni in den Donaugegenden war,[3]) sowie andere Adelige sich jetzt in Neustadt zu Beratungen eingefunden haben werden, ist sehr wahrscheinlich.

Die historia Friderici berichtet weiter, dass den Oesterreichern nach der Rückkehr des Kaisers der Mut gesunken sei und sie das Vertrauen zu ihrer Sache verloren hätten. Eizinger muntert sie auf und als einige darauf hinwiesen, der Kaiser sei jetzt ruhmvoll aus Italien heimgekehrt, Eizinger habe zu viel gewagt, sein Rat sei verderblich gewesen, soll er ihnen mit ziemlich derben Worten geantwortet und sogar mit seinem Rücktritt gedroht haben. Daraufhin hält es wieder Graf Ulrich von Cilly für nötig, den Unmut Eizingers zu beschwichtigen und ihm darzutun, wie wenig die Furcht derjenigen bedeute, welche glauben, Friedrich jetzt mehr fürchten zu müssen, weil er als gekrönter Kaiser zurückgekommen sei. Dass die Stimmung eines Teiles der Oesterreicher jedenfalls eine schwankende war, zeigt ein Schreiben,[4]) in welchem solche Unschlüssige auf das Schärfste ermahnt werden. Ob es mit der von Enea mitgeteilten Drohung Eizingers und der Mahnung des Grafen von Cilly seine Richtigkeit hat, können wir nicht controlliren, doch haben wir schon oben darauf hingewiesen

---

[1]) p. 603 Nach ihm erfolgte die Ankunft der Kaiserin am 19. Juni. Die Ankunft Friedrichs, die vor der seiner Gemalin erfolgte, setzt Ebendorffer (p. 870) auf einen Tag infra Octavas corporis Christi an. Palacky (Gesch v. Böhmen IV. 1. p. 304 Anm. 254) will sie nach einer gleichzeitigen von ihm benutzten Chronik auf den 20. Juni ansetzen Urkundlich finden wir den Kaiser zuerst am 27. Juni in Wiener-Neustadt. Vergl. Chmel: Sitzungsberichte Bd. 18. p. 99 Anm. 2, wo ein Brief des Kaisers an Passau dat. 27. Juni Wiener-Neustadt erwähnt wird.

[2]) Chmel: Mater. II. Nr. 14

[3]) Chmel: Mater. II. Nr. 14

[4]) Pray III p. 115.

dass wir wenigstens in den Aeusserungen, die der Graf bei dieser Gelegenheit über die Romfahrt des Kaisers fallen lässt, wahrscheinlich die Ansichten unseres Autors zu suchen haben werden Das Mahnschreiben der Ungarn, das Enea erwähnt, ist uns erhalten.[1]) Dass die Herren von Rosenberg Hilfe versprachen, geht schon aus dem Bündniss vom 5. März 1452 hervor.[2]) Hilfe aus Bayern und Franken (wir haben dabei an Ludwig den Reichen und Albrecht von Brandenburg zu denken) konnte Eizinger vielleicht versprechen, denn, wie wir gesehen haben, hat Ludwig den Oesterreichern wirklich Geld geliehen und dass Albrecht den Aufständischen geneigt gewesen, ist nicht unwahrscheinlich. Die verächtlichen Worte aber, die Enea dem Eizinger gegen den Kaiser in den Mund legt, möchten wir bezweifeln, denn die rührige Tätigkeit des Führers des österreichischen Aufstandes zeigt, dass er die Macht seines Gegners keineswegs zu niedrig angeschlagen hat.[3]) Ueber die Herbeischaffung der nötigen Geldmittel haben wir bereits gesprochen; die Einberufung von Truppen wird nicht weniger eifrig betrieben worden sein, wenn wir hiefür auch keine weiteren Zeugnisse haben.

Im Folgenden berichtet Enea über einige Vorfälle, für die uns ein Mittel der Controlle fehlt. Einem Boten des Kaisers, welcher nach Wien Briefe überbrachte und dort über die glänzende Lebensweise des Grafen von Cilly und des Eizinger seine spöttischen Bemerkungen machte, soll auf Befehl Eizingers die Zunge abgeschnitten worden sein. Vom Grafen von Cilly erzählt unser Autor, er habe dem Grafen von Maidburg geschrieben und um einen Geleitsbrief für seine Gesandten gebeten. Auf die Antwort des Kaisers, er wolle früher den Zweck dieser Gesandtschaft wissen, erwiderte der Graf, er habe die Absicht, den gekrönten Kaiser zu begrüssen und ihm Berchtoldsdorf zu übergeben: wolle

---

[1]) Chmel: Mater. II. Nr. 20 dat. Gran 6. August 1452. Dieses Schreiben stimmt zum Teil mit dem eben erwähnten der Oesterreicher (Pray III p. 115) überein; es ist uns nur in einer deutschen Uebersetzung überliefert

[2]) Chmel: Mater. I. Nr. 188.

[3]) Dieselbe Vermutung stellt auch Chmel: Sitzungsberichte Bd. 18 p. 102 Anm. 2 auf.

Friedrich seine Gesandten nicht hören, so solle er wenigstens jemand zur Uebernahme des genannten Ortes senden. Der Kaiser tut diess aus Misstrauen nicht und in Folge dessen übergibt der Graf den Ort den Wienern. Endlich soll der Kaiser Ulrich Eizinger und den Wienern geschrieben haben, sie möchten an einem bestimmten Tag vor ihm erscheinen und sich über Gewalttätigkeit, Treu- und Eidbruch verantworten; diese aber froh, dass der Kaiser sie nur mit Briefen nicht mit den Waffen behellige, sollen den Boten zum Spott mit seidenen Gewändern und Goldstücken belohnt haben. Eine Controlle ist uns bei diesen Angaben, wie gesagt, nicht geboten, doch werden wir die Nachricht über Berchtoldsdorf und am allerwenigsten die über die Forderung Friedrichs,[1] welche Enea selbst nicht umhin kann mit seinem Spott zu begleiten,[2] anzuzweifeln haben. Was unser Autor über die beiden Boten erzählt, könnte eher erfunden sein.

Um dieselbe Zeit wird die Bannbulle Nicolaus V gegen die aufständischen Oesterreicher[3] nach Wien, Salzburg, Passau und Olmütz gesandt um dort publicirt zu werden. Enea gibt die wesentlichste Bestimmung derselben richtig an, wenn er sagt, dass die Oesterreicher mit dem Bann bedroht werden, falls sie nicht binnen 40 Tagen die Regentschaft des Landes wieder an Kaiser Friedrich zurückgeben. Unser Autor berichtet ferner, wie wirkungslos sich die Drohungen Roms erwiesen haben. Der Erzbischof von Salzburg, der die Rolle eines Vermittlers in dem ganzen Streite spielen wollte, gestattete die Publication der Bulle nicht, die Domherren von Passau, welche bereits im Bunde mit den Oesterreichern waren, nahmen dem Boten das Schriftstück ab, statteten es aber nicht wieder zurück und sollen überdiess Papst und Kaiser mit Spott und Hohn überschüttet haben; ähnlich gieng es in Olmütz

---

[1] Vielleicht haben wir eine Andeutung dieses Schreibens in den Worten Ebendorffers zu suchen (p. 870): dum de restitutione praefati regis et castrorum facta esset mentio, admodum dura negativa usque audita est responsio.

[2] Er sagt (Kollar p. 350): Post haec Caesar, tanquam res principatuum legibus agantur, Ulricum Eizingerum civesque Viennenses litteris vocat etc.

[3] Pray III p. 165 ff. und Chmel: Mater. II. Nr. 4.

und die Oesterreicher endlich warfen den Ueberbringer der Bulle in den Kerker. Wir werden diesem Berichte in seinen Hauptsachen wol trauen dürfen. Vom Salzburger Erzbischof wissen wir, dass er später wirklich als Vermittler zwischen den Parteien aufgetreten ist, es ist daher durchaus glaublich, dass er die Veröffentlichung der Bannbulle verhinderte, um es nicht mit der einen Partei zu verderben. Die Haltung des Passauer Domcapitels ist leicht erklärlich, da dasselbe, wie Enea richtig bemerkt, mit den Aufständischen in Bündniss stand; dieses ist uns erhalten.[1]) Von Olmütz endlich wissen wir auch, dass es den Oesterreichern zuneigte.[2]) Nur was Enea über die übermütigen Reden der Passauer Domherren und über die Behandlung des Ueberbringers der Bulle in Wien berichtet, ist möglicherweise übertrieben. Den Inhalt der Appellation der Oesterreicher gibt Enea mit Uebergehung der in derselben enthaltenen ausführlichen Darlegung der Verhältnisse richtig an, wie uns ein Vergleich mit dem uns erhaltenen Document[3]) zeigt. Als Verfasser bezeichnet er die Theologen der Wiener Hochschule und berichtet, dass die Appellation in Wien an der St. Stephanskirche angeheftet und in Salzburg mit Erlaubniss des Erzbischofs publicirt wurde. Die päpstliche Bannbulle endlich soll in Wiener-Neustadt und in Gars veröffentlicht worden sein.

Inzwischen senden die Herzoge Albrecht III von Bayern-München und Ludwig der Reiche von Bayern-Landshut, sowie Markgraf Albrecht von Brandenburg Gesandte an Kaiser Friedrich. Dieselben sollen ihm, nach Enea, zunächst zu seiner Rückkehr aus Rom und zur Kaiserkrönung gratuliren, den in Oesterreich ausgebrochenen Streit bedauern, sich als Friedensvermittler anbieten und ihre Herren entschuldigen, dass sie nicht an der

---

[1]) Monumenta boica Bd. XXXI 2. p. 424 dat. 12. Juni 1452. Die Oesterreicher verpflichten sich hier den gegen den Willen Friedrichs zum Bischof gewählten Ulrich von Nussdorf zu unterstützen, während sich der Erwählte und das Capitel zu Gunsten des Königs Ladislaus mit den Aufständischen verbinden.
[2]) Chmel: Sitzungsberichte Bd. 18 p. 78 Anm. 1.
[3]) Pray III p. 112 ff.

Romfahrt Teil genommen haben; zum Schluss sollen sie noch den Kaiser bitten, er möge den Einflüsterungen derer, welche ein Einverständniss zwischen den Fürsten und den Aufständischen behaupten, kein Gehör schenken. Die Instruction des Herzogs Albrecht III an seine Räte besitzen wir.[1]) Durch sie wird uns die Angabe unseres Autors über die Gratulation zur Kaiserkrönung bestätigt und ebenso, dass die Gesandten das Bedauern ihrer Herren über den österreichischen Aufstand aussprechen sollten. Nur ist der Ausdruck: contentionem vero, quae inter Caesarem et Australes emersit, indignam esse molestamque sibi etwas zu scharf, wo es in der Instruction nur heisst: wie uns sollich unainikait so dann zwischen seiner kayserlichen gnaden und der vorgenannten lanntlewt zu Osterreich und den anndern die dartzu gewant erstannden — nicht lieb sonder getrewlichen layd sein. Ausserdem enthält die Instruction noch ausdrücklich den Befehl einer vollständig unparteiischen Haltung der Gesandten.[2]) Die Friedensvermittlung gibt Enea richtig als Hauptzweck der Gesandtschaft an. Dagegen ist von einer Entschuldigung wegen Nichtteilnahme an der Romfahrt und von der oben erwähnten Bitte der Fürsten in der uns vorliegenden Instruction keine Rede; vielleicht wurde diess von Ludwig dem Reichen und Albrecht von Brandenburg vorgebracht, über deren Gesandtschaft wir nicht in ähnlicher Weise, wie über die Albrechts III, unterrichtet sind. Die Antwort des Kaisers, in welcher er die Fürsten vor Allem versichert,

---

[1]) Chmel teilt sie in den Sitzungsberichten Bd 18 p. 107 Anm. 1 aus dem Münchner Reichsarchiv mit. Diese Instruction enthält zwar nur die Aufträge Albrechts III, doch werden wir wol annehmen können, dass die beiden anderen Fürsten, da sie ihre Gesandten im Verein mit denen Albrechts III senden, dieselben in gleichem Sinne instruirt haben werden, und in Folge dessen dieses Actenstück zur Controlle unseres Autors benützen dürfen. Bemerken wollen wir, dass in der Instruction neben dem Vermittlungsversuch noch einige Privatangelegenheiten des Herzogs enthalten sind.

[2]) Es wäre möglich, dass die beiden anderen Fürsten ihre Gesandten in der von Enea mitgeteilten Art und Weise instruirt haben; bei der Stellung aber, die sie zu dem Aufstand genommen haben und im weiteren Verlauf nehmen, ist es nicht wahrscheinlich. Vielmehr könnten wir bei ihnen eher vermuten, dass ihre Unparteilichkeit nicht sehr aufrichtig gemeint war,

er habe trotz der Aesserungen Eizingers keinen Verdacht gegen sie, ferner ihnen den Verlauf des ganzen Streites darlegt und sie zum Beistand auffordert, endlich eine ehrenvolle Vermittlung nicht zurückweist, wird uns von Enea allein mitgeteilt. Die Angaben sind durchaus glaublich. Mit dieser Antwort sollen die Gesandten abgereist sein. Bemerkt sei, dass in der Instruction noch ausdrücklich die Rede davon ist, dass die Gesandten sich auch zu den Aufständischen zu begeben haben, um die Vermittlung zu Stande zu bringen, wovon Enea nichts berichtet. Wahrscheinlich reisten sie jetzt vom Kaiser nach Wien.

Hierauf berichtet Enea ausführlich über die Kriegsrüstungen Kaiser Friedrichs. 4000 Reiter und eine nicht geringe Anzahl Fussvolk wurden zusammengezogen, auch nach Böhmen sendet der Kaiser um Hilfe und Georg von Podĕbrad sagt sie zu, wenn seinen Truppen ein hinreichender Sold gezahlt werde. Früher als die Oesterreicher soll der Kaiser sein Heer beisammen gehabt haben. Statt nun aber, wie einige Räte [1]) befürworteten, sogleich unter gemeinsamer Führung die noch nicht vollständig gerüsteten Gegner anzugreifen und ein Lager auf dem Wiener Berge aufzuschlagen, trifft der Kaiser auf Rat von Johann Neiperg, Johann Ungnad und Walter Zebinger andere Dispositionen. 2000 Reiter sendet er unter dem Befehl von Rüdiger von Starhemberg und

---

[1]) Unter diesen Räten scheint auch Enea gewesen zu sein, denn dann können wir uns am Besten seinen Unwillen darüber erklären, dass ihre Ansicht der der anderen Räte weichen musste. Er gibt seiner Missstimmung in folgenden Worten Ausdruck: Quorum vocibus nihil momenti fuit. Tres tantum viri apud Caesarem auditi sunt, qui plus caeteris sapere putabantur, duo Johannes, alter Neipergius, alter Ungnadius, et Gualterus Zebinger; cum his enim Caesar in abditas cameras sese reducere solitus erat, resque cunctas eorum consilio gerere, sive quod eos prae caeteris prudentiores existimavit, sive quod fidem eorum solidiorem credidit. Quidam putaverunt adulationibus et malis artibus horum potentiam apud Caesarem ingentem fuisse. Nos exploratum habemus, omnes principes penes se habere aliquos, quorum conversatione jucundius ac prolixius utantur, et quibus imputari omnia solent, quae principibus accidere videntur adversa. Cum his autem Caesar de re bellica disponens (nam caeteros raro ad consilium ejus negotii admisit) duo millia equitum etc. Für die Parteiverhältnisse am Hof sind solche Angaben von hohem Interesse.

Georg von Puchaim jenseits die Donau, in Wiener-Neustadt und Umgebung behält er die übrige Reiterei zurück, und zwar blieben 800 Reiter und ferner ebenso viel Fussvolk in Neustadt, die übrigen wurden in den umliegenden Vesten verteilt. Den Oberbefehl über diese Truppen erhält, nachdem Johann Neiperg die ihm zugedachte Ehre abgelehnt hat, Georg Tschernahora, ein Hussite aus Mähren. Enea ist mit diesen Massregeln Friedrichs, die eine vollständige Zersplitterung der kaiserlichen Macht zur Folge hatten, nur wenig zufrieden und hält mit ziemlich heftigem Tadel nicht zurück.[1]) Die Nachrichten, die wir ausser der historia Friderici über diese Vorbereitungen zum Kriege besitzen, sind im höchsten Grade spärlich. Dass Georg von Poděbrad geneigt war, dem Kaiser beizustehen, wird uns bestätigt.[2]) Auch die Angaben, wonach unter den Befehlshabern in den Donaugegenden Rüdiger von Starhemberg und Georg von Puchaim erscheinen, sind, wie uns ein Schreiben Friedrichs III[3]) zeigt, richtig. Ueber die Rüstungen des Kaisers wissen wir aber sonst fast gar nichts[4]) und können daher nicht controlliren, ob die Angaben Eneas über seine Truppenmacht genau sind und seine Ansicht, dass ein rascher Angriff dem Kaiser zum Siege verholfen hätte, nicht allzu optimistisch ist. Die eingehenden Angaben über die militärischen Dispositionen des Kaisers, welche nach Eneas eigener Meinung die strategischen Eigenschaften Friedrichs in ein wenig günstiges

---

[1]) Nachdem Enea die Gegengründe gegen die Dispositionen des Kaisers vorgebracht hat, sagt er: neque probandus est, qui, cum possit hodie vincere, in crastinam pugnam transfert, maximeque illud improbabile fuit, quod de copiarum divisione praediximus. Multis enim in locis oppressae partes militiae sunt, quae simul junctae hostes fuerant oppressurae. Die folgenden Redensarten, dass der Himmel es nicht anders gewollt habe und des Kaisers milde Gesinnung zu loben sei, vermögen nicht den Tadel abzuschwächen.

[2]) Palacky: Geschichte von Böhmen Bd. IV, 1. p. 312.

[3]) dat Wiener Neustadt 28. Juli 1452 bei Chmel: Reg. Nr 2911.

[4]) Nur aus einem Schadlosbrief an die Gebrüder Ulrich und Hanns von Starhemberg (Chmel: Reg. Nr. 2896; das in den Regesten angegebene Datum 7. Juli 1452 ist nach der Berichtigung Chmels: Sitzungsber. Bd. 18 p. 113 Anm. 1 in den 14. Juli 1452 umzuändern) geht hervor, dass diese dem Kaiser 200 zu Ross und 100 zu Fuss gestellt haben.

Licht stellen, werden wir am wenigsten bezweifeln können. Er hätte solche Mitteilungen gewiss nicht in sein Werk aufgenommen, wenn sie nicht auf Wahrheit beruhen würden.

Nicht genug weiss unser Autor von den Schmähreden der Wiener gegen Papst und Kaiser zu erzählen und schiebt die Hauptschuld daran auf die Wiener Hochschule. Bei dem Umwillen, der den Enea gleichmässig gegen die aufständischen Oesterreicher wie gegen die Wiener Theologen beseelt, werden wir seine Angaben für übertrieben halten müssen. Im Anschluss an diese in Wien herrschende Aufregung berichtet Enea über einen Brief Eizingers an Johann Ungnad, welcher voll der gröbsten Schmähungen dem Rate des Kaisers seine grenzenlose Herrschsucht, seinen Uebermut, seine Habgier und Bestechlichkeit, sein lasterhaftes Leben und seinen verderblichen Einfluss am Hofe vorwirft, und desgleichen über eine Antwort Ungnads, die dem Eizinger alle seine Vorwürfe in nicht weniger kräftigen Ausdrücken zurückgibt. Bringt uns schon die ganze Form und die masslose Uebertreibung, in welcher die beiden Schreiben gehalten sind, auf den Gedanken, dass wir es hier mit einem entstellenden Machwerk unseres Autors zu tun haben, so wird uns diese Vermutung durch folgenden Umstand zur Gewissheit. Wir besitzen nämlich ein Schreiben Eizingers und der österreichischen Landesverweser an die kaiserlichen Räte Hanns und Wolfgang Ungnad;[1]) dasselbe ist eine Antwort auf die Absage der beiden Ungnad und finden wir alle Vorwürfe über die schlechte Regierung des Ungnad, über seinen Uebermut, seine Habgier auch hier nur in milderer Form. Aus diesem Schreiben ersehen wir zugleich, dass der vorangegangene Absagebrief der beiden Ungnad ebenfalls nicht mit Vorwürfen gespart hat und diese auch ganz derselben Art sind, wie in dem Briefe Ungnads, welchen Enea überliefert. Darnach kann es wol keinem Zweifel unterliegen, dass unser Autor aus den beiden Briefen, die ja ebenfalls ziemlich vorwurfsvoll waren, die in der historia Friderici enthaltenen fabricirt und dabei seinem Hass sowol gegen Eizinger wie gegen Johann Ungnad freien Lauf gelas-

---

[1]) Chmel: Mater. II Nr. 19.

sen hat. Er erreicht dabei zu gleicher Zeit den Zweck, das Auftreten beider Männer in ein noch ungünstigeres Licht zu stellen, als es dasselbe wirklich verdient.[1]) Wir müssen aber dann auch annehmen, dass Enea die Reihenfolge der beiden Briefe eigenmächtig umgestellt hat, denn wie aus dem Schreiben Eizingers hervorgeht, gieng der Absagebrief der beiden Ungnad voraus. Vielleicht können wir diese Umstellung daraus erklären, dass Enea die Initiative dieser gehässigen Correspondenz lieber dem Eizinger überlässt als dem Johann Ungnad, der obwol sein persönlicher Feind doch zugleich kaiserlicher Rat war. Dass das uns erhaltene Schreiben Eizingers und seiner Genossen in einer kaiserlichen Beratung vorgelegt wurde und den von Enea geschilderten Eindruck hervorbrachte, ist ganz glaublich. Ausser diesem einen Absagebrief, den Enea hier in entstellter Form mitteilt, wurden, wie wir wissen, im Ganzen mehr als 500 an einem und demselben Tage (28. Juli) dem Kaiser übersandt.[2])

Für die Angaben über Eizingers rührige Tätigkeit, wie er die Oesterreicher ermahnt, nach Ungarn und Böhmen schreibt und nicht ruht, bis er Truppen im Felde hat, haben wir mit Ausnahme eines Schreibens an die Stadt Passau[3]) keine urkundlichen Belege, doch ist kein Zweifel, dass er mit allen Kräften den Feldzug gegen den Kaiser betrieben haben wird.

---

[1]) Chmel gibt bereits in seinem Aufsatze: zur Kritik der österr. Geschichte (Denkschriften der kaiserl Akademie zu Wien Bd. I. 1849 p. 557 ff.) eine Uebersetzung dieser beiden Briefe und ist geneigt, den Enea der Uebertreibung zu beschuldigen. In seinen habsburg. Excursen Sitzungsber. Bd. 18. p. 111 gibt er die Möglichkeit zu, dass Enea das Schreiben Eizingers und der Landesverweser benützt und erweitert hat, glaubt aber, um den Enea nicht der Fälschung zeihen zu müssen, doch eher, dass einer der kaiserl. Räte sich den Scherz erlaubt und ein derartiges Schreiben dem Ungnad in die Hände gespielt hat. Eine solche Vermutung halte ich nicht für nötig, wo wir ja schon zu wiederholten Malen die Erfahrung gemacht haben, dass Enea zu ähnlichen Uebertreibungen und tendenziösen Entstellungen gerne bereit ist.

[2]) vergl. Palacky: Geschichte von Böhmen IV. 1 p. 305 nach einer gleichzeitigen Chronik und Chmel: Reg. Nr. 2911.

[3]) Chmel: Mater. II. Nr. 18 dat. Wien 20. Juli 1452.

Nach diesen Vorbereitungen und der Uebersendung der Absagebriefe beginnen die offenen Feindseligkeiten und zwar werden sie mit einem Zuge der Oesterreicher und der Hilfstruppen des Grafen von Cilly gegen das kaiserliche Schloss Ort eröffnet. Unter Führung zweier kaiserlicher Kämmerer Mittendorfer und Aspan wird die Veste 8 Tage lang von 60 Mann tapfer verteidigt; endlich musste sie übergeben werden und wurde von den Oesterreichern verbrannt. Dem verwundeten Aspan, den die Truppen töten wollten, soll Eizinger das Leben gerettet haben. Ueber diesen Zug berichtet uns in ähnlicher Weise nur nicht so eingehend Thomas Ebendorffer;[1] abweichend gibt er eine zehntägige Belagerung an. Ferner besitzen wir eine sogen. Zeitung aus Oesterreich,[2] die übereinstimmend mit unserem Autor eine achttätige Belagerung angibt. Endlich erwähnt den Zug noch die sogen. kleine Chronik von Oesterreich,[3] wo unter den Verteidigern des Schlosses abweichend von Enea „zwen mitterndorffer" genannt werden.

Auf der kaiserlichen Seite nahm Rüdiger von Starhemberg, wie Enea erzählt, einen befestigten Ort jenseits der Donau ein und drang dann gegen Wien bis an die Donaubrücke vor. Eingehend schildert unser Autor den Schrecken, der in Folge dessen die Wiener ergreift, die jetzt den Eizinger und sein Unternehmen verwünschen. Der Angriff bei der Donaubrücke wird aber glücklich abgewehrt und soll die Niedergeschlagenheit der Bevölkerung Wiens sogleich wieder in ihr Gegenteil umgeschlagen haben. Aus anderen Quellen ist uns nichts über diesen Zug Rüdigers von Starhemberg bekannt, wir wissen nur aus einem Schreiben Kaiser Friedrichs an ihn, dass er den Auftrag erhielt, seine Gegner sofort anzugreifen und vor Allem die Strasse nach Wien zu sperren.[4] Diesem Befehle entsprechen die bei Enea geschilderten

---

[1] p. 870.
[2] Fontes rer. Austr. 2. Abt. Bd. XX. Nr. 37. dat. 13 Sept 1452.
[3] herausgegeben von Zeibig im Archiv für Kunde österr. Geschichtsquellen Bd. IX p. 367.
[4] Chmel: Reg. Nr. 2911 dat. Wiener-Neustadt 28. Juli 1452. Es heisst in dem Briefe: darauf emphelhen wir dir ernstlich, daz du vnd die so du

Unternehmungen des kaiserlichen Feldhauptmanns vollständig. Was Enea über die Wiener erzählt, ist vielleicht sehr übertrieben. Noch in einigen anderen Kämpfen sollen die Kaiserlichen wenigstens momentane Erfolge errungen haben. So wird ein Abfall von Haimburg an die Aufständischen durch ein rechtzeitiges Einschreiten der Truppen Friedrichs verhindert und die Stadt zur Strafe zum grössten Teil niedergebrannt.[1] Einem gewissen Uzinger gelingt es in Oberösterreich das Schloss eines Herrn von Wallsee durch List in seine Gewalt zu bekommen; freilich muss er es nach kurzer Zeit, da die kaiserliche Hilfe zu spät kam, wieder an die ihn umlagernden Feinde übergeben. Endlich führen ein gewisser Wolffenreuter, sowie der Graf von Maidburg glückliche Raubzüge aus. Ueberhaupt war, wie Enea berichtet, ganz Oesterreich von Kampf und Fehde erfüllt, da überall die beiden Parteien im Lande auf einander stiessen. Bei diesen eben erzählten Einzelheiten des Krieges sind wir ganz allein auf Enea angewiesen, da alle übrigen Quellen diesen Krieg nur sehr kurz berühren. Dass ein allgemeiner Kampf zwischen den Anhängern Friedrichs und denen Eizingers entbrannte, berichtet auch die Continuatio Claustroneoburgensis[2] und dass in verschiedenen Gegenden gekämpft wurde, zeigt ein Zug der Melker gegen eine kaiserliche Veste, welchen die Annales Mellicenses[3] berichten.

von vnsern wegen aufgenomen hast, von stund an auch wider absaget … auch in vud den iren widerumb schaden zufügest vud sunderlich die strassen gen Wienn werest, nach deinem pesten vermügen, damit in nichts zugee.

[1] Zu beachten sind die Worte des Enea: Fuit et rumor, sacerdotem loci, cum audito tumultu in turrim ecclesiae fugisset, ardente templo fumi magnitudine suffocatum, quod postea falsum fuisse comperimus. Sed libros ejus et sacri altaris ornatus, qui in manus inciderant Bohemorum, venditioni expositos in Nova Civitate nos ipsi vidimus. Derartige Angaben erhöhen die Glaubwürdigkeit des ganzen Berichtes.

[2] M. G. SS. IX p. 742. Es heisst hier: Tunc omnes adherentes Ladislao vero heredi congregaverunt magnum exercitum et quosdam de Bohemia, et devastaverunt illos, qui adherebant imperatori; et alii e converso spoliaverunt illos et sic multa dampna fecerunt ex utraque parte.

[3] M. G. SS. IX. p. 519, zum Jahre 1452: Mellicenses ceperunt castrum Weydineck.

Enea unterbricht hierauf seinen Kriegsbericht und gibt uns einige Nachrichten über das Verhältniss Ungarns zu der österreichischen Bewegung. Die Ungarn, welche durch den mit dem Kaiser abgeschlossenen Waffenstillstand verhindert sind, offen am Kampfe teilzunehmen, schreiben wenigstens an diejenigen Adeligen Oesterreichs, die nicht im Bunde gegen Friedrich waren und ersuchen sie, es mit den Aufständischen zu halten. Enea meint damit das uns erhaltene Rundschreiben der ungarischen Stände[1]), das er schon einmal erwähnt hat. Ein Vergleich mit dem Schriftstücke zeigt, dass er es dem Sinne nach richtig wiedergibt. Ob sich wirklich Niemand von den Anhängern des Kaisers dadurch bewegen liess, abzufallen, mag dahingestellt bleiben. Ferner berichtet unsere historia Friderici, der Gubernator von Ungarn, über dessen Persönlichkeit und frühere Taten Enea hier Einiges einschiebt, habe den Kaiser ersucht, er möge den Piccolomini zu ihm senden, damit er ihm seine Gesinnung kund tun könne. Schon waren die Geleitsbriefe zu der Gesandtschaft am Hofe in Wiener-Neustadt eingetroffen und der Bischof von Siena, der zugleich Aufträge von Seiten des Papstes nach Ungarn hatte, bereit abzureisen, als die Mission verhindert wurde. Eine derartige Annäherung zwischen Friedrich und Hunyadi ist uns durch kein anderes Zeugniss beglaubigt, doch ist es leicht möglich, dass der Gubernator besorgt, er werde durch die Freilassung des jungen Ladislaus sein Regiment in Ungarn verlieren, es für vorteilhafter hielt, sich im Gegensatz zu den Ständen seines Reiches dem Kaiser zu nähern. Als Ursache, dass die Mission nach Ungarn verhindert wurde, gibt Enea die Rückkehr der bayerisch-brandenburgischen Gesandten an[2]), die das Herannahen der Aufständi-

---

[1]) Ausschreiben von den Hungarn auf die die im bundt nicht seind gein Oesterreich dat. Grau 6. August 1452, bei Chmel: Mater. II Nr. 20.

[2]) Im Text ist hier zu lesen: oratores ducum Bavariae et Alberti Marchionis statt oratores ducem Bavariae et Alberti Marchionis. — Wir finden nicht wie Chmel: Sitzungsberichte Bd. 18 p. 106 einen Widerspruch unseres Autors darin, dass er die Gesandten früher von Friedrich abreisen und sie jetzt wieder als Unterhändler auftreten lässt. Denn er hat an jener Stelle (Kollar p. 354) gar nicht gesagt, dass sie etwa zu ihren Fürsten

schen ankündigen und zu Friedensverhandlungen raten. Kam ein Ausgleich zu Stande, so war natürlich eine Gesandtschaft an Hunyadi unnötig. Der Kaiser ist auch wirklich zu einer Aufnahme von Verhandlungen bereit und macht den Vorschlag, einen Convent der dem Ladislaus und ihm verwandten Fürsten und ihrer Untertanen abzuhalten und bis dahin die Waffen ruhen zu lassen. Er beauftragt die Gesandten, diess den Oesterreichern zu melden. Bei der Rolle, welche die bayerisch-brandenburgischen Gesandten zu spielen hatten, werden wir diese Angaben unseres Autors, die wir nicht controlliren können, nicht bezweifeln.

Der Krieg nahm inzwischen seinen Fortgang. Wie Enea richtig bemerkt, kommt Heinrich von Rosenberg jetzt den Oesterreichern zu Hilfe; die Zahl seiner Truppen aber, welche die historia Friderici angibt, werden wir nach Angaben anderer Quellen berichtigen müssen.[1]) Nach Enea soll Heinrich von Rosenberg zuerst die Burg eines kaiserlich gesinnten Adeligen erobert und sich dann mit den Truppen Eizingers vereinigt haben. Sein Zug wird auch von Ebendorffer p. 870 kurz erwähnt. Enea lässt nun das Heer der Aufständischen direct auf Wiener-Neustadt losziehen, während Ebendorffer a. a. O. es zuerst einen Scheinangriff auf Bruck an der Leitha und die Veste Trautmannsdorff ausführen lässt. Ein zweiter Widerspruch zwischen unserem Autor und dem österreichischen Chronisten besteht, wie bereits Chmel angibt,[2]) darin, dass dieser den Kaiser vollständig überrascht werden lässt, während er nach Enea von den bayerisch-brandenburgischen Gesandten über das Herannahen des feindlichen Heeres wol unterrichtet war. Wenn wir im ersteren Falle auch dem Ebendorffer trauen wollen, so werden wir doch in dem zweiten

---

abgereist, sondern überhaupt nur, dass sie von Wiener-Neustadt fortgegangen sind. Wie wir gesehen haben, ist es sehr wahrscheinlich, dass sie sich damals nach Wien begeben haben und so kehren sie denn jetzt ganz ihrem Auftrag gemäss, der ihnen eine Vermittlung vorschreibt, vor dem Heere der Aufständischen zum Kaiser zurück, um nochmals einen Friedensversuch zu machen.

[1]) vergl. Palacky: Gesch. v. Böhmen IV 1. p. 310.
[2]) habsburgische Excurse VI 2. Abt. Sitzungsberichte der Wiener Akademie philos.-hist. Cl. Bd. 25 p. 170.

unserem Autor folgen, da wir seine Nachricht über den Vermittlungsversuch der Gesandten nicht zu bezweifeln haben. — Bevor das Heer aber Wiener-Neustadt erreicht, erscheinen bei ihm die bayerisch-brandenburgischen Räte. Sie entledigen sich des kaiserlichen Auftrages und erhalten die Antwort, dass die Oesterreicher nur dann auf einen Waffenstillstand eingehen wollen, wenn der Kaiser die Freilassung des Königs Ladislaus verspricht. Sie überbringen diese Antwort dem Kaiser, der die Angelegenheit sogleich in einer Beratung vorlegt. Ueber diese geheim gehaltene Sitzung berichtet uns Enea sehr ausführlich. Es bilden sich in derselben wieder zwei Parteien. Der Bischof von Siena rät zur Nachgiebigkeit; Johann Neiperg, der anfangs unentschieden bleibt, wird durch Johann Ungnad, der die Freilassung des Ladislaus bekämpft, umgestimmt, ihnen gesellen sich Zebinger [1]) und der Marschall (Pappenheim) bei. Starhemberg und Ulrich Riederer sowie Ulrich Sonnenberg sind auf der Seite des Enea. Der Kaiser befolgt den Rat Ungnads [2]) und lässt in dessen Sinn durch die Gesandten antworten, die übrigens doch auf jeden Fall einen Waffenstillstand zu Stande bringen sollten, was sie aber keineswegs erreichen. Für diese wichtigen Vorgänge, die zum Teil in der engsten Umgebung des Kaisers sich abspielten, ist der Bericht der historia Friderici einzige Quelle; er trägt einen durchaus glaubwürdigen Charakter an sich.

[1]) Enea sagt: Erant ergo tres illi, quibus Caesar plurimum credebat, unius animi atque voti. Ungnad und Neiperg hat er vorher ausdrücklich genannt, als dritten müssen wir jedenfalls Walter Zebinger annehmen, da er, wie wir ja von früher wissen, neben jenen das ausschliessliche Vertrauen Friedrichs besass.

[2]) Enea lässt seinem Unwillen hierüber in ziemlich harten Worten Luft und erzählt zugleich, wie der Kaiser später oft seinen Entschluss bereut hat. Er sagt: Sed nihil momenti huic parti traditum est; placuit Caesari consilium, quod indignationi suae conformius visum est, neque enim facile verum irati vident. At cum postea perniciosam sese accepisse deliberationem Caesar intellexisset, saepe inter consiliarios de rebus gestis conquestus, utinam, Aenea, inquit, tuo consilio auscultassem. Respiciensque duos Ulricos aliquando cum Aenea loquentes, utinam, ait, o presbyteri vestris vocibus credidissem, neque enim in id dedecoris incidissem, quod modo perpetior. At sera est post factum prudentia.

Kurz vor den Feinden treffen in Wiener-Neustadt der Erzbischof von Salzburg und die Bischöfe von Freising und Regensburg ein; dass sie zur Beilegung des Streites kamen, wird uns urkundlich durch den späteren Friedensvertrag [1]) bestätigt, in welchem sie als Vermittler erscheinen. Enea schildert uns das aufgeregte Treiben in der kaiserlichen Residenz und den Einzug des Erzbischofs.

Am folgenden Tage erscheint das Heer der Aufständischen vor Wiener-Neustadt. Nach den übereinstimmenden Nachrichten des Enea, [2]) des Nicolaus Lanckmann p. 603 und der sogen. Zeitung aus Oesterreich [3]) war es Sonntag den 27. August. Ebendorffer a. a. O. gibt die vigilia nativitatis Virginis an, was ganz unmöglich ist. Wie Enea berichtet, benützen die Oesterreicher den ersten Tag, um ein Lager aufzuschlagen, wovon auch Nicolaus Lanckmann spricht. Ein kleiner Teil der kaiserlichen Truppen wagt sich vor die Thore und es entspinnt sich ein Scharmützel, bei dem sich besonders ein adeliger Sachse hervortut, aber verwundet wird. Ueber diese Details finden wir in den anderen Quellen nichts.

Nachdem auf diese Weise der Kampf unausweichlich geworden war, soll der Kaiser, nach Enea, den bayerisch-brandenburgischen Gesandten jeden weiteren Vermittlungsversuch untersagt haben. Er war auch nicht ohne Verdacht gegen sie und wie uns eine in jenen Tagen zwischen ihnen und Eizinger geführte Correspondenz [4]) zeigt, hatte er auch guten Grund dazu. Am folgenden Tage, den 28. August, ziehen sich die Gesandten unwillig zurück; wie wir aus eben jener Correspondenz ersehen, blieben sie zunächst im Lager der Oesterreicher und giengen am 29. August nach Baden. Am 28. August nähern sich nun die Oester-

---

[1]) Chmel: Mater. II Nr. 25.

[2]) Enea gibt zwar hier nicht das Datum an, doch bezeichnet er kurz darauf den folgenden Tag als dies Lunae, quae fuit Augustini lux, quinto kal. Septembris (28. August).

[3]) Fontes rer. Austr. 2 Abt. Bd. XX Nr 37.

[4]) Chmel hat sie in den Sitzungsberichten Bd. 25 p. 174 ff. aus dem Münchner Reichsarchive mitgeteilt.

reicher von der Wiener Seite her der Stadt und schreiten zum Angriff. Sie dringen glücklich kämpfend bis zum Thor der Vorstadt vor und werden nur mühsam von den Verteidigern am Eindringen gehindert. Es entbrennt an dieser Stelle ein heisser Kampf, in welchem sich besonders ein Steirer Namens Baumkircher rühmlich hervortut; der kaiserliche Befehlshaber Tschernahora wird dabei an der Hand verwundet. Nachdem man vom Morgen bis zur zwölften Stunde hartnäckig gekämpft hat, lassen die Oesterreicher von Sturme ab und bemächtigen sich nur einer in der Nähe des Thores gelegenen Mühle, wo sie sich befestigen und gegen das Thor zu ihre Geschütze aufstellen. Den übrigen Teil des Tages füllt ein heftiger Geschützkampf aus, der sich besonders um die Mühle concentrirt, welche von den Böhmen unter Führung des Wallsee tapfer behauptet wird, und bei dem es nicht an Verwundungen ja sogar Tötungen fehlt. Von den übrigen Quellen berichtet nur Ebendorffer a. a. O. etwas eingehender über diesen Kampf und wenn er denselben auch in einer für die Oesterreicher etwas zu günstigen Weise schildert, so werden wir doch die Angaben einiger Facta, über die er berichtet, zur Bestätigung unseres Autors heranziehen können. Auch er spricht nämlich von dem Vordringen der Oesterreicher bis zum Thore der Vorstadt, von der Eroberung der Mühle und von der Beschiessung der Stadt. Die letztere meldet auch die sogen. Zeitung aus Oesterreich a. a. O. Die Angabe, dass ziemlich viele Verwundungen vorfielen, bestätigt uns eine Notiz einer Wiener Stadtrechnung. [1])

Die Grösse des feindlichen Heeres gibt Enea auf 12000 Mann Fussvolk und bei 4000 Reiter an, bemerkt aber, dass das Heer sich täglich noch vermehrt habe. Unter den Führern desselben nennt er Ulrich von Cilly, Heinrich von Rosenberg, Ulrich Eizin-

---

[1]) Schlager: Wiener Skizzen aus dem Mittelalter. Neue Folge 3. Bd. teilt in einem Capitel: Wiener Stadtrechnungs-Auszug über die Kriegsleistungen des Stadtrats während der Feldzüge der Jahre 1424—1488 eine Notiz mit (p. 154), wonach die Wiener Söldner auf dem Kriegszuge nach Ort und Wiener-Neustadt 73 Verwundete zählten und den beiden Wundärzten 61 Pfund Pfennige gezahlt werden mussten.

ger, Bernhard von Schaumberg, den älteren Wallsee und den Befehlshaber von Znaim. Die Zeitung aus Oesterreich schätzt das Heer in ähnlicher Weise auf 16.000 Mann. Ebendorffer spricht von mehr als 24.000 Mann, worunter die Stadt Wien allein 4000 gestellt haben soll. Seine Angaben sind aber jedenfalls übertrieben.[1]

Ob die Angaben des Enea, dass Eizinger nach Wien übertriebene Siegesbotschaften gesandt hat und in Folge dessen dort übergrosser Jubel entstanden ist, richtig sind, muss zweifelhaft bleiben. Die Stimmung in Wiener-Neustadt schildert unser Autor als eine sehr niedergeschlagene, so dass die Bischöfe die Zeit der Vermittlung für gekommen erachteten, sich zum Feinde begaben und einen Waffenstillstand für den folgenden Tag verlangten. Es geschah diess wol noch am Abend des 28. August.

Am 29. August wird dann vergeblich verhandelt und der Waffenstillstand auf den 30. August ausgedehnt. Der erste Brief Eizingers an die bayerisch-brandenburgischen Gesandten bestätigt uns diese Angabe.[2] Aus demselben Brief wird ferner ersichtlich, dass unser Autor die am 30. August stattgefundene Unterhandlung mit den Bischöfen übergeht, dagegen richtig angibt, dass an demselben Tag auch zwischen dem Kaiser und dem Grafen von Cilly aber ohne Beisein des Eizinger eine Besprechung stattfand. Enea teilt uns den Inhalt des Gespräches mit und zwar wie er behauptet nach den Mitteilungen, die der Kaiser selbst hierüber im Rat gemacht hat. Ob diese Angaben genau und richtig sind vermögen wir nicht zu entscheiden. Die Zusammenkunft war resultatlos und musste der Waffenstillstand behufs neuer Verhandlungen auf den nächsten Tag verlängert werden. Wie Eizingers

---

[1] Aus den eben citirten Rechnungen der Stadt Wien bei Schlager a. a. O. p. 155 geht hervor, dass Wien damals circa 527 Mann zu Ross, 709 zu Fuss und 339 Transportpferde im Felde hatte.

[2] bei Chmel a. a. O. Er datirt vom 30. August und heisst es in demselben: Als Ir an gestern von uns aus dem velde abgeschayden seit, ist euch die gelegenhait aller unnser sachen wol kund und wissenlich gewesen. Aber an heut sind aber mein herren von Salczburg Freysing und Regenspurg zu uns in das veld komen etc. Daraus geht hervor, dass schon am 29. August mit den Bischöfen verhandelt wurde, wie ja Enea berichtet.

Brief zeigt, erwirkten diese Verlängerung der Waffenruhe bereits die Bischöfe und erfolgte sie nicht erst auf Antrag des Grafen von Cilly, wie wir nach der historia Friderici annehmen müssen.

Die Verhandlungen am 31. August, welche Vormittags mit den Bischöfen und Nachmittags mit dem Kaiser selbst geführt wurden und bereits eine günstige Wendung nahmen, aoer im letzten Augenblick wieder abgebrochen wurden, gibt Enea richtig an, wie ein Vergleich mit dem Briefe Eizingers vom 31. August zeigt. Nur darin müssen wir unseren Autor berichtigen, dass eine nochmalige Verlängerung des Waffenstillstandes auf den 1. September nicht von dem Markgrafen Carl von Baden allein, sondern auch von den Bischöfen und den kaiserlichen Räten bewirkt wurde. Dass die Verhandlungen am 1. September auch wieder auf viele Schwierigkeiten stiessen, bestätigt Eizingers Brief von diesem Tage.[1]) Von einer abermaligen Verlängerung des Waffenstillstandes bis Samstag (2. September) Mittags, von der Enea berichtet, meldet Eizinger nichts. Nach ihm kam der Vergleich noch in der Nacht vom 1. auf den 2. September zu Stande.[2]) Den Inhalt des Vertrages gibt Enea im Auszuge, aber genau an, wie ein Vergleich mit dem Document[3]) zeigt.

Diese Uebereinkunft wird dann noch im kaiserlichen Rat einer Discussion unterzogen und hierüber berichtet uns Enea sehr

---

[1]) Dieser Brief datirt nicht vom 31. August, wie Chmel angibt, sondern vom 1. September, wie das Datum: am Freytag vor Egidii als in der Xhenden stund nach mittags zu nacht zeigt.

[2]) Darin, dass die Uebereinkunft (Chmel: Mater. II. Nr. 25) das Datum des 1. September trägt, während wir zwei Briefe des Kaisers besitzen (Chmel: Reg. Nr. 2933 und 2934), welche der eine kurz vor, der andere kurz nach Abschluss des Vergleiches geschrieben sind und vom 2. September datiren, werden wir keinen Widerspruch finden. Da, wie wir wissen, der Vergleich in der Nacht vom 1. auf den 2. September zu Stande kam, ist einmal leicht möglich, dass das Document noch das Datum des 1. Sept. trägt, während Kaiser Friedrich in Wiener-Neustadt erst am Morgen des 2. September vom Gange der Verhandlungen und kurz darauf vom Abschluss des Vergleiches benachrichtigt worden ist.

[3]) Chmel: Mater. II N. 25. Ausserdem ist uns noch ein Entwurf dieses Vertrages erhalten ibidem Nr. 24.

ausführlich. Die langen Reden, welche er dabei die verschiedenen Räte und zuletzt den Kaiser selbst vortragen lässt, sind natürlich sein Machwerk, doch dürften wir aus ihnen die Tatsache entnehmen können, dass sich in der Umgebung des Kaisers wie immer bei solchen Gelegenheiten auch diesmal wieder zwei Parteien bildeten, von denen die eine den Vergleich verwirft und zum Aeussersten rät, die andere aber die Annahme befürwortet, und der Kaiser schliesslich in friedlichem Sinne den Ausschlag gibt.

Nach der Annahme des Vertrages begibt sich der Kaiser selbst vor die Stadt, um den Abschluss desselben zu bestätigen. Die Oesterreicher sollen hier die Friedenspunctationen nochmals haben ändern wollen und nur mit Mühe soll es den Bischöfen und dem Markgrafen Carl von Baden gelungen sein, sie von diesem Vorhaben abzubringen. Gegenseitig verspricht man sich nun, binnen acht Tagen den Vertrag mit den Siegeln zu versehen. Nachdem der Vertrag auf diese Weise endlich zu Stande gekommen war, erhob sich eine allgemeine Freude, die Truppen begrüssen sich gegenseitig, der Kaiser nimmt alle wieder zu Gnaden auf und nur der junge Graf Schaumberg und Eizinger wurden von ihm mit harten Worten angelassen. Hierauf kehrt Friedrich nach Wiener-Neustadt zurück und die Oesterreicher entfernen sich bis zum achten Meilenstein. Für diese Vorgänge sind wir auf Enea allein angewiesen.

Am 4. September wird König Ladislaus Posthumus der Verabredung gemäss beim steinernen Kreuz ausserhalb Wiener-Neustadts von einigen kaiserlichen Räten, unter denen sich auch der Bischof von Siena befand, dem Grafen Ulrich von Cilly und den Oesterreichern übergeben und mit grosser Freude empfangen, wie uns auch Eizinger selbst in dem Brief vom 4. September, ferner Nicolaus Lauckmann und ganz kurz Ebendorffer a. a. O. berichten. Eizingers Brief bestätigt auch die Angabe der historia Friderici, dass Ladislaus zuerst nach Baden und dann nach Berchtoldsdorf geführt wurde.

Der Bericht des Enea über dieses sogenannte bellum Australicum, das ja den Anstoss zu dem ganzen Werke gegeben hat, ist wie wir gesehen haben im grossen Ganzen durchaus glaubwürdig und hat für uns einen um so grösseren Wert, als er alle übrigen Quellen an Ausführlichkeit weit übertrifft. Während der einzige Ebendorffer über den Kampf vor Neustadt etwas eingehend spricht, gehen die anderen Quellen, wie die Zeitung aus Oesterreich a. a. O., die Chronika der Grafen von Cilly,[1]) Nicol. Lanckmann a. a. O., die Continuatio Claustroneoburgensis,[2]) die Continuatio des Paltramus von Wien,[3]) die kleine Chronik aus Oesterreich,[4]) der Anonymus Mellicensis,[5]) Wolfgangus de Styra,[6]) Unrestus,[7]) die Annales Mellicenses[8]) und Thurocz[9]) über kurze Notizen kaum hinaus.

Georg von Poděbrad hatte inzwischen, wie Enea richtig angibt, gegen Tabor, Budweis und die Herren von Rosenberg glücklich gekämpft und sie zu einem Vertrag gezwungen. Er wollte sodann dem Kaiser zu Hilfe eilen, da traf ihn auf dem Wege die Nachricht von dem Friedensvergleich und so kehrte er unwillig über die Schwäche der kaiserlichen Partei wieder heim.[10]) Die Hilfe des Gubernators von Böhmen, der am 7. September noch vor Budweis lag, war allerdings nicht so nahe bevorstehend, wie es nach Enea scheinen könnte, aber immerhin hätte sie noch rettend eingreifen können, wenn sich die Belagerten in Neustadt nur etwas standhafter gehalten hätten. Jedenfalls ist der Unwille Georgs von Poděbrad sehr berechtigt, denn das konnte er freilich nicht ahnen, dass nach eintägigem Sturm Friedrich bereits zu Unterhandlungen die Hand bieten würde. — Was es mit der Hilfe von 6000 Steirern, welche nach Enea nahe bevorstand, für ein Bewandtniss hatte, können wir nicht controlliren. Auch sie

---

[1]) Hahn: Collectio monumentorum inedit. II. p. 712. 713.
[2]) M. G. SS. IX. p. 742.
[3]) Pez: Scr. rer. Austr. I p. 737. 738.
[4]) Zeibig a. a. O. p. 367.
[5]) breve Chronicon Austriae bei Pez: Scr. rer. Austr. II p. 463.
[6]) Pez: Scr. rer. Austr. II p. 451.
[7]) Chronicon Austriae bei Hahn, collectio mon. inedit. I p. 542.
[8]) M. G. SS. IV. p. 519.
[9]) Chronica Hungarorum bei Schwandtner: Scr. rer. Hung. I p. 266.
[10]) Palacky: Gesch. v. Böhmen IV. I. p. 306 ff. Die Stärke des Herres des böhmischen Gubernators, welche Enea auf 17.000 berechnet, ist hier mit 16.000 angegeben.

mussten umkehren und sollen sich in lauten Schmähungen über die Räte Johann Ungnad und Walter Zebinger ergangen haben.

König Ladislaus wird wenige Tage nach seiner Freilassung (am 6. September) von dem Grafen Ulrich von Cilly nach Wien geführt. Ob der Graf damit wirklich einem dem Kaiser gegebenen Versprechen zuwidergehandelt hat, muss zweifelhaft bleiben. In dem Vergleich war wenigstens nur allgemein davon die Rede, dass der Graf den jungen König so lange bewahren sollte, bis die Entscheidung über ihn auf dem zu haltenden Martinstage getroffen war. Ueber den festlichen Einzug in Wien berichten übereinstimmend mit der historia Friderici die Zeitung aus Oesterreich, die Chronica der Grafen von Cilly a. a. O. und eine österreichische Chronik auf der Wiener Hofbibliothek, aus welcher Schlager[1]) Einiges über den Einzug des Königs Ladislaus mitteilt. Was Enea über die schlechte Erziehung, welche dem jungen König in Wien zu Teil wurde, erzählt, ist jedenfalls übertrieben.

Wie wir wissen, haben die Oesterreicher sich verpflichtet, binnen acht Tagen den Friedensvertrag mit ihren Siegeln zu versehen. Jetzt werden sie, wie Enea berichtet, an ihr Versprechen gemahnt, erklären sich aber nicht dazu bereit, da wie sie behaupten die Friedensbestimmungen anders aufgesetzt worden seien, als man verabredet habe. Die Einsprache, welche die Bischöfe und der Markgraf von Baden erheben, hat keinen Erfolg, die Oesterreicher bleiben bei ihrer Behauptung. Ueber diese Vorgänge sind wir sonst nicht unterrichtet, doch werden wir sie ebensowenig wie die Angaben, dass die Oesterreicher weder die eroberten Güter zurückstellen noch den Schaden ersetzen wollen, bezweifeln, da wir urkundliche Belege genug für die Behauptung unseres Autors haben, sie hätten auch den Hauptpunct des Vertrages, wonach Ladislaus jetzt noch keineswegs aus jeder Vormundschaft entlassen werden sollte, rücksichtslos verletzt. Ladislaus tritt gleich jetzt nach seiner Freilassung aus der Gewalt des Kai-

---

[1]) Wiener Skizzen aus dem Mittelalter 2. Bd. Beilage 1, 2 und 3 p. 345 ff. Das Lied, welches die Kinder beim Einzug sangen, ist besser herausgegeben von Chmel: Sitzungsber. Bd. 25. p. 188.

sers als unumschränkter Regent auf.¹) Das Benehmen der Oesterreicher war unter allen Umständen treulos und Enea unterlässt es auch nicht, dasselbe mit sehr kräftigen Ausdrücken zu brandmarken.

Die Befreiung des jungen Königs' Ladislaus hat auch in Ungarn grosse Freude hervorgerufen und bald erscheint eine glänzende Gesandtschaft von dort in Wien, um den König zu begrüssen und ihm Geschenke zu bringen. Der Cardinal-Erzbischof von Gran, die Bischöfe von Raab, Gross-Wardein und Waitzen, der Woiwode Nicolaus, der Palatin Ladislaus von Gara und Ladislaus Hunyadi, der Sohn des Gubernators, werden von Enea genannt. Bald darauf wurden der Bischof von Siena, Ulrich Sonnenberg und Hartung von Cappel nach Wien gesandt. Ihre Hauptaufgabe war, die Gunst der Ungarn zu gewinnen. Die kaiserlichen Räte setzen ihnen auseinander, warum ihre Gesandtschaft in Florenz vom Kaiser nicht empfangen worden sei, man spricht über die Freilassung des Ladislaus, ferner über die Herausgabe der ungarischen Krone und einiger ungarischer Schlösser. Enea übernimmt es auch das Benehmen Friedrichs gegen Ladislaus zu verteidigen. Die Herausgabe der Krone und der Schlösser kommt sodann auch in öffentlicher Sitzung vor König Ladislaus zur Sprache, wird aber nicht entschieden, da Sonnenberg behauptet, keine Vollmacht dazu zu haben. Die Stimmung der Ungarn ist dem Kaiser nicht gerade sehr günstig und es kommt selbst zu einem heftigen Wortwechsel zwischen Enea und dem Bischof von Gross-Wardein. Schliesslich unterhandelt der Bischof von Siena noch mit dem Cardinal-Erzbischof von Gran in Sachen des Papstes; auch die Herausgabe der ungarischen Krone und der Schlösser wird damals noch einmal besprochen und zugleich von Enea die Gelegenheit benützt, den Kaiser zu rechtfertigen, warum er König Ladislaus nach Italien mitgenommen habe. Hierauf kehren die kaiserlichen Gesandten nach Wiener-Neustadt zurück, die Ungarn nach Ofen, um sich dort von dem für den 1. November einberufenen Landtage ihre Instruction für den bevorstehenden

---

¹) Vergl. Chmel: Mater. II. Nr. 27. 28. 29. 30. 31. Birk: Reg. (bei Lichnowsky Teil VI) Nr. 1706. 1709. 1711 b. und Fontes rer. Austr. 2. Abt. Bd. XX. Nr. 39.

Martinstag in Wien zu holen. Wir werden alle diese detaillirten Angaben unseres Autors über die diplomatische Mission nach Wien, an der er selbst hervorragenden Anteil genommen hat, nicht in Zweifel zu ziehen haben.

Sehr interessant sind die Mitteilungen, welche Enea über die verwirrten Parteiverhältnisse gibt, die jetzt nach der Freilassung des jungen Königs Ladislaus aus der Gewalt des Kaisers in den Erblanden desselben Platz greifen. Obwol die Oesterreicher und Ungarn in ihrer Opposition gegen Friedrich III einig sind, ist doch nur die Adelspartei in Oesterreich, welche sich um den Grafen von Cilly schaart, den Bestrebungen der Ungarn in Sachen des Königs Ladislaus günstig. Eizinger und die ihm anhängenden Städte, sowie der niedere Adel, welche eine Entfernung des Königs nach Pressburg und vielleicht noch tiefer nach Ungarn hinein fürchten, neigen mehr den Böhmen zu, in der Hoffnung, dass wenn beide Reiche ihre Ansprüche auf den König geltend machen, Wien als in der Mitte liegend zum Aufenthaltsort gewählt würde. In Ungarn wieder bildet sich eine heftige Opposition gegen den Gubernator Hunyadi, dem zugleich der Graf von Cilly feindlich gesinnt ist, so dass sich der Gubernator durch ein Bündniss mit Giskra zu schützen sucht. Da wir sonst keine Kenntniss über diese Parteiverhältnisse haben, werden uns die Andeutungen des Enea, der jedenfalls gute Kunde hatte, nur willkommen sein.

Mit den Verhandlungen der beiden Hoftage zu Wien und Wiener-Neustadt treten wir sodann an eine Partie der historia Friderici heran, wo uns viel weniger als bisher eine Controle möglich ist. Gleich für die böhmische Gesandtschaft, die kurz vor Martini in Wien bei König Ladislaus eintrifft,[1] ist Enea einzige Quelle. Er lässt die Gesandten, deren Namen er angibt,[2] den König begrüssen und ihm die Krone Böhmens anbieten, falls

---

[1] Erhalten ist uns nur eine Einladung zum Martinstage, welche König Ladislaus an die drei Prager Städte ergehen lässt; dat. Wien 4. October 1452. Fontes rer. Austr. 2 Abt. Bd. XX. Nr. 29. Eine ähnliche Aufforderung wird auch an die böhmischen Stände ergangen sein.

[2] Er nennt die adeligen Herren von Sternberg, von Rosenberg, von Hasenburg und von Schwamberg.

er sich zur Annahme einer Wahlcapitulation entschliessen würde. Es folgen lange Beratungen, bei denen die confessionellen Fragen eine Hauptrolle spielen, und nur mit Widerwillen willigte endlich Ladislaus in einen Vertrag, wonach er alle Zusagen Kaiser Sigismunds und seines Vaters König Albrechts bestätigen, die Compactaten für unverletzlich erklären und Rokycana in seine erzbischöfliche Würde einzuführen versprechen musste. Ferner sollten alle seit Albrechts Tode gefassten Landtagsbeschlüsse giltig bleiben, alle heimgefallenen Güter den Besitzern gelassen werden, Friedrichs Schenkungen dagegen keine Giltigkeit haben. Am 24. Juni endlich sollte der König nach Iglau reisen und am 24. August in Prag gekrönt werden. Die Ungarn waren, nach Enea, über den Vertrag ziemlich ungehalten, da sie ihre Pläne, den König dauernd in ihrem Reiche zu behalten, durchkreuzt sahen. Der ganze Bericht trägt den Charakter genauer Kenntniss dieser Verhandlungen an sich und erscheint uns von hohem Wert. Denn Thomas Ebendorfler p. 872 sagt nur ganz kurz, dass Gesandte der Böhmen in Wien anwesend waren und im Namen der böhmischen Krone nach langen Verhandlungen den Ladislaus als König anerkennen, und die Wiener Vertrags-Urkunde ist uns nicht erhalten. Ergänzen können wir Enea aus Ebendorffers Chronik dahin, dass auch Gesandte aus Mähren und Schlesien in Wien eintrafen und zugleich mit den Böhmen dem König als Markgrafen Treue und Gehorsam schwören.

Am Martinstage selbst (11. November) erschienen drei Gesandte Kaiser Friedrichs in Wien, welche die Uebrigen anmelden und bei etwaigen Vorverhandlungen ihren Herrn vertreten sollten. Man beschränkt sich aber in Wien darauf, dem Kaiser für die pünktliche Uebersendung seiner Gesandten zu danken und erwartet die Ankunft der Fürsten. Es erscheinen auch bald darauf die Bischöfe von Freising und Regensburg, die Herzoge Ludwig der Reiche und Otto von Bayern, hierauf die Markgrafen Albrecht von Brandenburg und Carl von Baden mit dem Bischof von Eichstädt. Durch Gesandte lassen sich der Erzbischof von Salzburg und Herzog Albrecht III. von Bayern-München vertreten. Die Zeit war keine sehr günstige, da eine heftige Pest damals in Wien herrschte und viele Opfer forderte.

Bevor die eigentlichen Verhandlungen in Wien beginnen, beruft der Kaiser den Herzog Ludwig und den Markgraf Albrecht zu sich nach Wiener-Neustadt, um sie für seine Sache zu gewinnen. Die beiden Fürsten wollen von da gar nicht mehr nach Wien zurückkehren, sondern fordern wegen der Pest eine vollständige Verlegung der Verhandlungen nach Wiener-Neustadt; der Kaiser willigt auch ein, aber die Oesterreicher widersprechen diesem Vorhaben sehr energisch. Noch andere Vorgänge verzögerten die Wiener Verhandlungen. Für's Erste entstand ein sehr ärgerlicher Streit darüber, wer die Geleitsbriefe für die Teilnehmer an dem Wiener Tage ausstellen solle. Die Oesterreicher behaupten, König Ladislaus habe diess zu tun, Kaiser Friedrich bestreitet ihm aber das Recht dazu, weil er noch nicht mündig sei; schliesslich übernehmen es die Fürsten. Neben diesem Zwischenfall nehmen auch die Privatangelegenheiten der nach Neustadt gereisten Fürsten manche Zeit in Anspruch. Herzog Ludwig verwendet sich beim Kaiser für den neuerwählten Bischof von Passau (Ulrich von Nussdorf) aber vergeblich; dann erwirkt er von Friedrich die Belehnung des Herzogs Otto, mit dem zugleich der Bischof von Eichstädt belehnt wurde. Markgraf Albrecht endlich forderte die rechtliche Entscheidung seines schon so lange schwebenden Streites mit der Stadt Nürnberg. Der Kaiser versucht die Sache nochmals gütlich beizulegen und erwählt hiezu die Bischöfe von Eichstädt und Siena, Walter Zebinger, Ulrich Riederer, Ulrich Sonnenberg und den Marschall des Reiches (Pappenheim). Mehrtägige Verhandlungen erzielen aber kein Resultat, da der Markgraf eine Geldentschädigung fordert, die Nürnberger sich aber darauf nicht einlassen wollen. Erst jetzt kehren Ludwig von Bayern und Albrecht von Brandenburg nach Wien zurück. Vor ihrer Abreise langt noch der Cardinal Nicolaus von Cusa in Neustadt an, dem der Papst den Auftrag gegeben hatte, dem Wiener Tag beizuwohnen. Er ersucht die abreisenden Fürsten, sie mögen ihm in Wien einen Geleitsbrief erwirken, da er dort, sollte er auch bei den Friedensverhandlungen nicht mitwirken können, doch mit den Böhmen über religiöse Fragen zu verhandeln habe. Enea erzählt im Anschluss daran, wie die Wiener die Teilnahme des Cardinals an den Verhandlungen zurückweisen, auch Besprechungen mit den Böhmen in Wien nicht zulassen wollen und wie endlich ein Bote des Cardinals, der die Fürsten nach Wien begleitet hatte, dort für seinen Herrn wenig schmeichelhafte Reden vernehmen musste. Der Cardinal soll beleidigt sofort haben abreisen wollen und lässt sich nur durch Bitten des Kaisers noch in Wiener-Neustadt zurückhalten.

Nachdem Enea noch den plötzlich erfolgten Tod des Bischofs von Freising (2. December) erwähnt hat, geht er über zu einer Darstellung der in Wien endlich beginnenden Verhandlungen. Der Kaiser hatte den Bischof von Siena, Ulrich Riederer und einige andere nach Wien gesandt;[1] ausserdem fanden sich dort jetzt auch Vertreter der Erzbischöfe von Cöln, Mainz und Trier, sowie des Herzogs Friedrich von Sachsen und anderer Fürsten ein, endlich auch österreichische Adelige.[2] Bei dem Bischof von Siena, im königlichen Palaste und bei den anderen Fürsten wird nun vielfach verhandelt; die Hauptrolle spielte dabei Markgraf Albrecht von Brandenburg.[3] Wie uns der Bericht der historia Friderici zeigt, waren die Verhandlungen nicht sehr erfreulicher Natur. Die Gesandten Friedrichs, welche über Friedensvorschläge befragt werden, antworten, diess müsse sich bei den Verhandlun-

---

[1] Voigt: Pius II Bd. 2 p. 79 lässt die Gesandten des Kaisers nach Weihnachten in Wien eintreffen, die Verhandlungen also erst in den letzten Decembertagen des Jahres 1452 beginnen. Das ist unrichtig. Das Schreiben Friedrichs vom 27. Dec. 1452 (Chmel: Reg. Nr. 2985), auf das er sich dabei beruft und in welchem der Kaiser dem Rudiger von Starhemberg befiehlt „an alles verziehn sich gen Wienn zu fügen, da sich u. die fürsten und die k. rete heute von hinnen gen Wienn begeben haben, dem tag verrer nachzegeen vnd auszewarten," bezieht sich auf die zweite Reise der Gesandten nach Wien, die nach Beendigung der Nürnberger Angelegenheit fällt, welche, wie wir sehen werden, am 18. December 1452 erfolgte, und nach welcher die unterbrochenen Verhandlungen in Wien zum zweiten Male wieder aufgenommen werden.

[2] Bemerkt sei, dass Enea nur Adelige erwähnt, die dem Kaiser treu geblieben waren, während wir nach Ebendorffer p. 872 annehmen müssen, dass auch die 4 Landstände durch je 8 Abgesandte in Wien vertreten waren.

[3] Enea sagt von ihm (Kollar p. 411. 412): Ductor et rector omnium tractatuum Albertus Marchio videbatur, cui et sermo promptus et industria multa fuit.

gen zeigen, und fordern eine öffentliche Audienz, in der sie die
Sache ihres Herrn vortragen können. Albrecht will davon nichts
wissen. Als auch die Gegner des Kaisers eine solche Audienz
verlangen, bestehen die kaiserlichen Gesandten noch mehr auf
ihrer Forderung, aber die Fürsten lassen sich darauf nicht ein.
Nach langem Hin- und Herreden wollen diese jetzt zuerst entschieden wissen, unter welchem Vormund Ladislaus von nun an
stehen solle. Dem gegenüber machen wieder die kaiserlichen Gesandten geltend, man müsse zuerst über die dem Kaiser zugefügte
Unbill und über den zu leistenden Schadenersatz verhandeln. So
kommt man zu keiner Einigung, bis endlich Markgraf Albrecht
der ganzen Sache müde wird und erklärt, er müsse nach Wiener-
Neustadt zur Entscheidung der Nürnberger Angelegenheit abreisen. Durch keine Gegenvorstellungen lässt er sich davon abhal-
ten und der Wiener Tag musste in der Tat unterbrochen werden.

Ueber alle diese Vorgänge in Wiener-Neustadt und in Wien,
die wir in Kürze wiedergegeben haben, besitzen wir ausser der
historia Friderici gar keine Nachrichten. Actenstücke, wie Instructionen oder Protocolle der Verhandlungen, würden uns natürlich einen noch bei Weitem besseren und gewiss auch unpar-
teiischeren Einblick in den Gang dieser langwierigen Unterhandlungen gewähren; indess müssen wir in Ermanglung derselben
dem Enea dankbar sein, dass gerade er, der an den Verhandlungen einen Hauptanteil nimmt, uns dieselben überliefert hat. Auch
scheint uns die Art und Weise, wie unser Autor das Auftreten
der Fürsten, dem er sein Hauptaugenmerk schenkt, schildert, ganz
dem zu entsprechen, was wir sonst besonders über den hervorragendsten derselben über Albrecht von Brandenburg wissen. Seine
eigenen Interessen, seine persönlichen Angelegenheiten giengen ihm
immer über Alles und so lag ihm auch jetzt die Nürnberger Angelegenheit mehr am Herzen als die Sache des Kaisers, die allerdings unerquicklich und abschreckend genug war.

Nachträglich war in Wien auch noch Herzog Wilhelm von
Sachsen, der Schwager des Königs Ladislaus, mit glänzendem Gefolge eingetroffen. Als er aber erfuhr, dass der König sich gerade in ein nahe gelegenes Dorf begeben habe, gieng er beleidigt
hierüber sofort nach Wiener-Neustadt an den Hof des Kaisers.

Hier soll er sich bei den Tournieren, welche zu Ehren der jungen Kaiserin veranstaltet wurden, besonders hervorgetan haben. Als er nach Wien zurückkehrte, widerfuhr ihm von Seiten eines böhmischen Adeligen (es war der Schwager des Gubernators Georg von Poděbrad), den er schwer gekränkt hatte, eine schmähliche Beleidigung, worüber Enea in der gewohnten Weise ausführlich berichtet.

Die kaiserlichen Gesandten begeben sich, nachdem sie noch mit den Böhmen eine Unterredung gehabt haben, bei welcher Enea hauptsächlich die confessionelle Frage zur Sprache brachte, nach Wiener-Neustadt, wohin ihnen Albrecht von Brandenburg vorangeeilt war.

Hier in der Residenz des Kaisers wurde nun die Nürnberger Angelegenheit wieder aufgenommen. Bevor wir aber den ausführlichen Bericht des Enea über diese Verhandlungen besprechen, wollen wir seinen wenige Seiten später [1]) eingefügten Excurs über den Kampf Albrechts mit Nürnberg und über die bisher geführten Friedensverhandlungen einer kritischen Durchsicht unterziehen, um auf diese Weise die Nachrichten unserer historia Friderici über dieses für die deutsche Geschichte des XV. Jahrhunderts so bedeutungsvolle Ereigniss im chronologischen Zusammenhang zu behandeln. Wir haben hiebei auch wieder Gelegenheit, unseren Autor controlliren zu können.

Nach einer Schilderung der Stadt Nürnberg, welche Enea aus eigener Anschauung kannte, erörtert er ihre politische Lage. Seine Angabe, dass das ganze Nürnberg umgebende Territorium Eigentum der Markgrafen von Brandenburg gewesen sei, ist nicht ganz richtig; zum grössten Teil wird das Nürnberger Gebiet in jener Zeit allerdings von dem fränkischen Territorium der Hohenzollern umschlossen, aber neben ihm reicht auch das bambergische sowie das oberpfälzische Gebiet an das der freien Reichsstadt heran. Richtig bemerkt dann unser Autor, dass die fränkischen Lande bei der Teilung mit seinen Brüdern dem Markgrafen Albrecht zugefallen sind. Um das schlechte Verhältniss, welches

---

[1]) Kollar p. 418—426.

seit langeher zwischen Albrecht und Nürnberg bestand, zu erklären, hebt er hervor, dass die Untergebenen des Markgrafen sich oft über die Unverschämtheit der Städter beklagten und sie beschuldigten, dass sie ihre Rechte an sich reissen. Vielleicht meint Enea damit die Streitigkeiten, die über das Landgericht und über das sogenannte von den Nürnbergern errichtete Bauerngericht entstanden und die allerdings einen Hauptgegenstand der Unzufriedenheit bildeten.[1]) Hierauf erörtert unser Autor einige Streitpuncte, die speciell zu dem grossen Fürsten- und Städtekrieg in der Mitte des XV. Jahrhunderts den Anlass gaben. Wir stimmen vollständig Riedel[2]) bei, dass Enea hierüber nur eine oberflächliche Kenntniss besass. Annähernd richtig mag noch sein, was er über die Beschuldigung Albrechts, die Nürnberger hätten sich in einem Dorf Eingriffe in seine Jurisdiction erlaubt, sagt; wir glauben diess nämlich auf den über das Dorf Gostenhof bei Nürnberg ausgebrochenen Streit beziehen zu müssen.[3]) Dagegen wissen wir nichts, dass sich die Nürnberger über eine Erhöhung des Zolles von Seiten des Markgrafen Albrecht beklagt hätten; im Gegenteil war es gerade der Markgraf, der gegen die Stadt Klagen über Schmälerung der markgräflichen Zölle vorbrachte.[4]) Ganz unrichtig wird endlich in der historia Friderici der Vorfall mit Conrad von Heideck — denn unter dem nobilis quispiam de Adoch vicinus müssen wir unstreitig den von Heideck verstehen — dargestellt. Dieser hatte keineswegs seine Güter an Nürnberg verkauft, sondern sich nur mit denselben in den Dienst der Stadt begeben. Auch Albrecht hat keineswegs behauptet, dass dieser Verkauf ungiltig sei, da das Gut zu seinen Lehen gehöre, sondern darüber Klage geführt, dass der von Heideck auf seinem Boden

---

[1]) vergl. Friedrich von Weech: historische Darstellung der zwischen Markgraf Albrecht von Brandenburg und Heideck-Nürnberg geführten Kriegs- und Friedensverhandlungen, in den Chroniken der deutschen Städte. Nürnberg Bd. 2 Beilage I p. 360. 366. 367.

[2]) Zur Beurteilung des Aeneas Silvius als Geschichtsschreiber nach seinen Berichten über den Markgrafen Albrecht von Brandenburg. In den Monatsberichten der Berliner Akademie 1867, p. 567.

[3]) vergl. Weech a. a. O. p. 359.

[4]) Weech p. 367.

ein Bergwerk angelegt habe und Nürnberger darin arbeiten, was er für widerrechtlich halte, da der von Heideck sein Landsasse sei.[1]) Richtig ist, dass die Nürnberger ihre Schuldlosigkeit in dieser Sache behaupten und eine richterliche Entscheidung verlangen, aber zunächst nicht vor dem römischen König, sondern vor dem Pfalzgrafen Ludwig, während Albrecht nur vor einem Gericht des Königs erscheinen will.[2]) Als falsch müssen wir die Angabe bezeichnen, dass Albrecht jetzt sogleich den Krieg ansagt; es fanden noch viele Vermittlungsversuche statt, besonders ein Tag in Bamberg, wovon Enea nichts erwähnt. Dass die Nürnberger gleich in der ersten Zeit des Streites die Hilfe des Königs angefleht haben, ist richtig; sie hatten eine ständige Gesandtschaft am königlichen Hof, die ihr Interesse beim Oberhaupte des Reiches vertreten musste.[3]) Das Mahnschreiben Friedrichs, welches Enea erwähnt, besitzen wir.[4]) Erst nachdem der Bamberger Tag vergeblich war, sandte man sich die Fehdebriefe zu[5]) und schritt zu den offenen Feindseligkeiten.

Die Stellung der Parteien in dem Kriege deutet Enea richtig an, wenn er sagt, dass die Fürsten sich auf die Seite Albrechts und die Städte auf die Seite Nürnbergs stellten, und später hinzufügt, dass von den Bischöfen Deutschlands die von Bamberg und Eichstädt für Albrecht Partei nahmen, während der von Würzburg die Nürnberger unterstützte.[6]) Von einer Parteinahme des Bischofs von Augsburg für Albrecht ist uns nichts bekannt;

---

[1]) vergl. über diesen Streitpunkt die Vorrede des Nürnberger Kriegsberichtes von Erhard Schürstab in den Chroniken der deutschen Städte. Nürnberg Bd. 2. p. 123 ff. und Weech p. 356.
[2]) Weech p. 357.
[3]) Weech p. 363.
[4]) dat. Wiener-Neustadt 25. April 1449, bei Weech p. 363.
[5]) Die Fehdebriefe besitzen wir. In den Chroniken a. a. O. Beilage I. und II. Der Brief Albrechts datirt vom 29. Juni 1449, der der Nürnberger vom 2. Juli 1449.
[6]) Wir sind über diese Verhältnisse durch die beiden Absageverzeichnisse genau unterrichtet. Vergl. die Zusammenstellung derselben von Kern: die Fürstenpartei im Städtekrieg. Chroniken der deutschen Städte a. a. O. Beilage II p. 417 ff.

dieser suchte vielmehr zu vermitteln.¹) Der König liess den Krieg ruhig geschehen.

Was Enea über den Krieg selbst berichtet, ist wie Riedel a. a. O. bereits eingehend nachgewiesen hat, sehr übertrieben. Zunächst charakterisirt er den Krieg gar nicht richtig, wenn er von neun blutigen Schlachten berichtet. Grössere Gefechte fanden nur selten statt, die Hauptrolle spielten gegenseitige Brandschatzungen und Verwüstungen, über die uns der Nürnberger Kriegsbericht des Erhard Schürstab²) die genauesten Details gibt. Bei den Erzählungen über die Heldentaten des Markgrafen endlich lässt er seiner Phantasie einen sehr weiten Spielraum, obwol er behauptet, Albrecht von Brandenburg habe ihm diese Dinge selbst erzählt, als sie eines Tages gemeinsam von Wiener-Neustadt nach Wien ritten.

Ohne die zahlreichen diplomatischen Verhandlungen, welche während der Dauer des Krieges nicht einen Augenblick geruht haben, zu erwähnen, geht Enea sogleich über zu der Tätigkeit der von König Friedrich ernannten Commission. Als Mitglieder derselben nennt er richtig den Bischof Sylvester von Chiemsee, Johann von Neiperg und Ulrich Riederer, übergeht aber den Erzbischof von Salzburg und Herzog Albrecht III von Bayern-München.³) Auch erwähnt er in seinem Werke keineswegs alle Bemühungen der königlichen Commission; so verschweigt er ganz den in München abgehaltenen Tag und wendet sich sogleich zu den allerdings entscheidenden Beschlüssen des Bamberger Tages. Das Gespräch zwischen Albrecht von Brandenburg und dem Bischof von Chiemsee ist wol Zutat unseres Autors. Die Richtigung, die am 22. Juni 1450 in Bamberg abgeschlossen wurde, gibt Enea sehr unvollständig an, indem er nur den einen Punct, dass die streitenden Parteien „um Alles, was sie zu schlichten haben, vor dem römischen König unverdingt Recht geben und nehmen sollen," berührt, alle anderen aber übergeht.⁴) Von den übrigen Fürsten und Städten

---

¹) Weech p. 374 ff.
²) Chroniken a. a. O. p. 148 ff.
³) Weech p. 396.
⁴) vergl. von der richtigunge in den Chroniken p. 230 ff. und Weech p. 406 ff.

sollten nur einige und nicht alle, wie Enea angibt, die richterliche Entscheidung des Pfalzgrafen ansuchen;¹) auch war dieser Pfalzgraf nicht mehr Ludwig, der am 13. August 1449 gestorben war, sondern sein Bruder Friedrich der Siegreiche. Von den Citationen an den königlichen Hof, welche an Albrecht und die Nürnberger abgiengen, ist uns die an den Markgrafen gerichtete erhalten.²) Die Darstellung der am Hofe König Friedrichs geführten Verhandlungen ist bei Enea im höchsten Grade ungenau. Er weiss hier nur von der Behauptung Albrechts, er sei nicht gehörig vorgeladen und habe also auch keine Pflicht Recht zu stehen, zu berichten, worüber allerdings hauptsächlich debattirt wurde. Davon aber, dass die Verhandlungen dreimal zu verschiedenen Zeiten aufgenommen und erst, als dann noch keine Einigung herbeigeführt wurde, auf die Rückkehr Friedrichs aus Italien verschoben wurden, teilt er uns gar nichts mit.³)

Wenden wir uns nun zu dem Berichte des Enea über jene Verhandlungen, die im Winter 1452 in Wiener-Neustadt geführt wurden. Zunächst erfolgte während Albrechts erstem Aufenthalte in Neustadt ein Versuch des Kaisers, den Streit gütlich beizulegen. Wir haben ihn schon oben besprochen und wollen nur bemerken, dass ihn Enea nach Beendigung des soeben von uns kritisirten Excurses nochmals erwähnt und zwar einmal zu den dort genannten Vermittlern noch den Johann von Lysura und den Marschall des Herzogs von Sachsen hinzufügt, und dann das Scheitern der Verhandlungen anders erklärt. Oben hatte er gesagt,

---

¹) vergl. die richtigunge p. 236 ff. Einige Fürsten wurden auch vor das Gericht des römischen Königs gewiesen.

²) Notizenblatt, Beilage zum Archiv für Kunde österr. Geschichtsquellen Jahrgang VI. 1856 p. 229. Sie datirt Wiener-Neustadt 28. August 1450 und bestimmt zu einem Rechtstag den Montag nach den heil. drei Königen 1451.

³) vergl. hierüber Weech p. 410 ff. und Franklin: Albrecht Achilles und die Nürnberger p. 28 ff. Darnach dauerten die ersten Verhandlungen am Hofe Friedrichs von Mitte Januar bis 10. Februar 1451, die zweiten fanden in den Monaten Juni und Juli 1451 und die dritten im November 1451 statt. Franklin teilt in den Anmerkungen einige für diese Verhandlungen wichtige Actenstücke mit.

dass der Markgraf eine Geldentschädigung forderte, die Nürnberger aber keine leisten wollten, jetzt teilt er mit, dass die Nürnberger allerdings zu einer Entschädigung bereit waren, aber weniger zahlen wollten als der Markgraf verlangte. Da wir keine anderen Nachrichten über diesen Vorgang haben, vermögen wir nicht zu entscheiden, was das Richtige ist, und wollen nur constatiren, dass Enea sich hier in seinen eigenen Angaben widerspricht. Nach diesem Vermittlungsversuch wird die Nürnberger Angelegenheit, wie oben bereits besprochen ist, durch die Abreise Albrechts nach Wien und die dort in Sachen des Königs Ladislaus gepflogenen Beratungen verschoben und erst wieder aufgenommen, als Markgraf Albrecht nach Neustadt zurückkehrte.

Wie Enea erzählt, wollte der Kaiser die rechtliche Entscheidung des Streites abermals hinausschieben und erst seine eigene Angelegenheit entschieden wissen. Dieses Vorhaben gab aber zu einer sehr erregten Scene Anlass, die in unserer historia Friderici ausführlich geschildert wird. Albrecht verlangt die sofortige Entscheidung durch die anwesenden Fürsten, um nicht Gefahr zu laufen, dass seine Sache später vielleicht bloss von Räten des Kaisers entschieden wird. Der Kaiser hält nun am folgenden Tage mit den Gesandten der Fürsten und mit dem Cardinal Nicolaus von Cusa Rat, in welcher Weise das Gericht zu besetzen sei. In diese Beratung soll nun Albrecht wie ein Rasender hineingestürzt sein und heftige Klage geführt haben, dass seine Sache durch Unebenbürtige entschieden werde. Auch als man ihm bedeutete, dass jetzt kein Gericht gehalten werde, liess er sich nicht beruhigen und berief die anwesenden weltlichen und geistlichen Fürsten zu einer Beratung in ein besonderes Gemach. Gegenvorstellungen des Cardinals sowie der Bischöfe von Siena und Eichstädt soll er hier mit Schmähungen erwidert haben, ganz von Sinnen gewesen und kaum von Tätlichkeiten zurückgehalten worden sein. Endlich bringen ihn die weltlichen Fürsten dahin, dass er dem Kaiser die Bitte vortrug, er solle die Angelegenheit vor einem Fürstengericht zur Entscheidung bringen. Der Kaiser antwortet sehr wolwollend und setzt die fürstliche Gerichtssitzung für den folgenden Tag an, wodurch Albrecht endlich beruhigt wird. Für diesen Vorfall ist uns die historia Friderici einzige Quelle. Wenn wir auch

Franklin (a. a. O. p. 33) Recht geben, dass Enea hier parteiisch urteilt und dass er gekränkt über das Benehmen des Markgrafen, der ihm nur geringen Einfluss bei der Entscheidung der Nürnberger Angelegenheit gestattete, sich zu Uebertreibungen bewegen lässt, so wollen wir doch das Factum nicht bezweifeln, dass es in Wiener-Neustadt zu einer derartigen wenn auch weniger tumultuarischen Scene gekommen ist. Albrecht von Brandenburg war eine sehr heftige, leidenschaftliche Natur und besonders wenn sein eigenes Interesse auf dem Spiele stand, wusste er mit der ganzen Energie und urwüchsigen Kraft seiner Persönlichkeit für dasselbe einzutreten, wobei dann die Schranken des Anstandes nicht selten überschritten wurden. Wir haben dafür genug Beispiele.[1]) Etwas ganz anderes ist es, ob das absprechende Urteil, welches Enea über die Forderungen des Markgrafen durchblicken lässt, gerecht ist oder nicht. Hierin glauben wir der Meinung Franklins beistimmen zu müssen, nämlich dass allerdings Albrecht ein Recht dazu hatte, die Entscheidung der Nürnberger Angelegenheit jetzt zu verlangen und die Berechtigung seiner Forderung über die Besetzung des Gerichtes wenigstens nicht geradezu verneint werden kann.

Den ausführlichen Bericht des Enea über die Gerichtsverhandlung können wir durch das Urteil Friedrichs, in welchem die Verhandlungen dargestellt werden und das wir besitzen,[2]) controlliren. Da dieser Vergleich schon von Franklin p. 34 ff. eingehend geführt worden ist und wir mit seinem Urteil, dass Enea, wenn auch nicht im Wesentlichen abweichend doch nicht ganz

---

[1]) vergl. den oben citirten Aufsatz von Weech, wo einige solche Fälle geschildert werden. In einem Briefe an den Pfalzgrafen meldet Albrecht selbst über eine Verhandlung mit den Nürnbergern, an der er persönlich teilnahm: „was sunst wort uf beid seiten ergangen weren, die wir hievor zu schreiben vermyden haben, das wern schoswort (d. h. heftige grobe Worte) gewest." — Politische Gewandtheit und Glätte, die Markgraf Albrecht allerdings in hohem Grade besass, schloss in den damaligen Zeiten eine gewisse Roheit des Benehmens nicht aus.

[2]) dat. Wiener-Neustadt 18. December 1452 bei Harpprecht: Staatsarchiv des Kammergerichts I. Urkd. Nr. XXXI p. 161 ff. und besser bei Franklin a. a. O. Anm. 26. p. 61 ff.

genau berichtet, übereinstimmen, so verzichten wir auf diesen Bericht der historia Friderici hier nochmals kritisch einzugehen.[1])
Unter den erneuerten Verhandlungen, welche Enea die Nürnberger nach diesem Urteil des Kaisers mit dem Markgrafen anknüpfen lässt, meint er die unter der Vermittlung der Herzogs Ludwig von Bayern im April 1453 in Lauf gepflogenen Beratungen. Ganz kurz erwähnt er, dass hiebei der Friede zu Stande kam und die Stadt Nürnberg eine nicht geringe Geldsumme zahlen musste, was uns durch die am 27. April geschlossene Vereinbarung bestätigt wird.[2]) In ähnlicher Weise, fügt Enea noch hinzu, wurde auch der Streit zwischen Herzog Albrecht VI von Oesterreich und den Städten Schaffhausen und Rapperswyl beigelegt.

Inzwischen kehren, nach der historia Friderici, die Ungarn in grosser Anzahl mit dem Gubernator Hunyadi an der Spitze nach Wien zurück, um über die Angelegenheiten ihres Reiches zu verhandeln. Wir müssen hier unseren Autor, der p. 404 die ungarischen Gesandten, welche zur Begrüssung des befreiten Ladislaus in Wien anwesend waren, heimkehren lässt und dann nur noch p. 407 erwähnt, dass den Ungarn der Vertrag des Königs Ladislaus mit den Böhmen wenig genehm gewesen sei, mit Hilfe Ebendorffers berichtigen und ergänzen. Nach dem österreichischen Chronisten (p. 872) kehrten nämlich die Ungarn nach jener ersten auch von Enea angeführten Mission im December 1452 von Pressburg nach Wien zurück[3]) und leisteten dem jungen König am Weihnachtstage (25. December) den Eid des Gehorsams.[4]) Nach Weihnachten geht dann Ladislaus in Gemeinschaft mit den Ungarn nach

---

[1]) Wenn Droysen: Geschichte der preuss. Politik p. 146 Anm. 1 sagt: „der merkwürdige Urteilsspruch bestätigt in seiner Motivirung die Erzählung des Aeneas Sylvius", so haben wir wol auch hier daran zu denken, dass eine Uebereinstimmung nur in den wesentlichen Punkten gemeint ist.

[2]) Weech p. 413 ff.

[3]) Diese Gesandtschaft erwähnt auch Thurocz, bei Schwandtner: Scr. rer. Hung. I p. 266.

[4]) Während dieses Aufenthaltes der Ungarn in Wien mag es vorgekommen sein, dass sie ihre Unzufriedenheit über den Vertrag des Königs mit Böhmen kundgegeben haben, wie Enea berichtet.

Pressburg, wo ihm alle Prälaten, Barone und Städte Ungarns gesondert den Eid leisten. Als der König von hier wieder in Begleitung des Gubernators und der ungarischen Magnaten nach Wien zurückkehrte,¹) wurden erst die Verhandlungen, von denen Enea spricht, wieder aufgenommen. Diese Darstellung zeigt, dass unser Autor in seinem Berichte ziemlich ungenau und unvollständig ist.

Für die Details der Verhandlungen, welche nun in Wien gepflogen wurden, ist der Bericht des Enea wieder einzige Quelle, denn die Angaben Ebendorffers hierüber sind nur ganz allgemein gehalten. Nach Enea sandte der Kaiser nach Beendigung der Nürnberger Angelegenheit die in Wiener-Neustadt anwesenden Fürsten und seine Räte wieder nach Wien zurück.²) Wie wir gesehen haben, mussten sie hier jedenfalls noch auf die Ungarn, die zu derselben Zeit mit ihrem König nach Pressburg gereist waren, warten und wurden die Verhandlungen nicht etwa gleich, wie wir nach Enea annehmen müssten, begonnen. In einer Zusammenkunft der Fürsten und Räte bei dem Bischof von Siena wird nun der Beschluss gefasst, sich mit den bei dem Gubernator Hunyadi versammelten Ungarn in Verbindung zu setzen und mit ihnen zu unterhandeln. Enea nennt unter diesen ausser dem Gubernator die Erzbischöfe von Gran und Kolocza, die Bischöfe von Gross-Wardein, Raab, von Siebenbürgen und Erlau, ferner den Palatin Ladislaus von Gara, den Woiwoden Nicolaus und endlich noch Abgeordnete der Städte. Nachdem Enea dieser Versammlung die Sache des Kaisers dargelegt und dazu aufgefordert hat, beide Teile anzuhören und dann Rat zu erteilen,

---

¹) Wie Ebendorffer p. 872 behauptet, wäre diese Rückkehr erst carnisprivii tempore also Mitte Februar 1453 erfolgt; dann müssten wir annehmen, dass die Fürsten und kaiserl. Räte, welche, wie wir sehen werden, am 27. December nach Wien reisen, volle anderthalb Monate auf die Ungarn gewartet hätten, was doch nicht sehr wahrscheinlich ist. Ebendorffer dürfte hier wie so oft in seinen chronologischen Angaben unverlässlich sein.

²) Wie ein Schreiben Friedrichs an Rüdiger von Starhemberg (Chmel: Reg. Nr. 2985) zeigt, erfolgte die Rückkehr der Fürsten und Räte nach Wien am 27. December 1452.

antworten die Ungarn, sie wollen sich zuerst mit ihrem König
beraten und dann nach seinem Befehle handeln. Hierauf wenden
sich die kaiserlichen Gesandten zu einer Verhandlung mit den
Oesterreichern. Diese behaupten aber, die Zeit zu Verhandlungen sei jetzt vorüber; die Böhmen und Schlesier seien abgereist, man könne nichts beschliessen. Alle Einwendungen
der Gesandten, alle Klagen über Treubruch sind fruchtlos, die
Oesterreicher wollen wenigstens von einer Oeffentlichkeit der Verhandlungen nichts wissen. Endlich bringen es die Fürsten dahin,
dass man schriftlich die Sache weiterführte. Die Forderungen
des Kaisers wurden nun dahin fixirt, dass ein Schadenersatz geleistet, die Vormundschaft wiederhergestellt und die Schuldigen
bestraft werden sollten, während die Oesterreicher und Ungarn
die Herausgabe der in Oesterreich und Ungarn vom Kaiser be-
setzt gehaltenen Orte und der ungarischen Krone verlangten. Nachdem über diese beiderseitigen Forderungen noch lange hin und
her beraten worden war, worüber uns Enea eingehenden Bericht
erstattet, und die Fürsten ihre Vermittlung geltend gemacht haben,
teilten diese den Gesandten die Beschlüsse der Oesterreicher und
Ungarn mit, welche dahin lauteten: Was der Kaiser an Schlössern
in Oesterreich oder Ungarn pfandweise besitzt, soll er noch behalten, alle übrigen mit der Krone herausgeben. Diejenigen
Schlösser, welche er selbst anderen verschrieben hat, soll er ein-
lösen und dafür 80000 Goldgulden von den Oesterreichern gegeben werden. Die Fürsten fügen hinzu, dass der Kaiser dabei
immer noch 50000 Gulden gewinne und raten daher zur Annahme
dieser Vorschläge. Obwol die kaiserlichen Gesandten hierüber
ganz andere Ansichten entwickelten, versprachen sie doch zum
Kaiser nach Wiener-Neustadt zu reisen und die Sache dort zur
Verhandlung zu bringen. In Begleitung von Albrecht von Brandenburg begeben sich Enea und Riederer zum Kaiser. Albrecht
übernahm es, dem Kaiser die ganze Angelegenheit auseinander-
zusetzen. Als dieser eine grössere Entschädigung beanspruchte,
stellt ihm der Markgraf die Alternative, entweder Annahme der
Bedingungen oder Wiederaufnahme des Krieges.[1] Hierauf er-

---

[1] Durch den Verlust eines Blattes in der Handschrift ist uns der Schluss

greift noch Enea das Wort und rät dem Kaiser in längerer Rede
auf das Eindringlichste, die Bedingungen seiner Gegner anzunehmen. Der Kaiser soll über die Worte des Bischofs sehr auf-
gebracht gewesen sein und den Enea in deutscher Sprache ziemlich hart angelassen haben [1]), worauf dieser sich gegen die ihm
von Seite seines Herrn gemachten Vorwürfe verwahrt. Als der
Kaiser hierauf nichts erwidert, entfernt sich Enea. Wir können
bei diesem ausführlichen Bericht unserer historia Friderici über
die Vorgänge in Wien und Wiener-Neustadt nur wiederholen, was
wir schon bei dem über die ersten Wiener Verhandlungen gesagt
haben. Actenstücke würden uns selbstverständlich ein viel besse-
res Bild geben; da dieselben aber fehlen, so muss uns der Bericht eines in die Sache so eingeweihten Mannes, wie Enea, im
höchsten Grade willkommen sein.

Was uns Enea dann noch über den Fortgang und endlichen
Abschluss der Verhandlungen berichtet, ist uns durch eine Lücke
in der Handschrift schlecht überliefert. Wir können daraus nur
entnehmen, dass Enea nach dem Auftritt, den er mit dem Kaiser
gehabt, den Räten heftige Vorwürfe macht, diese aber hoffen,
der Kaiser werde doch noch einlenken. Diess geschah auch wirklich. Dem Herzog Albrecht VI von Oesterreich gelang es nämlich, den Kaiser am anderen Morgen zu einem Vergleich zu bewegen, der in Uebereinstimmung mit den Gesandten des Königs
Ladislaus aufgesetzt wurde. Diese Uebereinkunft vom 26. März
1453 ist uns erhalten. [2]) Sie bestätigt die Angaben der historia
Friderici, dass Herzog Albrecht der Vermittler war und der Vergleich mit Zustimmung der Gesandten des Ladislaus zu Stande

---

    der Rede Albrechts sowie der Anfang der nun folgenden Rede des Bi-
schofs von Siena verloren gegangen.

[1]) Enea erzählt (Kollar p. 444): Ea dum diceret Aeneas, turbido cum vultu
Caesar intuebatur verbisque teutonicis, quod cum illo insolitum ei erat,
credebam, inquit, episcope, te mecum sapere meaeque studere gloriae;
nunc, ut animadverto, omnes adversum me conspiravistis, neque mea vobis
curae sunt; idque hostes sciunt atque idcirco duriores in concordia sese
exhibent. At quoniam vos me negligitis, geram solus ego mei curam mihi-
que solus ipse consulam.

[2]) Chmel: Mater. II N. 40.

kam ¹), zeigt aber andererseits wie ungenügend Enea den Inhalt des Vertrages mitteilt. Auch Thomas Ehendorffer (p. 873) erzählt von dieser Vermittlung des Herzogs Albrecht und nennt unter den Räten des Ladislaus, welche in Wiener-Neustadt anwesend waren, den Ulrich Eizinger und den Bischof von Gross-Wardein.

Die Zusage des Königs Ladislaus, die, wie die Uebereinkunft zeigt, eingeholt werden sollte, erfolgte, nach Enea, nicht und so wurde die endgiltige Entscheidung dieser Angelegenheit noch lange hinausgeschoben, was in der Geschichte der kommenden Jahre seine Bestätigung findet. ²) Dahingestellt muss es nur bleiben, ob wirklich der Graf von Cilly, wie Enea berichtet, die Schuld an der Verschleppung eines definitiven Friedensschlusses trägt, oder vielmehr der Inhalt der Uebereinkunft vom 26. März 1453 die Ursache dieses traurigen Zustandes war. —

Wir schliessen hier aus Gründen, die wir bereits auseinandergesetzt haben, unsere Kritik der historia Friderici ab. Die Nachrichten des Enea Silvio über die Ereignisse der Jahre 1449 —1453, die wir soeben behandelt haben, lassen an Reichhaltigkeit, an Fülle wertvollen Details nichts zu wünschen übrig. Die diplomatischen Verhandlungen, welche der Vermälung und Kaiserkrönung Friedrichs vorangehen, die Romfahrt selbst, und endlich der österreichische Aufstand in seinem ganzen Verlauf werden mit grosser Ausführlichkeit von unserem Autor dargestellt. Nicht selten haben diese Berichte die Prüfung der Kritik glücklich be-

---

¹) Es heisst am Schluss der Uebereinkunft: Vnd sollen vnsers gnedigistu herren kunig Lasslaws ret so yetz zu der Newnstat auf dem tag gewesen sind, solichs gutlich an sein gnad bringn. Diese Worte zeigen, dass die Räte des Königs den Stipulationen vom 26. März ihre Zustimmung gaben·
²) Ueber diesen unerfreulichen Zustand, der nicht Frieden und nicht Krieg war, berichtet Enea in mehreren Briefen: so an Nicolaus V d. Graz 12. Juli 1453 ed. Basil. 162, an den Cardinal Nicolaus von Cusa d. Graz 21. Juli 1453 ed. Basil. 155, an den Cardinal Capranica d. Graz 27. Juli 1453, ed. Basil. 156, an Heinrich Senftleben d. Graz 10. August 1453 ed. Basil. 137, nochmals an Nicolaus V d. Graz 11. August 1453 ed. Basil. 140, an einen gewissen Gregorius Nicolai d. Graz 3. Sept. 1453 ed. Basil. 146, nochmals an Senftleben d. Graz 3. Sept. 1453 ed. Basil. 147 und an den Cardinal S. Angeli d. Graz 3. Sept. 1453 ed. Basil. 153.

standen und mehr als einmal hat sich gezeigt, dass wir über manchen Hergang befriedigende Aufklärung, über manchen einzige und willkommene Nachricht in dem Werke des Enea finden. Nur darüber müssen wir unseren Tadel aussprechen, dass er es zuweilen an Gründlichkeit und Genauigkeit fehlen lässt, und nicht genug können wir rügen, dass er es niemals vermocht hat, die Zustände in Oesterreich mit unparteiischem Sinn zu behandeln, sondern sich hier sogar zu Verläumdungen und willkürlichen Entstellungen hinreissen lässt.

Fassen wir endlich unser Urteil über den Wert der historia Friderici als historische Quelle zusammen, so werden wir zu folgendem Resultate gelangen. Wir haben es mit dem Werke eines Mannes zu tun, der ausgestattet mit den Gaben einer reichen Bildung wie einer feinen Beobachtung und eingeweiht in die politischen Verhältnisse seiner Zeit, wie selten ein Historiograph unseres Mittelalters, die Fülle seiner Kenntnisse benutzt, um uns über eine bedeutsame Epoche seiner Zeit zu unterrichten. Kein wichtiger politischer Vorgang jener Tage, den er erlebt, keine diplomatische Mission, in der er von seinem kaiserlichen Herrn benützt wird, keine einflussreiche Persönlichkeit bleibt unbeachtet in diesen wertvollen Memoiren; mancher Vorgang, der nur dem Vertrauten des Kaisers näher bekannt war, wird durch sie der Nachwelt überliefert. Aber diese unleugbaren und grossen Vorzüge des Werkes dürfen uns nicht verlocken, die Nachrichten des Enea Silvio mit vollem Vertrauen aufzunehmen. Denn nicht selten lässt der classisch gebildete Humanist sich durch den Hang nach rhetorischem Effect und kunstvoller Darstellung bewegen, der historischen Wahrheit Abbruch zu tun, nicht selten auch sucht der geistreiche aber leichtfertige Italiener bei Dingen, die ihm nicht mehr genau im Gedächtniss vorschweben, durch eine anziehende Erzählung das zu ersetzen, was ihm an gründlicher Kenntniss abgeht. Noch schwerer fällt endlich zu Ungunsten des Werkes der Umstand in's Gewicht, dass bei Verhältnissen, wie die kirchlichen und österreichischen in der Mitte des XV. Jahrhunderts waren, nur zu sehr die Parteilichkeit die Feder unseres Autors beherrscht und ihn selbst vor tendenziöser Entstellung nicht zurückschrecken lässt. Ueben wir aber eine sorgfältige Kritik, vergessen wir nie, die grösste Vorsicht bei der Benutzung des Werkes walten zu lassen, so werden wir aus demselben manchen wichtigen Beitrag zur Geschichte Kaiser Friedrichs III gewinnen können. Die historia Friderici ist für den Zeitraum der Geschichte Kaiser Friedrichs, den sie behandelt, unentbehrliche historische Quelle und werden wir sie den hervorragendsten Denkmälern der Historiographie des späteren Mittelalters beizählen müssen.

Beilage.

Praefatio der ersten Redaction der historia Friderici III Imperatoris.

(Nach dem Autographon Codex M. S Nr. 3364 hist. prof. 317 der k. k. Hofbibliothek zu Wien fol. 1a — fol. 1b.)

Hystoriarum scriptores, qui veraces sunt, rei publicae maximo esse adjumento, nemo sapiens infitias ibit. Quis enim non utile dixerit, res majorum gestas nosse minores? Quid est, quod consilia senum probare solemus, nisi quouiam his plus credimus, quos plura vidisse noscimus? Prudentia namque experimento comparatur, cujus incapaces aiunt juvenes, quia non multa experiri aut videre potuerunt. Verum mortalis vita cum raro centum annos transgrediatur, neque multum est, quod homines sapere possint, nisi historias lectitent, quae non centum annorum, sed mille et totius aevi, quo mundus extat, res gestas ante oculos ponunt. Hinc libri Moysi (sic!) nobis ortum mundi, creationem hominis, aquarum diluvium, patriarcharum vitam, captivitatem populi vel servitutem Isdrael et liberationem, ac deserti cultum, et legis divinae datas tabulas referunt, post judicum gesta, et regum acta, tum ipsis libris tum profetarum noscimus. Omitto Josuae, Ruth, Salamonis libros, Hester, Judit et Esdra, vel Machabeos et Job

— quanta nobis in illis documenta sunt — et Thobia. Quid evangelium aliud est quam historia? Hinc salvatorem natum, baptizatum, praedicantem, signa facientem discimus, post captum, flagellatum et morti traditum, inde surrexisse a mortuis, et confortatis discipulis ad coelos ascendisse. Quid actus apostolorum? Ascensum in coelum domini refert, et missionem spiritus sancti, martirium Stephani, vitam Petri, et Pauli conversionem atque praedicationem. Quin et Pauli epistolae saepe historiam texunt. Quanta hinc utilitas est, et quis haec sine historia nosset? Nonne caeci essemus, et unus hoc alius illud crederet? Ceterum ut de saecularibus dicam! Trojanum bellum, Alexandri magni victorias, Assiriorum mutationes, Egiptiorum regimina, Graecorum vitas, Carthaginensium praelia, Romanorum triumphos, et missum sub legibus orbem historiae tradunt, hae nobis omnem vetustatem ante oculos ponunt. Atque ut vitiosi et perfidi homines male evaserunt, boni vero bene habuerunt, ostendunt, nobisque exemplum dant, ut fugientes vitia virtutes sectemur, docentque nos, ut in bello, ut in pace debemus regere, ut imperare, ut parere, ut parentibus, ut patria,[1]) ut amicis, ut civibus, ut conjugio, ut liberis uti debemus, ut divitias ferre, ut pauperiem tolerare, et quid asper utile nummus habet,[2]) ut religionem, ut pietatem colere oportet. Recte igitur hystoriam commendans orator: historia, inquit, testis temporum, lux veritatis, magistra vitae, nuntia vetustatis. Non ergo inutiliter aut inepte laborat, qui dat operam historiae. Cui rei insudavimus,[3]) ut pro virili nostra[4]) proficeremus posteritati, quando non nobis nati, sed communitati orbis potius simus. Nunc quoque cum adversus Federicum Caesarem nonnulli ex Austria arma sumpsissent

---

[1]) Im Original patrie.
[2]) cf. Persius III, 69.
[3]) Auf diese Weise glauben wir hier den Text des Enea verbessern zu müssen. In demselben heisst es nämlich: Cui rei etsi nos non aliquem conpetentem possimus stilum tradere, tamen quia utcumque res se habet, insudavimus, ut pro etc. Die Worte conpetentem — habet sind von der Hand des Enea wieder durchgestrichen. Dadurch wird die Stelle aber sinnlos und glauben wir einen Sinn erst wieder dadurch hineinzubringen, wenn wir auch die Worte etsi nos non aliquem streichen, was Enea wol vergessen haben mag.
[4]) Hier ist ohne Zweifel zu ergänzen parte.

atque Novam-Civitatem obsedissent, quamvis non hoc primum est, quod subditi contra dominos suos [1]) bella gerant — nam et Gaudauenses hoc anno duci Borgundiae rebellantes crudeliter praeliati sunt — tamen quia res variae actae sunt, et magni motus excitati, et res ipsa tum Caesarem tum regem Hungariae atque Bohemiae Ladislaum conteruit, visum est mihi de hac re historiam [2]) texere, quam posteritas nostra legens aut fragiles et caducas res mortales intelligat, aut, si poenas erroris dederint concitatores belli, non impune peccatum cedere discat.

---

[1]) Sehr bezeichnend ist, dass Enea das hinter dominos suos stehende praesertim justos wieder gestrichen hat.
[2]) Bei diesem Worte macht Enea am Rande die Bemerkung et quomodo bellum ortum et quomodo sedatum sit scribere.

Berichtigungen:

Pag. 19, Anm. 2, Zeile 15 von unten lies zuzuweisen statt zugewiesen.
„ 20, Zeile 27 von unten lies dass statt das.
„ 24, „ 8 „ oben lies dimittuntur; poenae etc. statt dimittuntur poenae etc.
„ 26, „ 19 „ oben lies possederint statt possiderint.
„ 28, „ 3 „ „ lies Er statt Es.
„ 30, „ 15 „ „ lies zweiten statt ersten.
„ 83, Anm. 4 lies Orationes statt Orationis.
„ 93, „ 3 lies Frcher statt Feber.
„ 127, Zeile 2 von unten lies Neu-Carthago statt Neu-Charthago.
„ 157, Anm. 2 lies Ex qua re statt Ex qua.
„ 169, Zeile 9 von oben lies im statt in.
„ 175, „ 14 „ „ lies achttägige statt achttätige.
„ 176, „ 2 „ unten lies gekämpft statt gegekämpft.
„ 181, „ 9 „ oben lies vom statt von.
„ 185, Anm. 8 lies M. G. SS. IX. statt M. G. SS. IV.

www.ingramcontent.com/pod-product-compliance
Lightning Source LLC
Chambersburg PA
CBHW020829230426
43666CB00007B/1154